Literatura
y arte
THIRD EDITION

INTERMEDIATE SPANISH

Third Edition

John G. Copeland
University of Colorado

Ralph Kite
University of Colorado

Lynn Sandstedt
University of Northern Colorado

Literatura y arte

HOLT, RINEHART AND WINSTON
New York   Chicago   San Francisco   Philadelphia   Montreal   Toronto
London   Sydney   Tokyo   Mexico City   Rio de Janeiro   Madrid

Photo credits appear at the back of this book.

Library of Congress Cataloging in Publication Data

Copeland, John G.
  Intermediate Spanish: literatura y arte.

  English and Spanish.
  1. Spanish language—Readers.   I. Kite, Ralph.
II. Sandstedt, Lynn A., 1932–.   III. Title.
IV. Title: Literatura y arte.
PC4117.C59   1985   468.6′421   84-22457

ISBN 0-03-071629-2

4 5 6 7   016   9 8 7 6 5 4 3 2 1

CBS COLLEGE PUBLISHING
Holt, Rinehart and Winston
The Dryden Press
Saunders College Publishing

Índice

Preface

With the publication of *Intermediate Spanish*, the materials available for use at the intermediate level took a step in a new direction. We had long believed that it would be desirable to have a "package" of materials, unified in content but varied in the possibilities for use in the classroom, which would be flexible enough that the instructor could easily adapt them to his or her own teaching style and particular interests.

With this in mind, we devised the three highly successful texts that make up our complete intermediate level program. *Conversación y repaso* reviews and expands the essential points of grammar covered in the first year and also includes dialogues, abundant exercises, and a variety of activities intended to stimulate conversation. *Civilización y cultura* presents a variety of topics related to Hispanic culture. The approach in this reader is thematic rather than purely historical, and the topics have been chosen both for the insights which they offer into Hispanic culture and for their interest to students. The exercises are designed to reinforce the development of reading skills, to build vocabulary, and to stimulate class discussion. *Literatura y arte* introduces the student to literary works by both Spanish and Spanish-American writers and to the rich and diverse contributions of Hispanic artists to the fine arts. The accompanying exercises also stress the development of reading skills and include vocabulary-building and conversational activities.

One of the unique features of the program is the thematic unity of the three texts. Each unit of each text has the same theme as the corresponding unit of the other two. For example, Unit 1 of the grammar text deals with the subject of European influences on Hispanic culture in its dialogues and conversational activities. The same theme is treated in the essay "Orígenes de la cultura hispánica: Europa," the first unit of the civilization and culture reader, and is further explored in Unit 1 of the literature and art reader in the selection from *El Conde Lucanor* and in the essay on the art of Francisco de Goya y Lucientes. We have found that thematic unity of this kind offers several advantages to the teacher and student: (1) the teacher may combine the basic grammar and conversation text with either or both of the readers and be assured that essentially the same cultural and linguistic information will be presented to the students; (2) the amount of material to be covered may be adjusted through the choice of one text or more, making it possible to balance the quantity of material and the amount of classroom contact available; (3) if one reader is used in the classroom, the other may be used for outside work by those students who wish additional contact with the language; (4) for individualized programs, only those units may be assigned which are relevant to the student's particular interests. If all three texts are used, the students will absorb a considerable amount of vocabulary related to the theme, and by the end of their study of the topic they will have overcome, at least in part, their reluctance to express their own ideas in Spanish. We have tested this "saturation" method in our own classrooms and have found it to be quite effective. We suggest that if all of the materials are used, the grammar and initial dialogue should be studied first, followed by the culture text, then the literature text and, finally, the conversation stimulus section of the grammar and conversation text.

Like the earlier editions, this Third Edition of *Intermediate Spanish* contains materials that will be of interest to students of different disciplines. Throughout, our goal has been to present materials that will motivate students to want to know more about the language and culture they are studying.

Introduction

Intermediate Spanish: Literatura y arte is a reader designed for use in second-year college courses. It is intended to be used with the authors' *Intermediate Spanish: Conversación y repaso*, but it may also be used with any second-year grammar review. The purpose of the book is to develop the students' reading skills and to introduce them to certain literary and cultural concepts that will enhance their comprehension of the unique qualities of Hispanic civilization.

Each unit of the text focuses on a particular topic, which is explored through two kinds of writing: a literary text, chosen for its relevancy to the topic, its level of difficulty and, especially, its interest to the student; and an essay on some aspect of Hispanic art, again related to the central topic. Introductory essays present the theme of the unit and provide a context, either historical or critical, for the selection to be read. Difficult words or phrases of the literary text are glossed. Notes following the selection provide insights into the unique aspects of Hispanic culture reflected in the text. Following the notes are a variety of exercises designed to check the students' comprehension of the selection, to introduce them to literary analysis, and to expand their vocabulary. The essays on art are unglossed and may therefore be used for "extensive" reading in order to develop the students' ability to comprehend without use of a dictionary. All words and phrases in the art essays are included in the end vocabulary.

In order to introduce the student to a variety of literary genres and styles, the selections included range from the short story and chronicle to the one-act play and poetry. Our main goal has been to choose materials that will interest students and that will lead them to want to know more about a rich and complex culture.

ABOUT THE THIRD EDITION
OF LITERATURA Y ARTE

In response to suggestions by users of the Second Edition, the text has been revised to include three new literary readings: a selection from the *Cartas de relación* of Hernán Cortés; a short story, "Posters," by Eduardo Gudiño Kieffer; and a selection of traditional poetry (*corridos, décimas,* and a *canción*) from the Southwest. New exercises and culture notes are included for the new selections, and a number of corrections and additions have been made throughout the text.

Literatura y arte

THIRD EDITION

Orígenes de la cultura hispánica: Europa

Para apreciar la riqueza de la cultura española es necesario recordar que toda ella es el producto de la asimilación de varias culturas, cuyas tradiciones y contribuciones todavía pueden observarse en España hoy día. La cultura romana aporta el idioma, la religión, el concepto de gobierno, y una serie de costumbres y tradiciones, como la siesta y la corrida de toros. La cultura visigoda aporta el feudalismo, y por último, la cultura árabe, durante ocho siglos de convivencia, divulga los conocimientos de la cultura griega antigua, comparte sus conocimientos en las ciencias y las matemáticas y deja profundas huellas en la cultura española, especialmente en la música, arquitectura y literatura. Esta cultura se nota más en el sur de España, región que fue conquistada en el siglo XV y que tiene un marcado carácter africano, además de rasgos europeos. Todas las culturas mencionadas influyen en el carácter del país entero y hacen que la cultura de España sea única en su tipo.

La asimilación de esas culturas explica también la extraordinaria riqueza de la literatura española, desde sus orígenes. Por los romanos y por la divulgación de la cultura griega a través de los moros, los españoles llegan a conocer el mito clásico, la fábula y otros géneros literarios. Los moros también dan a conocer su poesía amorosa y sus cuentos, que se hacen muy populares. De todas estas fuentes los peninsulares absorben conceptos, ideas y formas y los hacen suyos, logrando una expresión y sabor únicos.

Para indicar la vitalidad de esa herencia, se presentan aquí ejemplos de la obra de dos grandes creadores españoles: don Juan Manuel, uno de los prosistas más importantes de la Edad Media, y Francisco de Goya y Lucientes, famoso pintor español de fines del siglo XVIII y comienzos del siglo XIX. Los cuentos de don Juan Manuel reflejan la España cristiana y occidental y también la España mora. En su obra pictórica, Goya emplea el mito clásico (introducido en España por los romanos y los moros) y la alegoría, una técnica que también es muy antigua, para presentar una percepción moderna de la condición humana.

Vocabulario útil

Estudiar estas palabras antes de leer «De lo que aconteció a un mancebo que se casó con una mujer brava». *

acontecer   to happen
arreglar   to arrange
asombrarse   to be surprised
bravo, -a   ill-tempered, ferocious
casamiento   marriage
cena   supper
consejo   advice
despedazar   to cut or tear to pieces
enojarse   to become angry, get mad
ensangrentado, -a   bloody
espada   sword
gallo   rooster

gato   cat
grosero, -a   coarse, rude
honrado, -a   honorable, of high rank
mancebo   youth
novia   bride
novio   groom
pariente *m or f*   relative
pedazo   piece
pobreza   poverty
saña   wrath
sañudo, -a   wrathful, angry

* The gender of nouns is given in italics except for feminine nouns ending in -a and masculine nouns ending in -o.

El Conde Lucanor

Don Juan Manuel (1282–1349?), sobrino del rey Alfonso X el Sabio, fue el primer prosista castellano que, consciente de la importancia de su estilo, supo transformar lo tradicional y lo popular por medio de su arte. Aunque escribió varias obras, esa cualidad artística se nota más en *El Conde Lucanor o Libro de Patronio*, terminado en 1335.

La estructura del libro es sencilla. El Conde Lucanor le pide consejos a su servidor Patronio para resolver un problema que tiene. Éste le contesta mediante un cuento o ejemplo, que sirve para sugerir una solución al problema. La moraleja se resume al final en dos versos brevísimos.

Los cincuenta «ejemplos» que componen el libro son de diversos orígenes: algunos son originales y a veces tienen elementos autobiográficos o históricos; otros son de origen oriental o clásico o de tradición popular. El conocimiento del autor de los cuentos de varias colecciones árabes que circulaban en España y su contacto personal con los musulmanes españoles se revelan no sólo en las tramas de varios cuentos, sino también en muchas alusiones a dichos, costumbres y actitudes árabes. El aspecto castellano (cristiano y occidental) de su obra se nota en la sobriedad y austeridad de su estilo y en su preocupación por la política y la religión, los motivos esenciales del castellano noble de su época.

En el cuento «De lo que aconteció a un mancebo que se casó con una mujer muy fuerte y muy brava» podemos observar algunos rasgos del arte de don Juan Manuel. El autor emplea el lenguaje ordinario del pueblo y busca expresarse sencillamente y con claridad. Nos comunica el castellano de su época, pero ya transformado en instrumento artístico. En cuanto al tema, es probable que la actitud que se expresa hacia la mujer refleje la percepción de algunos hombres de la época en vez de reflejar la verdadera condición de la mujer. Al final del cuento, don Juan Manuel parece comentar esa percepción masculina al describir lo que pasa cuando el suegro trata de imitar a su yerno. Finalmente, aunque el cuento del mancebo es breve, como todos los cuentos del autor, nos sorprende y deleita la capacidad extraordinaria del autor para motivar las acciones de sus personajes, para revelar el detalle pintoresco o significativo, y para crear una representación armoniosa.

De lo que aconteció a un mancebo que se casó con una mujer muy fuerte y muy brava

Otra vez hablaba el Conde Lucanor con Patronio y le dijo:

—Patronio, mi criado me ha dicho que piensan casarle con una mujer muy rica que es más honrada
5 que él.[1] Sólo hay un problema y el problema es éste: le han dicho que ella es la cosa más brava y más fuerte del mundo. ¿Debo mandarle casarse con ella, sabiendo cómo es, o mandarle no hacerlo?

—Señor conde—dijo Patronio—, si él es como el
10 hijo de un hombre bueno que era moro, mándele casarse con ella; pero si no es como él, dígale que no se case con ella.

El conde le pidió que se lo explicara.

Patronio le dijo que en un pueblito había un hom-
15 bre que tenía el mejor hijo que se podía desear, pero por ser pobres, el hijo no podía emprender las grandes hazañas que tanto deseaba realizar. Y en el mismo pueblito había otro hombre que era más honrado y más rico que el padre del mancebo, y ese hombre
20 sólo tenía una hija y ella era todo lo contrario del mancebo. Mientras él era de muy buenas maneras, las de ella eran malas y groseras. ¡Nadie quería casarse con aquel diablo!

Y un día el buen mancebo vino a su padre y le dijo
25 que en vez de vivir en la pobreza o salir de su pueblo, él preferiría casarse con alguna mujer rica. El padre estuvo de acuerdo. Y entonces el hijo le propuso casarse con la hija mala de aquel hombre rico. Cuando el padre oyó esto, se asombró mucho y le dijo que no
30 debía pensar en eso: que no había nadie, por pobre que fuese, que quería casarse con ella. El hijo le pidió que, por favor, arreglase aquel casamiento. Y tanto insistió que por fin su padre consintió, aunque le parecía extraño.
35   Y él fue a ver al buen hombre que era muy amigo suyo, y le dijo todo lo que había pasado entre él y su hijo y le rogó que pues su hijo se atrevía a casarse

que no se case *not to marry*

que se lo explicara *to explain it to him*

emprender *to undertake*
hazañas *deeds, feats*

todo lo contrario del *quite the opposite of the*

estuvo de acuerdo *agreed*

por pobre que fuese *however poor he was*

que... arreglase *to arrange*

extraño *strange, odd*

con su hija que se la diese para él. Y cuando el hombre
bueno oyó esto, le dijo:

    —Por Dios, amigo, si yo hago tal cosa seré amigo
muy falso, porque Ud. tiene muy buen hijo y no debo
5 permitir ni su mal ni su muerte. Y estoy seguro de
que si se casa con mi hija, o morirá o le parecerá
mejor la muerte que la vida. Y no crea que se lo digo
por no satisfacer su deseo: porque si Ud. lo quiere,
se la daré a su hijo o a quienquiera que me la saque
10 de casa.

    Y su amigo se lo agradeció mucho y como su hijo
quería aquel casamiento, le pidió que lo arreglara.

    Y el casamiento se efectuó y llevaron a la novia a
casa de su marido. Los moros tienen costumbre de
15 preparar la cena a los novios y ponerles la mesa y
dejarlos solos en su casa hasta el día siguiente.[2] Así
lo hicieron, pero los padres y los parientes del novio
y de la novia temían que al día siguiente hallarían
al novio muerto o muy maltrecho.

20   Y luego que los jóvenes se quedaron solos en casa,
se sentaron a la mesa, pero antes que ella dijera algo,
el novio miró alrededor de la mesa y vio un perro y
le dijo con enojo:

    —¡Perro, danos agua para las manos!

25   Pero el perro no lo hizo. Y él comenzó a enojarse
y le dijo más bravamente que les diese agua para las
manos. Pero el perro no lo hizo. Y cuando vio que
no lo iba a hacer, se levantó muy enojado de la mesa
y sacó su espada y se dirigió al perro. Cuando el
30 perro lo vio venir, él huyó, y los dos saltaban por la
mesa y por el fuego hasta que el mancebo lo alcanzó
y le cortó la cabeza y las piernas y le hizo pedazos y
ensangrentó toda la casa y toda la mesa y la ropa.

    Y así, muy enojado y todo ensangrentado, se sentó
35 otra vez a la mesa y miró alrededor y vio un gato y
le dijo que le diese agua para las manos. Y cuando no
lo hizo, le dijo:

    —¡Cómo, don falso traidor! ¿No viste lo que hice
al perro porque no quiso hacer lo que le mandé yo?
40 Prometo a Dios que si no haces lo que te mando, te
haré lo mismo que al perro.

    El gato no lo hizo porque no es costumbre ni de

---

que se la diese *to give
her to him*

su mal *harm to him*

me la saque de casa *gets
her out of my house*

que lo arreglara *to
arrange it*
se efectuó *took place*

ponerles la mesa *set the
table for them*

muy maltrecho *badly
off, battered*

dijera *said*

enojo *anger*

que les diese *to give
them*

saltaban *jumped*
alcanzó *overtook*

ensangrentó *bloodied*

alrededor *around*

los perros ni de los gatos dar agua para las manos.
Y ya que no lo hizo, el mancebo se levantó y le tomó
por las piernas y lo estrelló contra la pared, rom-
piéndolo en más de cien pedazos y enojándose más
5 con él que con el perro.

Y así, muy bravo y sañudo y haciendo gestos muy
feroces, volvió a sentarse y miró por todas partes. La
mujer, que le vio hacer todo esto, creyó que estaba
loco y no dijo nada. Y cuando había mirado el novio
10 por todas partes, vio su caballo, que estaba en casa
y era el único que tenía, y le dijo muy bravamente
que les diese agua para las manos, pero el caballo
no lo hizo. Cuando vio que no lo hizo, le dijo:

—¡Cómo, don caballo! ¿Piensas que porque no
15 tengo otro caballo que por eso no haré nada si no
haces lo que yo te mando? Ten cuidado, porque si
no haces lo que mando, yo juro a Dios que haré lo
mismo a ti como a los otros, porque lo mismo haré a
quienquiera que no haga lo que yo le mande.

20 El caballo no se movió. Y cuando vio que no hacía
lo que le mandó, fue a él y le cortó la cabeza con la
mayor saña que podía mostrar y lo despedazó.

Y cuando la mujer vio que mataba el único caballo
que tenía y que decía que lo haría a quienquiera que
25 no lo obedeciese, se dio cuenta que el joven no jugaba
y tuvo tanto miedo que no sabía si estaba muerta o
viva.

Y él, bravo, sañudo y ensangrentado, volvió a la
mesa, jurando que si hubiera en casa mil caballos y
30 hombres y mujeres que no le obedeciesen, que mataría a todos. Y se sentó y miró por todas partes,
teniendo la espada ensangrentada en el regazo. Y
después que miró en una parte y otra y no vio cosa
viva, volvió los ojos a su mujer muy bravamente y le
35 dijo con gran saña, con la espada en la mano:

—¡Levántate y dame agua para las manos!

La mujer, que estaba segura de que él la despe-
dazaría, se levantó muy aprisa y le dio agua para las
manos. Y él le dijo:

40 —¡Ah, cuánto agradezco a Dios que hiciste lo que
te mandé, que si no, por el enojo que me dieron esos
locos te habría hecho igual que a ellos!

Y después le mandó que le diese de comer y ella lo hizo. | que le diese de comer *that she give him food*

Y siempre que decía algo, se lo decía con tal tono que ella creía que le iba a cortar la cabeza.

5 Y así pasó aquella noche: ella nunca habló y hacía lo que él le mandaba. Y cuando habían dormido un rato, él dijo:

—Con la saña que he tenido esta noche, no he podido dormir bien. No dejes que nadie me des- | despierte *awaken*
10 pierte mañana y prepárame una buena comida.

Y por la mañana los padres y los parientes llegaron a la puerta y como nadie hablaba, pensaron que el novio estaba muerto o herido. Y lo creyeron aún más | herido *wounded*
cuando vieron en la puerta a la novia y no al novio.

15 Y cuando ella los vio a la puerta, se acercó muy despacio y con mucho miedo les dijo:

—¡Locos, traidores! ¿Qué hacen? ¿Cómo se atreven a hablar aquí? ¡Cállense, que si no, todos moriremos!

20 Al oír esto, ellos se sorprendieron y apreciaron | se sorprendieron *were surprised*
mucho al mancebo que tan bien sabía mandar en su | apreciaron *highly esteemed*
casa.

Y de ahí en adelante su mujer era muy obediente | de ahí en adelante *from then on*
y vivieron muy felices.

25 Pocos días después su suegro quiso hacer lo que había hecho el mancebo, y mató un gallo de la misma manera, pero su mujer le dijo:

—¡A la fe, don Fulano, lo hiciste demasiado tarde! Ya no te valdría nada aunque mates cien caballos, | aunque mates *even if you kill*
30 porque ya nos conocemos.[3]

—Y por eso—le dijo Patronio al conde—, si su criado quiere casarse con tal mujer, sólo lo debe hacer si es como aquel mancebo que sabía domar a la mujer | domar *tame*
brava y gobernar en su casa.

35 El conde aceptó los consejos de Patronio y todo resultó bien.

Y a don Juan le gustó este ejemplo y lo incluyó en este libro. También compuso estos versos:

Si al comienzo no muestras quien eres,
40 nunca podrás después, cuando quisieres. | quisieres *you would like to*

Notas culturales

1   La costumbre de arreglar los casamientos no sólo era común entre los árabes, sino también entre los europeos de la época. A veces se arreglaban para unir dos familias importantes y otras veces por razones económicas (como se ve en el cuento de don Juan Manuel). El casarse por amor o la idea de que los jóvenes y no los padres deben decidir con quienes se van a casar, es relativamente moderno.

2   La descripción de esta costumbre de los árabes es típica de la técnica de don Juan Manuel de incluir en sus cuentos alusiones a costumbres y actitudes de los moros y es producto de su contacto personal con los árabes.

3   Aunque el cuento refleja la actitud general de que el hombre debe gobernar en su casa y que la mujer debe ser sumisa y obediente—actitud típica de algunos hombres de la Edad Media—don Juan Manuel con ironía y tal vez con realismo, sugiere que no es siempre así.

Práctica

I. Preguntas

1. ¿Cuál es el problema que tiene un criado del conde?   2. ¿Por qué no puede hacer el joven del cuento las cosas que desea hacer?   3. ¿Cómo es el padre de la joven?   4. ¿Por qué no quiere casarse nadie con la joven?   5. ¿Cómo piensa el mancebo escaparse de la pobreza?   6. ¿Cómo reacciona el padre del joven cuando oye lo que propone su hijo?   7. ¿Cómo reacciona el padre de la joven ante lo que se le propone?   8. ¿Cuál es la costumbre mora que se presenta en el cuento? 9. ¿Qué es lo que temen los padres y los parientes del novio y de la novia?   10. ¿Qué le manda hacer el joven al perro?   11. ¿Qué hace cuando el perro no le obedece?   12. ¿Qué pasa con el gato? ¿con el caballo?   13. ¿Cómo reacciona la novia cuando ve lo que hace el joven con los animales?   14. ¿Qué hace cuando su marido le pide agua para las manos?   15. ¿Cómo cambia la novia como resultado de sus experiencias?   16. ¿Por qué se sorprenden los padres y los parientes al llegar a la casa y ver cómo se porta la novia?   17. ¿Por qué no producen las acciones del suegro el mismo resultado?   18. ¿Cómo reaccionaría una mujer moderna en la misma situación? ¿Qué haría? 19. ¿Cree Ud. que la moraleja del cuento todavía es válida hoy día? 20. ¿Qué ventajas tiene la costumbre de arreglar los casamientos entre jóvenes? ¿Qué desventajas tiene?

II. Preguntas analíticas

1. ¿Qué actitudes y costumbres medievales se presentan en el cuento?
2. ¿Cuál es un ejemplo de ironía en la obra?   3. Describa Ud. lo que pasa en el cuento, desde el punto de vista de la joven.   4. ¿Conoce Ud. *La fierecilla domada* de Shakespeare? ¿Cómo se puede comparar la obra del gran dramaturgo inglés con la de don Juan Manuel?

III. Práctica de vocabulario

A. Elegir la palabra que no corresponde al grupo.

1. bravo, feroz, resignado, sañudo, enojado
2. gallo, mancebo, gato, caballo, perro
3. elegante, gentil, sofisticado, bien educado, grosero
4. tímido, humilde, resignado, indiferente, bravo
5. acontecer, tener lugar, pasar, ocurrir, asombrarse

B. Completar con la palabra apropiada.

casamiento	gallo	brava
consejos	pobreza	gato
suegra	parientes	novia
cena	me asombro	pedazos

1. Esa mujer no sabe controlarse; es muy _____ .
2. No sé qué hacer. Voy a buscar _____ de mis padres.
3. En el campo por la mañana a veces se oye cantar un _____ .
4. Algunos dicen que hoy día el _____ es menos popular que antes.
5. Mis tíos, mis abuelos y mis primos son _____ míos.
6. Una _____ es una mujer recién casada.
7. Lo opuesto a riqueza es _____ .
8. A veces _____ cuando veo algo inesperado.
9. El enemigo tradicional de los ratones es el _____ .
10. La última comida del día es la _____ .

C. Escoger la palabra que corresponde a cada definición.

cena	pobreza	grosero
novia	gato	gallo
	casamiento	

1. Estado en el que vive la persona que no tiene dinero.
2. Comida que se toma por la noche.
3. Persona descortés, que no tiene urbanidad.

4. La que está próxima a casarse o que recién se ha casada.
5. Animal felino doméstico que siempre parece buscar a quien no lo quiere.

D. Usar en una frase original.

1. asombrarse   4. gato   6. pobreza
2. cena   5. novio   7. grosero
3. enojarse

Francisco de Goya y Lucientes

Algunos creadores—músicos, pintores, escritores—producen sus mejores obras en su juventud y después repiten lo ya expresado o presentan obras de calidad inferior. Otros, en cambio, crean sus mejores obras en los últimos años de su vida: Shakespeare, Goethe, Beethoven, Verdi y El Greco, para citar sólo algunos ejemplos. A este grupo pertenece uno de los artistas más extraordinarios de todos los tiempos: Francisco de Goya y Lucientes (1746–1828).

Las primeras décadas de la vida de Goya son años de aprendizaje. Estudia con artistas conocidos, copia la obra de grandes pintores del pasado, viaja a Madrid y a Roma, se hace conocer entre la gente más influyente de la capital y recibe algunas comisiones que lo establecen como pintor de cierta importancia. En esta época su obra es esencialmente convencional y armoniza con la perspectiva de la realidad del siglo XVIII. Sin embargo, su continuo esfuerzo le hace ganar una competencia ante el rey y Goya se convierte en el retratista de las personas más importantes de la corte. Aunque llega a recibir todos los favores de la corte real, no se deja intimidar por el rango social de las personas que pinta: las retrata así como las ve su ojo penetrante y agudo, con todos sus defectos y flaquezas. Su Carlos III es un hombre viejo, flaco y rugoso y su retrato de la familia real de Carlos IV es casi una caricatura. Lo curioso es que sus protectores no se dan por ofendidos y nunca le niegan su amparo, tal vez porque reconocen su genio.

Durante algunos años Goya vive como un típico cortesano, pero luego dos acontecimientos le transforman la vida: estalla la Revolución Francesa en 1789, y en 1792 una enfermedad inesperada por poco lo mata y lo deja sordo. Su obra, entonces, refleja el cambio producido por estos sucesos: en el futuro ya no será el pintor burgués de la corte sino el pintor del pueblo español. Así, ha sabido representar mejor que nadie los mitos y supersticiones y también comunicar la decadencia de una sociedad junto al tremendo sufrimiento del pueblo. Goya vuelve a sus raíces campesinas aragonesas para pintar lo español y lo universal.

En los últimos años de su vida Goya produce las obras que han de asegurarle su inmortalidad. En 1799 publica los famosos *Caprichos*, una serie de grabados cuyos temas son las supersticiones, la brujería, la corrupción y las pasiones diabólicas del pueblo. Cuando ya tiene más de setenta años, el artista da a conocer otra serie de grabados igualmente fuertes, los *Disparates*. En varias pinturas y en otra serie de grabados, *Los desastres de la guerra*, publicados en 1820, Goya muestra su reacción frente a la invasión de España por Napoleón en 1808. Su denuncia de la guerra, de un realismo horripilante, es la mejor expresión de la crueldad y del sufrimiento humanos. En los mismos años de su vida, su angustia personal le hace pintar en su casa del campo (Quinta del

Sordo) una serie de «pinturas negras» en las que expresa todo el pesimismo, el nihilismo y lo absurdo en la vida del hombre. En todas estas obras, fruto de su vejez, Goya mejora su técnica y logra expresarse con una fuerza y originalidad incomparables.

Courtesy of the Hispanic Society of America.
Plate 43 from *Los Caprichos*, 1799 edition.

El sueño de la razón produce monstruos

La alegoría de este grabado ha provocado diferentes reacciones entre los críticos. Algunos opinan que se refiere a la Revolución Francesa y a la violencia que la siguió. Otros sugieren que se refiere a los monstruos de la superstición que se despiertan al dormirse la razón. Otros creen que es una expresión de un estado psicológico del pintor mismo. Goya la describió así: «La fantasía abandonada por la razón, produce monstruos imposibles: unida con ella, es madre de las artes y origen de sus maravillas.» ¿Cuál de las explicaciones posibles le parece a Ud. más razonable? ¿Por qué?

Art Resource

Saturno devorando a uno de sus hijos

Esta pintura representa el mito griego de Saturno que devora a uno de sus hijos. Saturno simboliza el Tiempo. En este cuadro su crueldad es obvia. ¿A quién devora el Tiempo? ¿Se puede decir que la pintura tiene valor alegórico? ¿Cuál sería la actitud del viejo Goya hacia el tiempo y hacia la muerte?

El Prado, Madrid

El destino

El destino es el tema central de todos sus trabajos en la Quinta del Sordo. Aquí presenta Goya el mito clásico antiguo de las parcas, que hilan el destino humano y que también ponen fin a la vida. ¿Son bellas o feas las cuatro mujeres? ¿Por qué las retrata Goya flotando sobre la tierra? ¿Qué hacen las mujeres? ¿Parece ser Goya optimista o pesimista en cuanto al destino humano?

Para comentar

1. Describa Ud. uno de los grabados de Goya. ¿Cómo interpreta Ud. el grabado? ¿Qué emoción siente Ud. al mirarlo? ¿Qué es lo que más le gusta del grabado? ¿Qué es lo que menos le gusta?
2. Las fábulas de Esopo, como los cuentos de don Juan Manuel, tienen una moraleja al final. Con frecuencia, las pinturas también contienen algún «mensaje» para el que las observa. ¿Puede Ud. pensar en algún cuento o pintura que exprese un valor moral? Describa la obra de arte e indique lo que el artista ha querido comunicar.
3. Como lo hizo Goya, muchos artistas o escritores han criticado la sociedad y han tratado de reformarla o cambiarla por medio de sus obras. Aunque los reyes españoles toleraban la crítica de Goya, otros artistas sufrieron el destierro u otros castigos como resultado de su crítica. ¿A qué artista le pasó algo así en nuestros tiempos? ¿Qué criticó?
4. Para Ud., ¿cuál debe ser la misión del artista? ¿Qué es lo que debe hacer un artista: preocuparse más por la belleza en general o por el aspecto reformador que puede tener su obra de arte? ¿Puede ser válida una obra sin mensaje social y que sólo busca expresar algún aspecto de la belleza? (¿Es válido el «arte por el arte»?)

Orígenes de la cultura hispánica: América

Hoy día, las impresionantes ruinas de México, Centroamérica y el Perú son mudos testigos de la grandeza alcanzada por las grandes civilizaciones precolombinas que existieron en América. De esas civilizaciones, sólo la de los aztecas en el valle de México y la de los incas en el Perú florecían en la época en que llegaron los conquistadores españoles. La civilización maya, situada en el sureste de México, Honduras y Guatemala, decayó después del siglo X y los edificios de sus centros ceremoniales fueron cubiertos y escondidos por el bosque y la selva. Así como la naturaleza escondió la evidencia de los conocimientos tecnológicos y artísticos de los mayas, las acciones de los conquistadores durante y después de la Conquista dificultaron la apreciación del verdadero valor de las civilizaciones de los aztecas de México y de los incas y sus predecesores en el Perú. Muchas de las grandes estructuras fueron derrumbadas y se utilizaron sus materiales para construir edificios europeos, a veces sobre los cimientos de los antiguos templos y palacios. Los objetos artísticos de oro y plata fueron reducidos a barras que se transportaron fácilmente a Europa. Otros objetos aún más frágiles fueron destruidos por el hombre o por el tiempo y la naturaleza.

Sin embargo, no se perdió todo. Debido a la obra paciente de historiadores y arqueólogos hemos podido recobrar mucho del pasado. Se han restaurado muchos centros ceremoniales, y otra vez el hombre puede caminar por donde caminaban los mayas, aztecas e incas. Otros objetos que se escaparon de las fuerzas destructivas—cerámicas, tejidos, esculturas, pinturas, ejemplos del orfebre—se encuentran en los museos más importantes del mundo, donde podemos apreciar la alta calidad del arte del hombre precolombino.

Así como la cultura de España refleja la asimilación de varias culturas, lo mismo puede observarse en muchos países hispanoamericanos, donde la contribución india es tan evidente como la española. Aquí presentamos obras que reflejan la cultura precolombina de México y del Perú: trozos de las *Cartas de relación* de Hernán Cortés y algunos ejemplos de la cerámica de los «mochicas» del Perú. La obra de Cortés nos permite compartir las experiencias del famoso conquistador y nos deja ver algo de la grandeza de Tenochtitlán, la gran ciudad de los aztecas. Por las extraordinarias cerámicas de los «mochicas» se pueden conocer muchísimos aspectos de la vida diaria de una cultura que existió en el Perú mil años antes de establecerse el imperio inca.

Vocabulario útil

Estudiar estas palabras antes de leer «El español en Tenochtitlán.»

ajedrez *m* chess
ancho, -a wide
ave *f* bird
barbero barber
cabello hair
calle *f* street
canoa canoe
ceja eyebrow
derecho, -a straight
estanque *m* pool, pond
jardín *m* garden
labrar to work (stone); to carve
  (wood)
laguna lake, lagoon

limpieza cleaning
mar *m or f* sea
mercado market
mirador *m* window, observation
  point
oro gold
pescado fish
pestaña eyelash
piedra stone
plata silver
platero silversmith
puente *m* bridge
rostro face

Las Cartas de Relación

El título completo de la colección de cinco cartas que mandó Hernán Cortés a Carlos V es *Cartas de Relación sobre el descubrimiento y la conquista de la Nueva España*. En ellas el gran conquistador describe uno de los hechos más notables de la historia: la conquista de México por un grupo relativamente pequeño de españoles entre 1519 y 1521. Las cartas de Cortés también inician un nuevo género literario: la crónica de Indias.

Cortés nació en Medellín, España, en 1485. Estudió dos años en Salamanca. A los 29 años viajó a América, a Santo Domingo, donde conoció a Diego Velázquez y participó en la conquista de Cuba. Durante varios años Cortés fue secretario de Velázquez, que llegó a ser gobernador de Cuba. Éste le dio a Cortés una comisión para la conquista de México y en 1518 Cortés salió de Cuba para emprender la conquista que había de hacerle famoso. En sus cartas a Carlos V, Cortés describe lo que pasó después: la serie de hechos que culminaron en la conquista del imperio azteca y la destrucción de su capital, Tenochtitlán. Después de la conquista el rey lo nombró Gobernador y Capitán General de Nueva España, pero Cortés tenía muchos enemigos y en 1528 tuvo que regresar a España para defenderse contra sus acusaciones. El rey reconoció la contribución de Cortés, confiriéndole un título, pero aunque Cortés regresó a México, no le gustaron las intrigas políticas y volvió a España. Allí dirigió una expedición a Argelia y murió en su país natal en 1547.

El lenguaje de las cartas de Cortés es directo y sencillo. En sus cartas Cortés informa al rey sobre los hechos de la conquista y también revela su interés y su admiración por la civilización india que encontró. Al describir las costumbres, las ciudades, los edificios, la religión y otros aspectos de la vida de los aztecas es obvio que Cortés se asombra ante el esplendor de esa civilización. Nos la describe con una viveza que hace que nosotros también seamos testigos de su grandeza.

El español en Tenochtitlán

... Esta gran ciudad de Temixtitan[1] está fundada en esta laguna salada, y desde la Tierra-Firme hasta el cuerpo de la dicha ciudad, por cualquiera parte que quisieren entrar a ella, hay dos leguas. Tiene cuatro
5 entradas, todas de calzada hecha a mano, tan ancha como dos lanzas jinetas. Es tan grande la ciudad como Sevilla y Córdoba. Son las calles de ella, digo las

Temixtitan *Tenochtitlán*

quisieren *they may wish*
leguas *leagues*
calzada... mano *handmade pavement*
lanzas jinetas *short lances*

principales, muy anchas y muy derechas, y algunas de éstas y todas las demás son la mitad de tierra, y por la otra mitad es agua, por la cual andan en sus canoas. Todas las calles de trecho en trecho están abiertas
5 por donde atraviesa el agua de las unas a las otras, y en todas estas aberturas, que algunas son muy anchas, hay sus puentes de muy anchas y muy grandes vigas juntas y recias y bien labradas; y tales, que por muchas de ellas pueden pasar diez de caballo juntos a
10 la par.... Tiene esta ciudad muchas plazas, donde hay continuos mercados y trato de comprar y vender. Tiene otra plaza tan grande como dos veces la de la ciudad de Salamanca, toda cercada de portales alrededor, donde hay cotidianamente arriba de 60.000
15 ánimas comprando y vendiendo; donde hay todos los géneros de mercaderías que en todas las tierras se hallan, así de mantenimientos como de vituallas, joyas de oro y de plata, de plomo, de latón, de cobre, de estaño, de piedras, de huesos, de conchas, de cara-
20 coles y de plumas. Véndese tal piedra labrada y por labrar, adobes, ladrillos, madera labrada y por labrar de diversas maneras. Hay calles de caza donde venden todo linaje de aves que hay en la tierra... Venden conejos, liebres, venados y perros pequeños, que crían
25 para comer. Hay calles de herbolarios, donde hay todas las raíces y yerbas medicinales que en esta tierra se hallan. Hay casas como de boticarios donde se venden las medicinas hechas, así potables como ungüentos y emplastos. Hay casas como de barberos,
30 donde lavan y rapan las cabezas. Hay casas donde dan de comer y beber por precio.... Finalmente, que en los dichos mercados se venden todas cuantas cosas se hallan en la tierra, que demás de las que he dicho, son tantas y de tantas calidades, que por la prolijidad
35 y por no me ocurrir tantas a la memoria, y aun por no saber poner los nombres, no las expreso....

En lo del servicio de Moctezuma[2] y de las cosas de admiración que tenía por grandeza y estado, hay tanto que escribir, que certifico a vuestra alteza que
40 yo no sé por dónde pueda acabar de decir alguna parte de ellas. Porque, como ya he dicho, ¿qué más grandeza puede ser que un señor bárbaro como éste

---

de trecho en trecho *at intervals*

vigas *beams*
recias *strong*

diez... par *ten horsemen riding shoulder to shoulder*

cercada... alrededor *surrounded by porticos*
arriba de *more than*
géneros *types*
mercaderías *goods*
así de...vituallas *including both things for subsistence and for food*

Véndese *They sell*
labrada y por labrar *worked and unworked*
caza *game*
linaje *kind*

herbolarios *herbists*
yerbas *herbs*
boticarios *druggists*
así... emplastos *drinkable ones as well as ointments and poultices*
rapan *they shave*

por la... memoria *because there are so many and I can't remember so many*
poner los nombres *give them a name*
En lo de *As for*
dónde pueda... ellas *how I can mention even a part of them*
qué más... que *what could be more grand than for*

tuviese contrahechas de oro y plata y piedras y plumas todas las cosas que debajo del cielo hay en su
señorío, tan al natural lo de oro y plata, que no hay
platero en el mundo que mejor lo hiciese; y lo de
5 las piedras, que no baste juicio comprender con qué
instrumentos se hiciese tan perfecto; y lo de pluma,
que ni de cera ni en ningún broslado se podría hacer
tan maravillosamente?... Tenía, así fuera de la ciudad
como dentro, muchas casas de placer, y cada una de
10 su manera de pasatiempo, tan bien labradas cuanto
se podría decir, y cuales requerían ser para un gran
príncipe y señor. Tenía dentro de la ciudad sus casas
de aposentamiento, tales y tan maravillosas que me
parecería casi imposible poder decir la bondad y
15 grandeza de ellas.... Tenía una casa poco menos
buena que ésta, donde tenía un muy hermoso jardín
con ciertos miradores que salían sobre él, y los mármoles y losas de ellos eran de jaspe, muy bien obra-
das. Había en esta casa aposentamientos para se
20 aposentar dos muy grandes príncipes con todo su
servicio. En esta casa tenía diez estanques de agua,
donde tenía todos los linajes de aves de agua que en
estas partes se hallan, que son muchos y diversos,
todas domésticas; y para las aves que se crían en la
25 mar eran los estanques de agua salada, y para las de
ríos, lagunas de agua dulce; la cual agua vaciaban de
cierto a cierto tiempo por la limpieza, y la tornaban
a henchir por sus caños. A cada género de aves se
daba aquel mantenimiento que era propio a su na-
30 tural y con que ellas en el campo se mantenían. De
forma que a las que comían pescado se lo daban, y
las que gusanos, gusanos, y las que maíz, maíz, y las
que otras semillas más menudas, por consiguiente se
las daban.... Había para tener cargo de estas aves
35 trescientos hombres, que en ninguna otra cosa entendían. Había otros hombres que solamente entendían en curar las aves que adolecían. Sobre cada
alberca y estanque de estas aves había sus corredores
y miradores muy gentilmente labrados, donde el
40 dicho Moctezuma se venía a recrear y a las ver.
Tenía en esta casa un cuarto en que tenía hombres,
mujeres y niños, blancos de su nacimiento en el rostro

contrahechas de *copied in*

al natural *naturally*

que... juicio *there is no understanding great enough*
broslado: bordado *embroidery*

de su manera de pasatiempo *with its own kind of pastimes*
cuales requerían ser *each suitable*
aposentamiento *lodging*

miradores *observation windows*
mármoles *marbles*
losas *tiles*
jaspe *colored stoneware*
para se aposentar *for lodging*

la tornaban a henchir *they would fill it again*
caños *pipes*
propio a su natural *suitable for its kind*
De forma que *So*

gusanos *worms*

menudas *small*
por... las daban *(fig) they gave them what was appropriate*
tener cargo de *to take care of*
que en... entendían *who were responsible for nothing else*
adolecían *were ill*
se venía... ver *came to amuse himself and see them*
las ver *to see them*

y cuerpo y cabellos y cejas y pestañas. Tenía otra
casa muy hermosa, donde tenía un gran patio losado
de muy gentiles losas, todo él hecho a manera de un
juego de ajedrez.... Había en esta casa ciertas salas
5 grandes, bajas, todas llenas de jaulas grandes, de muy
gruesos maderos, muy bien labrados y encajados, y
en todas o en las más había leones, tigres, lobos,
zorras y gatos de diversas maneras, y de todos en
cantidad; a los cuales daban de comer gallinas cuantas
10 les bastaban. Para estos animales y aves había otros
trescientos hombres, que tenían cargo de ellos. Tenía
otra casa donde tenía muchos hombres y mujeres
monstruos, en que había enanos, corcovados y contrahechos, y otros con otras deformidades, y cada ma-
15 nera de monstruos en su cuarto por sí; y también
había para éstos personas dedicadas a tener cargo de
ellos. Las otras casas de placer que tenía en su ciudad
dejo de decir, por ser muchas y de muchas calidades....

losado *tiled*

jaulas *cages*
de muy gruesos maderos
of very thick wood
encajados *fitted*

de... maneras *of
different kinds*
**daban de comer...
bastaban** *they fed all
the hens they wanted*

**enanos, corcovados y
contrahechos** *dwarfs,
hunchbacks and
deformed people*
en su cuarto por sí *in
their own room*

dejo de decir *I omit*

Notas culturales

1 En 1519 Tenochtitlán era una de las ciudades más grandes del mundo y la
capital de un imperio de unos once millones de habitantes. Se ha estimado
que había unas 60.000 casas en la ciudad y se cree que unas 200.000 personas
vivían allí, cuatro veces la población de Londres en aquella época. Ya que
la ciudad estaba situada en un lago y había muchos canales, los españoles la
comparaban con Venecia. En el centro de la ciudad se encontraba el recinto
administrativo y religioso, con muchos edificios (pirámides y palacios) enormes
y suntuosos. Cerca de ese recinto estaban los mercados, donde se vendía de
todo. La grandeza y la riqueza de la ciudad asombraron a los españoles, que
la comparaban favorablemente con las ciudades más importantes de Europa.

2 Moctezuma II fue una de las figuras más trágicas de la historia. Monarca
absoluto de un reino bastante grande, recibía Moctezuma tributo de las tribus
conquistadas. Los aztecas lo consideraban como figura semi-religiosa y lo
trataban como se trata a un dios. Al recibir noticias de la llegada de Cortés
en la costa, creyó Moctezuma que el extraño desconocido de la barba rubia
era Quetzalcóatl, dios antiguo de los toltecas, que había prometido volver
para destruir a los aztecas. Se ha sugerido que la pasividad y la inacción de
Moctezuma frente a los españoles se debía a que el monarca creía que era
inútil oponerse y que era su destino reinar sobre la destrucción de su pueblo.

Práctica

I. Preguntas

1. Según Cortés, ¿con qué ciudades españolas se podía comparar Tenochtitlán? 2. ¿Cómo eran las calles de la ciudad? 3. ¿Cuántas personas compraban y vendían cosas todos los días en uno de los mercados? 4. ¿Cuáles eran algunas de las cosas que se vendían en el mercado? 5. ¿Qué cosa comían los aztecas que normalmente no comeríamos nosotros? 6. ¿Cómo indica Cortés que algunas cosas eran tan nuevas que él no sabía describirlas? 7. ¿De qué se hacían las copias de las cosas que se encontraban en el reino de Moctezuma? 8. ¿Cómo era la casa donde había cuartos para príncipes? 9. ¿Dónde se encontraban las aves de agua? 10. ¿Qué les daban de comer a las aves? 11. ¿Cuántos hombres había para tener cargo de las aves? 12. ¿Desde dónde miraba Moctezuma las aves? 13. ¿Qué había en las jaulas de otra casa? 14. ¿Qué les daban de comer a esos animales? 15. ¿Qué cosa extraña había en otra casa? 16. ¿Por qué no describe Cortés las otras casas que vio?

II. Preguntas analíticas

1. ¿Cuáles son las tres cosas que vieron los españoles que les sorprendían? 2. Describa en sus propias palabras el mercado que vio Cortés. 3. Si Ud. fuera el conquistador que acababa de ver la casa de los estanques de agua, ¿cómo la describiría? 4. ¿Cómo indica Cortés que a los españoles les interesaban mucho las riquezas? 5. ¿Cuál parece ser la actitud de Cortés frente a lo que vio?

III. Práctica de vocabulario

A. Elegir la palabra que no corresponde al grupo.

1. rostro, ceja, puente, pestaña, cabello
2. piedra, plata, oro, cobre, ajedrez
3. jardín, mar, océano, laguna, estanque
4. ciudad, edificio, mercado, pescado, calle
5. ancho, canoa, derecho, inmenso, difícil

B. Completar con la palabra apropiada.

pescado	platero	ajedrez
piedra	puente	mercado
rostro	jardín	canoa
cabello	limpieza	mirador

1. Mi madre siempre compraba muchas cosas en ese _____ .
2. ¿Te gusta comer _____ ?
3. Me gusta mucho jugar al _____ .
4. En el _____ había muchas flores.
5. El indio cruzó la laguna en una _____ .
6. Es escultor y sabe labrar _____ .
7. Desde ese _____ hay una vista hermosa de la ciudad.
8. La boca, la nariz y los ojos son partes del _____ .
9. Para cruzar el río es necesario usar el _____ .
10. El _____ hace cosas de plata.

C. Escoger la palabra que corresponde a cada definición.

puente	barbero	piedra
estanque	platero	ajedrez
ceja	oro	derecha

1. Metal precioso de color amarillo.
2. Estructura que se usa para cruzar un río.
3. Persona que les corta el cabello a sus clientes.
4. Juego de origen árabe.
5. Adjetivo que se usa para describir una calle que no tiene curvas.

El arte de los «mochicas»

La iglesia de Santo Domingo en el Cuzco, construida sobre cimientos incaicos, se puede considerar un símbolo del proceso de la conquista de ese imperio por los españoles. Pero aunque los españoles creían que ese gran imperio era antiquísimo, el hecho es que los incas sólo fueron tardíos participantes en la historia de aquella región. Durante más de tres mil años varias sociedades surgieron, florecieron y desaparecieron en el Perú. Por ejemplo, hay evidencia de la existencia de un gran estado religioso que apareció mil años antes de Cristo. Esa sociedad, que se llamó Chavín, floreció y desarrolló su propio estilo de arte. Pero en los últimos siglos antes de Cristo varias regiones empezaron a desarrollar otros estilos de arte muy distintos, lo que sugiere la pérdida de la unidad que había existido antes.

Una de las sociedades regionales más interesantes que aparece al decaer el antiguo estado era la de los mochicas. Estos aparecen en el norte del Perú, en el llano árido que se encuentra entre los Andes y el mar. Allí, dos siglos antes de Cristo, los mochicas desarrollan sus pueblos en los valles de los ríos que nacen en las montañas y van al mar. Viven de la agricultura, de la caza y de lo que pueden pescar en el mar. Domestican varios animales, incluyendo las llamas y las alpacas. Construyen casas, templos y palacios de adobe y con frecuencia los decoran con pinturas muy vívidas. Saben tejer y utilizan una gran variedad de técnicas para producir tejidos elegantes. Entierran a sus muertos en hoyos debajo de la tierra, donde rodean al muerto con varias ofrendas cuya cantidad y cualidad varían mucho, indicando la existencia de un sistema de clases sociales y una compleja división del trabajo.

Aunque los mochicas no sabían escribir, los artistas que fabricaron las cerámicas que se han encontrado en muchas tumbas nos han dejado un retrator muy detallado de su vida. En su excelente libro *Moche Art of Peru* (University of California, 1978), Christopher B. Donnan nota que la expresión artística que se encuentra en las cerámicas es muy variada. Hombres, mujeres, animales, plantas, demonios antropomorfos y dioses se pueden observar en sus actividades: la caza, la pesca, el combate, los castigos, los actos sexuales y las complejas ceremonias religiosas. También se observan detalles de la arquitectura de sus casas y templos y su modo de vestirse y adornarse. Algunas de las cerámicas ofrecen retratos de individuos, mientras otras parecen contar un cuento o ciertos aspectos de la vida de los mochicas. Muchas veces todo esto tiene valor simbólico. Por ejemplo, es posible que el ciervo, animal que aparece en muchas cerámicas, represente las cualidades de ese animal: su velocidad y su cualidad elusiva. Otra posible interpretación de esa figura puede encontrarse en la percepción del animal por los descendientes modernos de los mochicas. Los curanderos que viven actualmente en esa región utilizan la pata del ciervo para descubrir espíritus malos y para exorcizar a los que son poseídos por tales espíritus. Con frecuencia, cerca del ciervo en las cerámicas se ve cierto tipo de árbol. Los curanderos modernos mezclan las semillas de ese árbol con la chicha, una bebida alcohólica, y beben esta mezcla para poder adivinar lo que está pasando en lugares remotos. Obviamente las semillas del árbol producen un efecto alucinógeno. Así es que lo que parece ser sólo una representación realista del artista mochica también puede tener un aspecto mágico o religioso.

Durante siete siglos los mochicas produjeron sus extraordinarias cerámicas y luego desaparecieron, tal vez conquistados por gente de otra región. Pero nos queda su arte como testimonio de la vitalidad de su cultura y del genio de sus artistas.

Courtesy of the Art Institute of Chicago

Un indio mochica

Sin duda esta vasija es una de las más hermosas de la cerámica mochica. La cara del indio está pintada y la faja que lleva tiene el motivo de la serpiente. Entre los curanderos modernos de la región la serpiente reconcilia fuerzas opuestas— lo bueno y lo malo, la luz y la oscuridad, el sol y el mar. No sabemos con seguridad si significaba lo mismo entre los mochicas, pero sin duda tenía un valor simbólico.

Both photos courtesy of the Metropolitan Museum of Art, The Michael C. Rockefeller Memorial Collection of Primitive Art, Gift of Nathan Cummings, 1963.

La gama

El zorro

Ya hemos mencionado el posible valor simbólico del ciervo. El zorro es el animal que se retrata con más frecuencia en el arte mochica. Para los curanderos peruanos, el zorro representa la desgracia y el peligro producidos por la decepción y el engaño. También puede simbolizar la capacidad de salvar obstáculos por el uso de la astucia.

Muchas veces los animales que se representan en las cerámicas mochicas tienen cualidades humanas. Describa Ud. los aspectos humanos de la gama y del zorro.

Silberstein, Monkmeyer Press Photo Service

La iglesia de Santo Domingo

La iglesia de Santo Domingo fue construida sobre las ruinas del Templo del Sol y todavía se ven los cimientos del Templo. ¿Cómo se puede comparar el uso de la piedra por los incas y por los españoles? ¿Qué valor simbólico puede tener este edificio?

Para comentar

1. Se ha mencionado que muchas veces los objetos que se retratan en las cerámicas mochicas tienen un valor simbólico. Con frecuencia parecen referirse a una parte de una ceremonia religiosa o a un concepto religioso. En nuestra sociedad también hay cosas simbólicas que forman parte de una ceremonia o de una tradición. Por ejemplo, todos reconocemos a cierto señor gordo, de barba blanca y muy larga, que lleva un traje rojo y botas negras. Sabemos cuál es la función de ese señor, cómo se relaciona con los niños y en qué estación del año aparece. ¿Cuáles son algunas otras cosas que tienen valor simbólico o tradicional en nuestra cultura?

2. ¿Es verdad que nosotros, como aparentemente lo hacían los mochicas, asociamos ciertas cualidades con ciertos animales? ¿Puede dar algunos ejemplos?

3. El arte europeo, como el de los mochicas, a veces tiene un valor simbólico. Ya hemos visto, por ejemplo, que varias pinturas de Goya representan ciertos conceptos tradicionales. ¿Puede Ud. pensar en otras obras de arte europeas o norteamericanas que tengan esa dimensión?

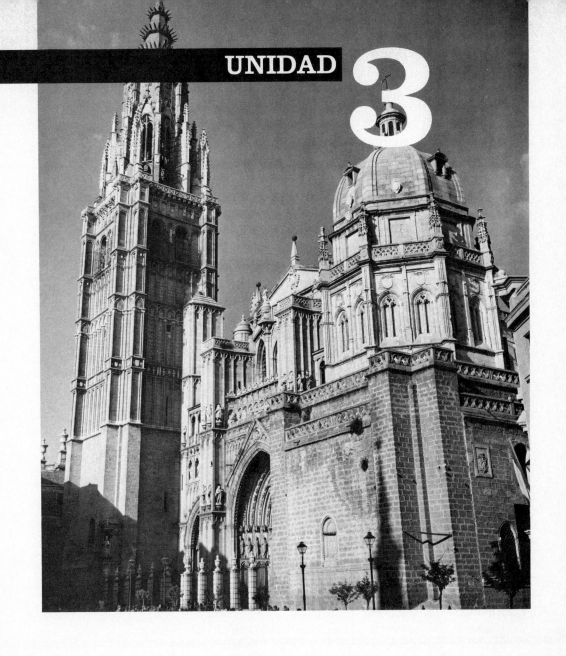

La religión en el mundo hispánico

En la Edad Media, la fe cristiana unió a los reinos católicos en su lucha contra los moros. En el siglo XVI la España católica fue la protectora de la fe contra las fuerzas de la Reforma protestante y, hoy en día, los países hispánicos todavía son profundamente católicos.

Al nivel nacional la religión puede tener un valor político; pero al nivel del pueblo—del humilde campesino del Perú o de España—la fe es una parte íntima de su vida cotidiana y se manifiesta en su manera de percibir la realidad, de formar y expresar sus ideales y aún en sus costumbres. Para la gente común, la religión no es una cosa abstracta sino muy real. Naturalmente, la misma fe que tanto influye en el pueblo se manifiesta también en las artes, ya sea en la poesía épica o religiosa de la Edad Media, en el teatro y la pintura de los siglos XVI y XVII, o en el arte y la literatura de nuestros tiempos. A continuación se presentan dos testimonios de esta caracterísica del pueblo hispánico: la fe simple y directa del campesino mexicano, y la fe elevada y mística que logra captar El Greco en sus magníficas pinturas del siglo XVI.

Vocabulario útil

Estudiar estas palabras antes de leer «Una carta a Dios».

amanecer *m*   dawn
a punto de   on the point of, about to
billete *m*   bill (money)
buzón *m*   letter box
campo   country, countryside
cartero   mailman, postal clerk
cerro   hill
correo: oficina de correos   post office
cosecha   harvest
dar   to give; to strike
domicilio   residence
echar al correo   to mail
firma   signature
frijol *m*   (pinto) bean

hacer falta   to need, be needing, be lacking
iglesia   church
llover   to rain
lluvia   rain
maíz *m*   corn
milpa   corn field
no...más que   only
nube *f*   cloud
ponerse   to begin, start, become
sobre *m*   envelope
timbre *m*   stamp
viento   wind

Una carta a Dios

Gregorio López y Fuentes nació en 1897 en la Huasteca, estado de Veracruz (México), donde su padre era un modesto agricultor. Ahí el niño llegó a conocer la vida del campo, en particular la de los indios y campesinos. Más tarde, su padre lo mandó a la capital a estudiar en la Escuela Normal de Maestros y llegó a conocer allí a los jóvenes escritores de la época. Participó en la Revolución de 1910 y después se dedicó al periodismo y a la creación de su obra literaria. Produjo así una cantidad de novelas y cuentos que le aseguraron una posición importante dentro del movimiento literario y artístico inspirado por la Revolución Mexicana.

En toda su obra, López y Fuentes revela su interés por los tipos humildes que conoció en su niñez. En su novela *Campamento* (1931) nos presenta varias escenas de un grupo de soldados, anónimos como la mayoría de los que lucharon durante la revolución. En *Tierra* (1932) el novelista logra reproducir el momento histórico de la lucha agraria, novelizando la vida y la muerte de Emiliano Zapata, el gran héroe de esa reforma agraria. Siguiendo con su técnica de retratar la realidad social de México por medio de uno o varios personajes representativos de todo un segmento social (técnica que se ve también en la obra de los grandes muralistas de la época: Rivera, Orozco, Siqueiros), López y Fuentes publicó en 1935 *El indio*, su obra más famosa. Se relata aquí la explotación del indio, simbolizada en la historia de una comunidad india. No ofrece el autor solución al problema, pero resulta inolvidable el fuerte realismo de las escenas que presenta.

En el cuento que sigue se pueden observar algunas de las características de la obra de López y Fuentes: el estilo simple, sobrio y realista, el interés por los problemas del hombre común, en este caso un humilde agricultor, y, sobre todo, el estudio psicológico del campesino, para quien la religión es una realidad y Dios es una persona a quien puede tratar con toda confianza.

* * *

La casa—única en todo el valle—estaba subida en uno de esos cerros truncados que, a manera de pirámides rudimentarias, dejaron algunas tribus al continuar sus peregrinaciones. Desde allá se veían las vegas, el 5 río, los rastrojos y, lindando con el corral, la milpa,[1] ya a punto de jilotear. Entre las matas del maíz, el frijol[2] con su florecilla morada, promesa inequívoca de una buena cosecha.[3]

subida   *placed high*

vegas   *flat lowlands*
rastrojos   *stubble*
lindando con   *bordering*
jilotear   *to form ears*
matas   *plants*
morada   *purple*

Lo único que estaba haciendo falta a la tierra era una lluvia, cuando menos un fuerte aguacero, de esos que forman charcos entre los surcos. Dudar de que llovería hubiera sido lo mismo que dejar de creer en
5 la experiencia de quienes, por tradición, enseñaron a sembrar en determinado día del año.

Durante la mañana, Lencho—conocedor del campo, apegado a las viejas costumbres y creyente a puño cerrado—no había hecho más que examinar
10 el cielo por el rumbo del noreste.

—Ahora sí que se viene el agua, vieja.

Y la vieja, que preparaba la comida, le respondió:
—Dios lo quiera.

Los muchachos más grandes limpiaban de hierba
15 la siembra, mientras que los más pequeños correteaban cerca de la casa, hasta que la mujer les gritó a todos:

—Vengan que les voy a dar en la boca....

Fue en el curso de la comida cuando, como lo
20 había asegurado Lencho, comenzaron a caer gruesas gotas de lluvia. Por el noreste se veían avanzar grandes montañas de nubes. El aire olía a jarro nuevo.

—Hagan de cuenta, muchachos—exclamaba el hombre mientras sentía la fruición de mojarse con
25 el pretexto de recoger algunos enseres olvidados sobre una cerca de piedra—, que no son gotas de agua las que están cayendo: son monedas nuevas: las gotas grandes son de a diez y las gotas chicas son de a cinco...
30 Y dejaba pasear sus ojos satisfechos por la milpa a punto de jilotear, adornada con las hileras frondosas del frijol, y entonces toda ella cubierta por la transparente cortina de la lluvia. Pero, de pronto, comenzó a soplar un fuerte viento y con las gotas de agua
35 comenzaron a caer granizos tan grandes como bellotas. Esos sí que parecían monedas de plata nueva. Los muchachos, exponiéndose a la lluvia, correteaban y recogían las perlas heladas de mayor tamaño.

—Esto sí que está muy malo—exclamaba mor-
40 tificado el hombre—; ojalá que pase pronto....

No pasó pronto. Durante una hora, el granizo apedreó la casa, la huerta, el monte, la milpa y todo

cuando menos *at least*
aguacero *shower*
charcos *puddles*
surcos *furrows*

sembrar *to sow*

apegado *attached*
creyente a puño cerrado
  a firm believer
rumbo *direction*

limpiaban de hierba
  were weeding
siembra *sown field*
correteaban *were
  racing around*

dar en la boca *feed you*

asegurado *asserted*

olía a jarro nuevo
  *smelled like a new
  clay jug*
hagan de cuenta *just
  imagine*
fruición de mojarse
  delight of getting wet
enseres *implements*
cerca *fence, wall*
de a diez *ten-cent coins*

las hileras frondosas *the
  leafy rows*

soplar *blow*

granizos *hailstones*
bellotas *acorns*

heladas *frozen*

apedreó *stoned*

el valle. El campo estaba tan blanco que parecía una
salina. Los árboles, deshojados. El maíz, hecho
pedazos. El frijol, sin una flor. Lencho, con el alma
llena de tribulaciones. Pasada la tormenta, en medio
5 de los surcos, decía a sus hijos:

—Más hubiera dejado una nube de langosta....El
granizo no ha dejado nada: ni una sola mata de maíz
dará una mazorca, ni una mata de frijol dará una
vaina....

10 La noche fue de lamentaciones:

—¡Todo nuestro trabajo, perdido!

—¡Y ni a quién acudir!

—Este año pasaremos hambre....

Pero muy en el fondo espiritual de cuantos con-
15 vivían bajo aquella casa solitaria en mitad del valle,
había una esperanza: la ayuda de Dios.

—No te mortifiques tanto, aunque el mal es muy
grande. ¡Recuerda que nadie se muere de hambre!

—Eso dicen: nadie se muere de hambre....

20 Y mientras llegaba el amanecer, Lencho pensó
mucho en lo que había visto en la iglesia del pueblo
los domingos: un triángulo y dentro del triángulo un
ojo, un ojo que parecía muy grande, un ojo que, según
le habían explicado, lo mira todo, hasta lo que está
25 en el fondo de las conciencias.[4]

Lencho era hombre rudo y él mismo solía decir
que el campo embrutece, pero no lo era tanto que no
supiera escribir. Ya con la luz del día y aprove-
chando la circunstancia de que era domingo, después
30 de haberse afirmado en su idea de que sí hay quien
vele por todos, se puso a escribir una carta que él
mismo llevaría al pueblo para echarla al correo.

Era nada menos que una carta a Dios.—«Dios—
escribió—, si no me ayudas pasaré hambre con todos
35 los míos, durante este año: necesito cien pesos para
volver a sembrar y vivir mientras viene la otra
cosecha, pues el granizo....»

Rotuló el sobre «A Dios», metió el pliego y, aun
preocupado, se dirigió al pueblo. Ya en la oficina de
40 correos, le puso un timbre a la carta y echó ésta en el
buzón.

Un empleado, que era cartero y todo en la oficina

Glosses: salina *salt pit*; deshojados *stripped of leaves*; hecho pedazos *torn apart*; langosta *locust*; mazorca *ear*; vaina *pod*; ni a quién acudir *not even someone to seek help from*; pasaremos hambre *we will go hungry*; fondo *depths*; de cuantos *of those who*; no te mortifiques tanto *don't get so upset*; rudo *coarse, rough*; embrutece *brutalizes*; después... afirmado *after having made sure*; vele por *watches over*; rotuló *he addressed*; pliego *sheet of paper*

de correos, llegó riendo con toda la boca ante su jefe:
le mostraba nada menos que la carta dirigida a Dios.
Nunca en su existencia de repartidor había conocido
ese domicilio. El jefe de la oficina—gordo y bona-
5 chón—también se puso a reír, pero bien pronto se le
plegó el entrecejo y, mientras daba golpecitos en su
mesa con la carta, comentaba:

—¡La fe! ¡Quién tuviera la fe de quien escribió
esta carta! ¡Creer como él cree! ¡Esperar con la con-
10 fianza con que él sabe esperar! ¡Sostener correspondencia con Dios!

Y, para no defraudar aquel tesoro de fe, descubierto a través de una carta que no podía ser
entregada, el jefe postal concibió una idea: con-
15 testar la carta. Pero una vez abierta, se vio que
contestar necesitaba algo más que buena voluntad,
tinta y papel. No por ello se dio por vencido: exigió
a su empleado una dádiva, él puso parte de su sueldo
y a varias personas les pidió su óbolo «para una obra
20 piadosa».

Fue imposible para él reunir los cien pesos solicita-
dos por Lencho, y se conformó con enviar al campesino cuando menos lo que había reunido: algo más
que la mitad. Puso los billetes en un sobre dirigido
25 a Lencho y con ellos un pliego que no tenía más que
una palabra, a manera de firma: DIOS.

Al siguiente domingo Lencho llegó a preguntar,
más temprano que de costumbre, si había alguna
carta para él. Fue el mismo repartidor quien le hizo
30 entrega de la carta, mientras que el jefe, con la alegría
de quien ha hecho una buena acción, espiaba a través
de un vidrio raspado, desde su despacho.

Lencho no mostró la menor sorpresa al ver los
billetes—tanta era su seguridad—, pero hizo un
35 gesto de cólera al contar el dinero... ¡Dios no podía
haberse equivocado, ni negar lo que se le había
pedido!

Inmediatamente, Lencho se acercó a la ventanilla
para pedir papel y tinta. En la mesa destinada al
40 público, se puso a escribir, arrugando mucho la
frente a causa del esfuerzo que hacía para dar forma
legible a sus ideas. Al terminar, fue a pedir un timbre,

repartidor *sorter,
distribuidor*
bonachón *good-natured*
se... entrecejo *he
frowned*
daba golpecitos *tapped*

defraudar *to disappoint,
cheat*

voluntad *will*
se... vencido *did he
give up*
dádiva *gift*
óbolo *contribution*

se conformó *resigned
himself*
cuando menos *at least*

de costumbre *usual*
hizo entrega de *made
delivery of, delivered*

vidrio raspado *scratched
up window*
despacho *office*

cólera *anger*

el cual mojó con la lengua y luego aseguró de un puñetazo.

En cuanto la carta cayó al buzón, el jefe de correos fue a recogerla. Decía:

5   —«Dios: Del dinero que te pedí, sólo llegaron a mis manos sesenta pesos. Mándame el resto, que me hace mucha falta; pero no me lo mandes por conducto de la oficina de correos, porque los empleados son muy ladrones.—*Lencho*».

Cuentos campesinos de México, 1940

mojó *he wet*
aseguró *made fast with*
puñetazo *blow of the fist*

por conducto de *through*
son muy ladrones *are big thieves*

Notas culturales

1   La palabra «milpa» es de origen azteca y se refiere a la siembra del maíz y al sistema azteca de cultivarlo. La adoptaron los españoles en el siglo XVI al ponerse en contacto con los habitantes del imperio azteca. Desde entonces se ha utilizado esta palabra en México y en la América Central.

2   El frijol, otra planta que se cultiva desde tiempos precolombinos, también es muy importante en la dieta de los mexicanos. Es una fuente importante de proteínas.

3   Se ha cultivado el maíz en el Nuevo Mundo durante más de cuatro mil años. No se sabe exactamente dónde se originó el cultivo del maíz: algunas personas mantienen que en el altiplano del Perú, mientras otras opinan que en el norte de la América Central, específicamente en el oeste de Guatemala. Hoy día sigue siendo el maíz una parte importantísima de la dieta de los habitantes de México, Centroamérica y del oeste de la América del Sur.

4   Tal vez como resultado de su herencia de la Reforma, los norteamericanos generalmente reaccionan negativamente ante el adorno y el lujo de la mayoría de las iglesias hispánicas. Prefieren una estructura simple, de pocos adornos e imágenes. Lo que se ha entendido mal es la intención de los que han preferido decorar sus iglesias así. Para el español o el hispanoamericano, la iglesia debe reflejar y concretar la gloria de Dios y de los santos. Las imágenes de las iglesias no son sólo imágenes, sino representaciones personales e íntimas. Así es que en cada pueblo o región hay una imagen de la Virgen que es del pueblo y que se venera como protectora del pueblo.

Esta actitud hacia la religión—de percibirla como una realidad—se manifiesta claramente en el cuento «Una Carta a Dios». Para Lencho, Dios es una persona con quien se puede hablar francamente, de «hombre a hombre». Es decir, no es una abstracción o algo que existe en una forma intangible, invisible, sino una realidad concreta y personal.

Práctica

I. Preguntas

1. ¿Dónde está la casa de Lencho?   2. ¿Qué clase de plantas cultiva Lencho?   3. ¿Qué le hace falta a la tierra?   4. ¿Qué pasa durante la comida?   5. ¿Por qué está mortificado Lencho?   6. ¿Qué deja el granizo?   7. ¿Qué idea concibe Lencho?   8. ¿Cómo reacciona el jefe de correos?   9. Al contar el dinero, ¿por qué hace Lencho un gesto de cólera?   10. ¿Por qué no quiere que Dios le mande el dinero por medio de la oficina de correos?

II. Preguntas analíticas

1. ¿Cuál es la relación entre el hombre y la naturaleza en el cuento? 2. ¿Qué aspectos de la psicología del campesino mexicano pueden encontrarse en el cuento?   3. ¿Cuál es la actitud del campesino hacia Dios?   4. ¿Qué actitud del jefe de correos lo muestra benévolo? 5. ¿Cuál es el tema del cuento?

III. Práctica de vocabulario

A. Elegir la palabra que no corresponde al grupo:

1. sobre, cerro, carta, timbre, buzón
2. casa, iglesia, domicilio, pliego, edificio
3. viento, sol, lluvia, granizo, dádiva
4. nube, hierba, frijol, maíz, flor
5. peso, mitad, dólar, dinero, billete

B. Completar con la palabra apropiada:

frijoles	timbres	la lluvia
la iglesia	el cartero	echan al correo
el viento	la milpa	el amanecer
el domicilio	hacen falta	nubes
a punto de	el campo	

1. Hoy no se puede ver el sol porque hay muchas _____ .
2. _____ trae las cartas a mi casa.
3. Mucha gente va a _____ los domingos.
4. En la oficina de correos uno puede comprar _____ .
5. Hay muchas matas de maíz en _____ .
6. Son las ocho y estoy _____ salir.
7. Se ve una luz en el este; es _____ .

8. Al salir de la ciudad uno entra en _____ .
9. Pablo dice que le _____ esos libros.
10. A muchos mexicanos les gusta comer _____ .

C. Escoger la palabra que corresponde a cada definición:

| correo | buzón | firma | milpa |
| lluvia | domicilio | cosecha | |

1. El lugar donde se cultiva el maíz.
2. Agua que cae de las nubes.
3. El edificio en donde se venden timbres.
4. El nombre de un individuo, en forma escrita.
5. La casa adonde llegan las cartas personales de un individuo.

D. Usar en una frase original.

| 1. iglesia | 3. fe | 5. misa | 7. alma |
| 2. religión | 4. Dios | 6. religioso | 8. espiritual |

E. Crear un diálogo sobre una visita a la oficina de correos y presentarlo a la clase. Incluir las palabras siguientes.

correo	cartero	timbre
buzón	sobre (n)	echar al correo
empleado	carta	firma
billete	domicilio	

El Greco

La Reforma, iniciada en Alemania en la primera mitad del siglo XVI, produjo en España la Contrarreforma, un nuevo despertar del sentimiento religioso y un retorno al misticismo y a la espiritualidad de la Edad Media. La influencia de la nueva actitud sobre el arte fue notable. Tal vez el que mejor supo expresar ese misticismo fue el pintor barroco El Greco (1541–1614).

El Greco nació en la isla de Creta—que pertenecía a Grecia en aquellos tiempos—y su nombre verdadero era Domenico Theotocopuli. De su vida no se sabe mucho. Parece que pasó su juventud en Venecia, donde posiblemente estudió con Ticiano y recibió la influencia de las pinturas de Tintoreto. Después visitó Roma, pero no le impresionó ni el orden ni la armonía del verdadero arte renacentista. A la edad de 34 años viajó a España donde esperaba trabajar en la decoración de El Escorial, el gran palacio que hizo construir Felipe II—el enérgico monarca que encabezó la Contrarreforma. Pero a Felipe no le gustó el estilo de El Greco y rehusó darle la comisión. Así se produjo una de las grandes paradojas de la vida: el pintor más religioso fue rechazado por el monarca más religioso. Fue entonces El Greco a Toledo, una ciudad-isla a orillas del río Tajo. Era ésta una ciudad gris, oscura, en cuyo cielo se movían nubes verduscas; una ciudad cosmopolita, de grandes mezquitas, sinagogas e iglesias. Era el lugar que siempre había buscado el genio nada común de El Greco y allí se quedó el resto de su vida.

En Toledo El Greco creó un arte propio, único, que armonizaba perfectamente con el carácter y el alma españoles. Nos presenta un mundo místico. Sus figuras elongadas, con caras blancas y extenuadas, siempre parecen anhelar subir al cielo. Todo en ellas es rítmico y reflejan un éxtasis espiritual. Nadie como El Greco ha podido captar el misterio del fervor religioso.

La pintura de El Greco goza actualmente de gran popularidad y sus cuadros pueden verse en los mejores museos del mundo. Por ejemplo, hay siete obras suyas en el Museo Metropolitano de Nueva York, incluyendo su *Vista de Toledo*, uno de los primeros ejemplos de la pintura paisajista occidental. En España, su famosa pintura *El expolio* todavía se halla en la catedral de Toledo, y *El entierro del Conde de Orgaz* también puede verse en esa ciudad, en la Iglesia de Santo Tomé.

Art Resource

El entierro del Conde de Orgaz

Iglesia de Santo Tomé

En los cuadros religiosos de El Greco siempre hay una mezcla de lo humano y lo divino. Para el pintor, lo que está ocurriendo en la parte superior del cuadro es tan real como lo que está pasando en la tierra y no separa los dos niveles. Aunque la fe del pintor en la existencia de lo divino se expresa de manera más elevada y mística que la del humilde agricultor del cuento de López y Fuentes, es en ambos casos una fe sincera y profunda. El pintor se identifica aquí con esta expresión de su fe al incluirse a sí mismo en el cuadro (la séptima cabeza, empezando desde la izquierda, es autoretrato del pintor). ¿Quiénes son las personas que se ven en el centro de la parte superior del cuadro? ¿Qué hace el ángel en el centro del cuadro? ¿Hacia dónde mira la mayoría de la gente que rodea al Conde? ¿Cuál parece ser la actitud de los vivos hacia la muerte?

The Metropolitan Museum of Art.
Bequest of Mrs. H. O. Havemeyer, 1929. The H. O. Havemeyer Collection.

Vista de Toledo

En este famoso cuadro El Greco no sólo nos presenta uno de los primeros ejemplos de la pintura de paisaje en el arte occidental, sino que logra indicar la cualidad espiritual y religiosa que se asocia con la ciudad de Toledo. Lo hace mediante el uso de luz y de color—matices de verde y de gris—y el movimiento rítmico tanto de la tierra como de las nubes. Aunque la ciudad ha cambiado mucho en los últimos siglos, todavía pueden verse allí el río, los cerros y las cúspides de la catedral que se ven en la pintura. ¿Por qué puede describirse Toledo como una *ciudad-isla*? ¿Hay elongación de formas en esta pintura? ¿Qué efecto produce el juego de la luz y de la sombra? ¿Le parece a Ud. que esta pintura tiene valor espiritual?

The Bettmann Archive

El espolio

Catedral de Toledo

En este cuadro también se ve la mezcla de lo humano y lo divino. En la figura de Cristo hay cierta paz y resignación que contrasta con la violencia y el ritmo agitado de las figuras que lo rodean. ¿Qué contraste hay entre la expresión de la cara de Cristo y la de las otras figuras que se presentan en el cuadro? ¿Quiénes son las mujeres que se ven a la izquierda? ¿Qué hace el hombre de la derecha? ¿Son de tamaño normal las figuras?

Para comentar

1. En los países hispánicos, no todos tienen la fe simple de un Lencho ni han experimentado el misticismo que se puede observar en las pinturas de El Greco. Tal vez lo que han sabido expresar López y Fuentes y El Greco son dos extremos de la experiencia religiosa, aunque sus obras comparten ciertas actitudes y creencias. ¿Cuáles son algunas cosas que tienen en común? ¿Cuáles son sus contrastes?

2. ¿Cómo reflejan las pinturas religiosas de El Greco el dramatismo que busca el hombre hispánico en la religión?

3. Por lo general, en la Edad Media los grandes escritores y artistas pertenecían a la clase adinerada o eran patrocinados por el estado o la Iglesia. ¿Cree Ud. que el estado debe patrocinar las artes en nuestros tiempos? ¿Por qué?

4. ¿Reflejan las iglesias o templos modernos los valores de nuestro pueblo? ¿Cuáles son esos valores y cómo están reflejados en esos edificios? ¿Cómo reaccionaría la persona hispánica de creencias tradicionales ante la clase de arquitectura y decoraciones de las estructuras religiosas modernas?

Aspectos de la familia en el mundo hispánico

En los países hispánicos no hay institución más importante que la de la familia. La familia típica incluye no sólo a los padres y sus hijos, sino también a los parientes—abuelos, tíos, primos, etc. Las estrechas relaciones que se mantienen entre varias generaciones de la familia se reflejan en las ocasiones sociales— en las que participan todos—y también en la unidad de la familia frente a la sociedad.

Para el niño, este concepto de la unidad es muy importante. Desde muy pequeño, él participa en las actividades sociales de la familia y así aprende a portarse con personas de varias generaciones. No depende tanto de sus padres y hermanos, ya que en su vida diaria hay otros parientes que lo pueden cuidar y guiar. Los adultos tienen mucho contacto personal con los niños y jóvenes y les ofrecen su protección, su cariño y su ejemplo.

El interés por el niño en el mundo hispánico ha resultado en una copiosa literatura acerca del mundo del niño y del adolescente. Esta literatura sólo puede apreciarla completamente quien ha experimentado los aspectos cómicos y trágicos, crueles y tiernos, de esa época de la vida. Ya en el siglo XVI se publica *La vida del Lazarillo de Tormes*, obra anónima que fue muy popular. Trata de las aventuras de un muchacho pobre que tiene que usar su inteligencia y su astucia para no morirse de hambre. En el siglo XX, también, los niños y los jóvenes son el tema de una literatura rica y variada. En España se lo encuentra en obras tan distintas como *Platero y yo* de Juan Ramón Jiménez y en la novela *Juego de manos* de Juan Goytisolo. En Hispanoamérica, Gabriela Mistral, poetisa chilena que ganó el Premio Nobel en 1945, ha sabido expresar el mundo infantil con sus poemas sobre el amor materno y el sufrimiento del niño.

En esta unidad se presenta un cuento de Ana María Matute, donde la autora española revela el fantástico mundo de la imaginación de los niños. También se presentan unas pinturas de Picasso en las que el gran pintor logra expresar la relación íntima que existe entre el niño y el adulto.

Vocabulario útil

Estudiar estas palabras antes de leer «Don Payasito».

acabar de   to have just
  acababa de comer   I had just
  eaten

acercarse   to approach
callarse   to be quiet
cara   face

cebolla   onion
cocinar   to cook
correr   to run
cuchara   spoon (tablespoon)
dedo   finger, toe
finca   property; farm
frente _f_   forehead
garganta   throat
labio   lip
llorar   to cry, weep
mejilla   cheek

mentir   to lie
negro, -a   black; **negrura**   blackness
patata   potato (in Spain)
payaso   clown
pecho   chest
ponerse de pie   to stand up
saltar   to jump, leap
verde   green; **verdoso, -a**   greenish
voz _f_   voice; **en voz alta**   aloud;
   en voz baja   in a whisper

Don Payasito

Ana María Matute (n 1926). Después de la Guerra Civil (1936–1939), aparece
en España una nueva generación de escritores, muchos de los cuales habían
sido—de niños—testigos de aquella horrenda época de la historia española.
Esa generación, influida por la guerra, se ha preocupado por las cuestiones
económicas y sociales que España ha confrontado en las últimas décadas. Dentro de este grupo se hallan algunas novelistas de gran importancia: Carmen
Laforet, Dolores Medio, Elena Quiroga y Ana María Matute, para mencionar
sólo unas cuantas. Estas mujeres han presentado al mundo una producción
literaria de primera calidad y han asegurado la posición femenina dentro de
las artes españolas.

Ana María Matute nació en Barcelona. De niña siempre pasaba sus vacaciones en la casa de su madre en Mansilla de la Sierra, un pueblo pequeño situado en las montañas de Castilla. Mansilla, que aparece en su obra bajo el nombre
de «Artámila» o «Hegroz», es el escenario de sus obras literarias más importantes. Descripciones de la casa de su madre del paisaje de esa región aparecen
con frecuencia en sus ficciones. La escritora tenía diez años de edad cuando
empezó la Guerra Civil. Llegó a conocer el hambre y fue testigo de la violencia, la crueldad y la muerte. Esta experiencia, sin duda, explica su interés por
la pobreza y el sufrimiento, especialmente de los niños, temas muy importantes
en su obra.

Publicó Matute su primera novela a los diecisiete años. Entre sus novelas
se destacan *Los hijos muertos* (1958), en la que estudia la «generación perdida»
que aparece después de la Guerra Civil, y la gran trilogía *Los mercaderes*
(*Primera memoria*, 1959; *Los soldados lloran de noche*, 1963; y *La trampa*, 1969),
en donde no sólo critica la burguesía, sino que eleva las circunstancias de la
Guerra Civil a un nivel universal. También ha publicado más de siete colecciones
de cuentos, entre ellas la colección *Historias de la Artámila*, cuentos sobre el
mundo de los niños adolescentes.

El cuento «Don Payasito» tiene lugar en Mansilla de la Sierra (Artámila).
Como en todos los cuentos de Matute, la realidad exterior—el mundo físico de
los niños, el mundo de don Lucas—lleva a comprender la realidad interior o
imaginada de algunos personajes: el mundo de don Payasito[1] percibido por la
imaginación de los complejos niños de Ana María Matute.

* * *

En la finca del abuelo, entre los jornaleros, había uno   jornaleros *day laborers*
muy viejo llamado Lucas de la Pedrería. Este Lucas
de la Pedrería decían todos que era un pícaro y un   pícaro *rogue*

marrullero, pero mi abuelo le tenía gran cariño y siempre contaba cosas suyas, de hacía tiempo:

—Corrió mucho mundo—decía—. Se arruinó siempre. Estuvo también en las islas de Java...

5 Las cosas de Lucas de la Pedrería hacían reír a las personas mayores. No a nosotros, los niños. Porque Lucas era el ser más extraordinario de la tierra. Mi hermano y yo sentíamos hacia él una especie de amor, admiración y temor, que nunca hemos vuelto 10 a sentir.

Lucas de la Pedrería habitaba la última de las barracas, ya rozando los bosques del abuelo. Vivía solo, y él mismo cocinaba sus guisos de carne, cebollas y patatas, de los que a veces nos daba con su 15 cuchara de hueso, y él se lavaba su ropa, en el río, dándole grandes golpes con una pala. Era tan viejo que decía perdió el último año y no lo podía encontrar. Siempre que podíamos nos escapábamos a la casita de Lucas de la Pedrería, porque nadie, hasta 20 entonces, nos habló nunca de las cosas que él nos hablaba.

—¡Lucas, Lucas!—le llamábamos, cuando no le veíamos sentado a la puerta de su barraca.

El nos miraba frotándose los ojos. El cabello, muy 25 blanco, le caía en mechones sobre la frente. Era menudo, encorvado, y hablaba casi siempre en verso. Unos extraños versos que a veces no rimaban mucho, pero que nos fascinaban:

—Ojitos de farolito—decía—. ¿Qué me venís a 30 buscar...?[2]

Nosotros nos acercábamos despacio, llenos de aquel dulce temor cosquilleante que nos invadía a su lado (como rodeados de mariposas negras, de viento, de las luces verdes que huían sobre la tierra grasienta 35 del cementerio...).

—Queremos ver a don Payasito... decíamos, en voz baja, para que nadie nos oyera. Nadie que no fuera él, nuestro mago.

Él se ponía el dedo, retorcido y oscuro como un 40 cigarro, a través sobre los labios:

—¡A callar, a bajar la voz, muchachitos malvados de la isla del mal!

Siempre nos llamaba «muchachitos malvados de la

---

marrullero *deceiver, wheedler*

de hacía tiempo *from long ago*

corrió mucho mundo *he travelled a lot (saw a lot of the world)*

especie *kind*

nunca hemos vuelto a sentir *we never felt again*

barracas *cabins, huts*
rozando *bordering on*
guisos *stews*

hueso *bone*

golpes *blows*
pala *paddle*
perdió... año *lost track of the time (his age)*
siempre que *whenever*

frotándose *rubbing*

mechones *locks, curls*

menudo *small*
encorvado *bent over*

ojitos de farolito *little lantern eyes*

cosquilleante *thrilling*

mariposas *butterflies*

grasienta *oily, greasy*

nadie que no fuera él *no one except him*
mago *magician*
retorcido *twisted*

a callar *be quiet*
malvados *wicked*

isla del mal». Y estos nos llenaba de placer. Y decía: «Malos, pecadores, cuervecillos», para referirse a nosotros. Y algo se nos hinchaba en el pecho, como un globo de colores, oyéndole.

5   Lucas de la Pedrería se sentaba y nos pedía las manos:

—Acá las «vuesas» manos, acá pa «adivinasus» todito el corazón...

Tendíamos las manos, con las palmas hacia arriba. 10 Y el corazón nos latía fuerte. Como si realmente allí, en las manos, nos lo pudiera ver: temblando, riendo.

Acercaba sus ojos y las miraba y remiraba, por la palma y el envés, y torcía el gesto:

—Manitas de «pelandrín», manitas de cayado, ¡ay 15 de las tus manitas, cuitado...!

Así, iba canturreando, y escupía al suelo una vez que otra. Nosotros nos mordíamos los labios para no reír.

—¡Tú mentiste tres veces seguidas, como San 20 Pedro!—le decía, a lo mejor, a mi hermano. Mi hermano se ponía colorado y se callaba. Tal vez era cierto, tal vez no. Pero, ¿quién iba a discutírselo a Lucas de la Pedrería?

—Tú, golosa, corazón egoísta, escondiste pepitas 25 de oro en el fondo del río, como los malos pescadores de la isla de Java...

Siempre sacaba a cuento los pescadores de la isla de Java. Yo también callaba, porque ¿quién sabía si realmente había yo escondido pepitas de oro en el 30 lecho del río? ¿Podría decir acaso que no era verdad? Yo no podía, no.

—Por favor, por favor, Lucas, queremos ver a don Payasito...

Lucas se quedaba pensativo, y, al fin, decía:

35   —¡Saltad y corred, diablos, que allá va don Payasito, camino de la gruta...! ¡Ay de vosotros, si no le alcanzáis a tiempo!

Corríamos mi hermano y yo hacia el bosque, y en cuanto nos adentrábamos entre los troncos nos inva-40 día la negrura verdosa, el silencio, las altas estrellas del sol acribillando el ramaje. Hendíamos el musgo, trepábamos sobre las piedras cubiertas de líquenes,

placer *pleasure*
pecadores *sinners*
cuervecillos *little crows, ravens*
se... pecho *swelled in our chests*
globo *balloon*

vuesas (vuestras) *your*
pa «adivinasus» (para adivinaros) todito el corazón *so that I can guess everything in your heart*
latía *beat*

envés *back*
torcía el gesto *made a face*
pelandrín (pelantrín) *farmer*
cayado *shepherd's crook*
cuitado *poor thing*
canturreando *humming*
escupía *he used to spit*
mordíamos *bit*

a lo mejor *perhaps*
se ponía colorado *blushed, turned red*

golosa *glutton*
egoísta *selfish*
pepitas *nuggets*
pescadores *fishermen*
sacaba a cuento *dragged in, mentioned*

lecho *bed*

saltad *jump (up)*
gruta *cavern*
alcanzáis *overtake*
a tiempo *in time*

nos adentrábamos *we entered, went in*
acribillando *piercing*
hendíamos *we cut through, went through*
trepábamos *climbed*

junto al torrente. Allá arriba, estaba la cuevecilla de don Payasito, el amigo secreto.

cuevecilla *little cave*

Llegábamos jadeando a la boca de la cueva. Nos sentábamos, con todo el latido de la sangre en la
5 garganta, y esperábamos. Las mejillas nos ardían y nos llevábamos las manos al pecho para sentir el galope del corazón.

jadeando *panting*

ardían *burned*

Al poco rato, aparecía por la cuestecilla don Payasito. Venía envuelto en su capa encarnada, con
10 soles amarillos. Llevaba un alto sombrero puntiagudo de color azul, el cabello de estopa, y una hermosa, una maravillosa cara blanca, como la luna. Con la diestra se apoyaba en un largo bastón, rematado por flores de papel encarnadas, y en la mano libre llevaba
15 unos cascabeles dorados que hacía sonar.

cuestecilla *little slope*
envuelto *wrapped*
encarnada *red*
puntiagudo *pointed*
cabello de estopa *yarn or hemp wig*

diestra *right hand*
bastón *cane*
rematado *topped*
cascabeles dorados *gilded bells*

Mi hermano y yo nos poníamos de pie de un salto y le hacíamos una reverencia. Don Payasito entraba majestuosamente en la gruta, y nosotros le seguíamos.

reverencia *bow*

Dentro olía fuertemente a ganado, porque algunas
20 veces los pastores guardaban allí sus rebaños, durante la noche. Don Payasito encendía parsimoniosamente el farol enmohecido, que ocultaba en un recodo de la gruta. Luego se sentaba en la piedra grande del centro, quemada por las hogueras de los pastores.

a ganado *like livestock*
rebaños *flocks*

parsimoniosamente *frugally (not using too much fuel)*
farol enmohecido *rusty lamp/lantern*
recodo *corner, angle*
quemada *scorched, burned*
hogueras *fires*

25 —¿Qué traéis hoy?—nos decía, con una rara voz, salida de tenebrosas profundidades.

rara *strange*
tenebrosas *gloomy*

Hurgábamos en los bolsillos y sacábamos las pecadoras monedas que hurtábamos para él. Don Payasito amaba las monedillas de plata. Las examinaba cui-
30 dadosamente, y las guardaba en lo profundo de la capa. Luego, también de aquellas mágicas profundidades, extraía un pequeño acordeón.

hurgábamos *we poked*
pecadoras *ill-gotten*
hurtábamos *we stole*

—¡El baile de la bruja Timotea!—le pedíamos. Don Payasito bailaba. Bailaba de un modo increíble.
35 Saltaba y gritaba, al son de su música. La capa se inflaba a sus vueltas y nosotros nos apretábamos contra la pared de la gruta, sin acertar a reírnos o a salir corriendo. Luego, nos pedía más dinero. Y volvía a danzar, a danzar, «el baile del diablo perdido». Sus
40 músicas eran hermosas y extrañas, y su jadeo nos llegaba como un raro fragor de río, estremeciéndonos. Mientras había dinero había bailes y canciones.

bruja *witch*

son *sound*
se inflaba *swelled, became inflated*
vueltas *turns, spins*
nos apretábamos *pressed ourselves*
acertar a *being able to decide whether*

fragor *din, loud noise*
estremeciéndonos *making us tremble*

Cuando el dinero se acababa don Payasito se echaba en el suelo y fingía dormir.

—¡Fuera, fuera, fuera!—nos gritaba. Y nosotros, llenos de pánico, echábamos a correr bosque abajo;
5 pálidos, con un escalofrío pegado a la espalda como una culebra.

Un día—acababa yo de cumplir ocho años—fuimos escapados a la cabaña de Lucas, deseosos de ver a don Payasito. Si Lucas no le llamaba, don
10 Payasito no vendría nunca.

La barraca estaba vacía. Fue inútil que llamáramos y llamáramos y le diéramos la vuelta, como pájaros asustados. Lucas no nos contestaba. Al fin, mi hermano, que era el más atrevido, empujó la puer-
15 tecilla de madera, que crujió largamente. Yo, pegada a su espalda, miré también hacia adentro. Un débil resplandor entraba en la cabaña, por la ventana entornada. Olía muy mal. Nunca antes estuvimos allí.

Sobre su camastro estaba Lucas, quieto, mirando
20 raramente al techo. Al principio no lo entendimos. Mi hermano le llamó. Primero muy bajo, luego muy alto. También yo le imité.

—¡Lucas, Lucas, cuervo malo de la isla del mal!... Nos daba mucha risa que no nos respondiera.
25 Mi hermano empezó a zarandearle de un lado a otro. Estaba rígido, frío, y tocarlo nos dio un miedo vago pero irresistible. Al fin, como no nos hacía caso, le dejamos. Empezamos a curiosear y encontramos un baúl negro, muy viejo. Lo abrimos. Dentro estaba
30 la capa, el gorro y la cara blanca, de cartón triste, de don Payasito. También las monedas, nuestras pecadoras monedas, esparcidas como pálidas estrellas por entre los restos.

Mi hermano y yo nos quedamos callados, mirán-
35 donos. De pronto, rompimos a llorar. Las lágrimas nos caían por la cara, y salimos corriendo al campo. Llorando, llorando con todo nuestro corazón, subimos la cuesta. Y gritando entre hipos:

—¡Que se ha muerto don Payasito, ay, que se ha
40 muerto don Payasito...!

Y todos nos miraban y nos oían, pero nadie sabía qué decíamos ni por quién llorábamos.

Historias de la Artámila, 1961

---

fingía pretended

fuera out

echábamos a correr began to run

bosque abajo down through the woods

escalofrío... espalda chill down our backs

culebra snake

fuimos escapados we sneaked away

cabaña hut

le diéramos la vuelta circle it (go around it)

asustados frightened

atrevido bold, daring

empujó pushed

crujió creaked

resplandor light, ray of light

entornada half-opened

camastro miserable bed

nos... risa it made us laugh hard

zarandearle turn him (move him to and fro)

no nos hacía caso he paid no attention to us

curiosear poke around

baúl trunk

cartón cardboard

esparcidas scattered

restos remains

rompimos a llorar we burst out crying

lágrimas tears

hipos sobs (hiccups)

Notas culturales

1   El payaso es el personaje del circo más querido y estimado por los niños—y también por muchas personas mayores. El uso del diminutivo en el título de este cuento ya indica el cariño que le tienen los dos hermanos. El uso del «don» revela la mezcla de admiración, amor y respeto que sienten por el payaso. Ana María Matute, de niña, sentía las mismas emociones, como lo confesó en una entrevista:

> *Siempre pensé en que sería escritora, pero confieso que durante un tiempo mi gran ilusión hubiera sido poder llegar a ser payaso. ¡Cómo influyeron para esto los carros de titiriteros que llegaban al pueblo! Cada vez que oigo la trompeta y el tambor, tal como se anunciaban ellos, siento en la espalda el mismo cosquilleo de entonces. Todos los seres que salen a un escenario, que cuentan historias, que representan algo, me han fascinado.*

2   La manera de hablar de Lucas sugiere el lenguaje de los cuentos de hadas, en los que siempre existe lo extraordinario y lo mágico. Con frases como «muchachitos malvados de la isla del mal», Lucas les da a entender a los niños que sabe muchas cosas extrañas y que de una manera secreta ha podido penetrar en sus mentes y sabe lo que piensan y lo que han hecho.

Práctica

I. Preguntas

1. ¿Quién era Lucas?   2. ¿Qué sentían los niños por este hombre? 3. ¿Qué expresiones usaba Lucas con los niños?   4. ¿Creían ellos que Lucas sabía adivinar cosas?   5. ¿Adónde corrían para ver a don Payasito?   6. ¿Cómo se vestía don Payasito y cómo era su cara? 7. ¿Qué debían traerle a don Payasito los niños?   8. ¿Qué hacía don Payasito después de recibir su pago?   9. ¿Qué encontraron un día los niños al entrar en la barraca de Lucas?   10. ¿Cómo reaccionaron al darse cuenta de que Lucas estaba muerto?   11. ¿Qué hallaron en un baúl?   12. ¿Cómo reaccionaron al ver esas cosas?

II. Preguntas analíticas

1. ¿Dónde tiene lugar la primera parte del cuento? ¿la segunda? ¿la conclusión? ¿Hay transición entre la primera parte y la segunda?   2. ¿Con quién estaban los niños en la primera parte del cuento? ¿en la segunda? ¿en la tercera?   3. Compare usted las cualidades de Lucas con las de don Payasito.   4. ¿Cuál de los dos (Lucas y don Payasito)

es el más fantástico y mágico? Explique usted su contestación.   5. ¿Qué
sugiere el hecho de que los niños no lloran al saber que Lucas está
muerto, pero sí lloran al ver lo que contiene el baúl?   6. Para el niño,
¿es más importante la realidad o la fantasía?

III. Práctica de vocabulario

A. Elegir la palabra que no corresponde al grupo.

1. correr, andar, saltar, burlarse, acercarse
2. patata, maíz, frijol, huésped, cebolla
3. hablar, decir, callarse, gritar, saludar
4. buzón, cara, pecho, dedo, corazón
5. cerro, blanco, verde, negro, azul

B. Completar con la palabra apropiada.

callarse	la cebolla	ponerse de pie
los dedos	en voz baja	llorar
no quiero	verde	mentir
acabo de	negro	en voz alta
los labios	cocinar	

1. Cuando una mujer entra en el cuarto, un caballero debe _____ .
2. Si no quiero que me escuchen, hablo _____ .
3. A veces es mejor _____ y no hablar.
4. Es mejor decir la verdad y no _____ .
5. Para hablar es necesario usar _____ .
6. No puedo preparar la comida porque no sé _____ .
7. _____ es una raíz capaz de hacernos llorar.
8. Recién terminé el trabajo; es decir, _____ hacerlo.
9. El pino siempre es de color _____ .
10. Estaba muy triste y por eso empecé a _____ .

C. Usar en una frase original.

1. acabar de	3. frente	5. mentir	7. saltar
2. dedo	4. llorar	6. ponerse de pie	8. en voz baja

D. Describa Ud. en sus propias palabras la actitud de los niños hacia Lucas
de la Pedrería y hacia don Payasito.

Pablo Ruiz Picasso

Pablo Ruiz Picasso (1881–1973), el pintor español más conocido de nuestro siglo, nació en Málaga, España. Picasso visitó París por primera vez a los dieciocho años y después pasó casi toda su larga vida en Francia, visitando España u otros países europeos muy raramente. Entre los dieciocho y los cuarenta años, Picasso estableció su reputación como el pintor más extraordinario de Europa. Su pintura pasó por varias épocas: la época azul, con su énfasis en el conflicto entre la vida y la muerte; la época rosa, una etapa más serena, con un mundo de gente joven, adolescente, frágil, solitaria; y, por último, la del cubismo, con un nuevo concepto estético que le ganó fama mundial. Pero Picasso no se limitó a esos estilos: también hizo obras impresionistas, algunas de tipo puntillista y otras muchas de línea clásica en su forma y en su expresión.

Aunque vivía en Francia, Picasso nunca perdió su españolismo. Pintaba ambientes y tipos puramente españoles. También fue grande la influencia ejercida sobre su arte por los pintores españoles que más admiraba: El Greco, Velázquez, Goya y otros. Su versión cubista del famoso cuadro *Las Meninas* de Velázquez es un sincero homenaje al gran maestro, y la tremenda pintura *Guernica*, que resume todo el horror de la Guerra Civil en España, expresa la misma tragedia universal que se encuentra en los *Desastres de la Guerra* de Goya.

Picasso dominaba todos los medios de expresión artística, y las obras de su vejez fueron tan revolucionarias e imaginativas como las de su juventud. Aunque famoso y millonario, no dejó de crear nuevos estilos y técnicas, transformando lo bello y lo feo en una visión personal y penetrante del mundo.

En sus obras pictóricas Picasso nos presenta todo un mundo de seres reales, imaginarios y míticos: desde toreros a mendigos, minotauros a ninfas, inocentes campesinas a prostitutas—todos retratados con las más variadas técnicas y formas. Se presentan aquí tres ejemplos de sus obras que tratan el tema de la familia.

Familia de Saltimbanques

El cuadro en la página 56 es de la «época rosa», cuando Picasso visitaba con frecuencia el Cirque Medrano en París y pintó los diversos tipos del circo que observó allí. Es importante la relación que existe entre la figura grande, sólida, casi grosera del payaso y la figura frágil, indefensa, etérea del niño. El payaso está vestido de rosa, color que sugiere cariño; el cabello y el vestido del niño son de un azul pálido y ese color da énfasis a su fragilidad. Los dos son del circo y pertenecen al mundo de los artistas, un mundo incierto y, a veces, peligroso. ¿Cuál parece ser la relación entre el muchacho y el adulto?

Pablo Picasso, *Study for "Family of Saltimbanques"* 1905. Watercolor, pastel, and charcoal. 23⅝″ × 18½″. The Baltimore Museum of Art, Cone Collection.

Mother and Child. Courtesy of The Art Institute of Chicago.

Madre e hijo

Durante su época neoclásica, Picasso pintó una serie de cuadros cuyo tema es la madre, tal como la percibiría un niño pequeño. En estos cuadros la madre es el símbolo de la vida, de la tierra, de la fecundidad. Es una diosa—enorme, serena, fuerte, cuyas dimensiones sugieren una escultura grande y pesada. En este cuadro, ¿cómo percibe el niño a su madre? ¿No es, para él, como un gigante?

Pablo Picasso. *First Steps.* Yale University Art Gallery. Gift of Stephen C. Clark, B.A. 1903.

Los primeros pasos

El tema de la maternidad siempre le ha interesado a Picasso. La madre, **para él**, es símbolo de la vida y la fecundidad, y con frecuencia es una **figura grande** cuyas dimensiones sugieren tanto la percepción que tiene el niño de ella **como** la seguridad que siente en su presencia. En este cuadro, ¿qué siente la madre al mirar a su niño? ¿Se comunica la incertidumbre del niño que da sus **primeros pasos**?

Para comentar

1. ¿Cómo reflejan los cuadros el tema de esta unidad?
2. En las tres obras de Picasso se ve al adulto desde el punto de vista del niño. Comente Ud. esta observación, indicando cómo parece percibir el niño a la persona mayor y qué es lo que ésta le ofrece al niño.
3. ¿Qué contraste hay entre el estilo de los tres cuadros?
4. Compare Ud. el cuento de Matute con los cuadros de Picasso. ¿Qué tienen en común?

El hombre y la mujer en la sociedad hispánica

Este capítulo trata el tema de los hombres y las mujeres, junto al tema de la vejez, época de la vida retratada en el drama que se presenta aquí, *Mañana de sol.* Los ideales, los entusiasmos y las pasiones que hemos conocido en la juventud nunca desaparecen del todo en la vejez. Puede ser que la experiencia disminuya su intensidad, pero los viejos todavía sienten su presencia, con nostalgia o con ironía. Por eso es que a veces un viejo se enamora de una joven, olvidándose de su vejez y del qué dirán, al pensar en la belleza de la mujer.

La manera en que los viejos recuerdan las ardientes pasiones de la juventud aparece en el breve drama de los hermanos Álvarez Quintero, *Mañana de sol.* Con un realismo fino e irónico, los Álvarez Quintero presentan un conflicto de tipo «Romeo y Julieta», así como lo recuerdan los que estaban enamorados en una época de su vida. La solución del conflicto es, a la vez, cómica y realista.

Diego Rodríguez de Silva y Velázquez, famoso pintor español del siglo XVII, también dejó testimonios del efecto de la vejez sobre el individuo en sus retratos de personas humildes o poderosas, pintadas con un realismo intransigente pero también con una gran comprensión de la condición humana.

Vocabulario útil

Estudiar estas palabras antes de leer Mañana de sol.

aficionado, -a   fond; **ser aficionado, -a**   to be fond of
alejarse   to move away, withdraw
apellido   (family) name, surname
arena   sand
cura *m*   priest
charlar   to chat
gana   desire
  no me da la gana   I don't feel like
  tener ganas de   to feel like
gorrión *m*   sparrow
junto, -a   united, together
marea   tide
nariz *f*   nose
nombre *m*   (first or given) name
ola   wave

playa   beach, shore
presentar   to introduce
provecho   benefit, profit
  Buen provecho.   Enjoy (yourself, your meal). Bon appétit.
seguida   succession, continuation
  en seguida   at once
sol *m*   sun
  hace sol   it is sunny
  mañana de sol   sunny morning
tontería   foolishness, foolish act
vez *f*   time, occasion, turn
  a veces   sometimes, at times
  alguna vez   sometime
  dos veces   twice
  varias veces   several times

Mañana de sol

Los hermanos *Serafín y Joaquín Álvarez Quintero* nacieron en Andalucía, Serafín en el año 1871 y Joaquín en 1873. En 1888 se mudaron con su familia a Madrid, adonde los llevó su padre cuando era obvio su talento como dramaturgos. Entre 1888 y 1938 escribieron más de 200 piezas teatrales, de gran variedad. Aunque pasaron casi toda la vida en la capital, nunca olvidaron su origen andaluz y gran parte de su obra refleja el ambiente y el dialecto andaluces. Desde jóvenes trabajaron juntos, estableciéndose entre ellos una armonía intelectual muy rara. Describieron su método de composición como una conversación continua: por la mañana discutían sus dramas, formando un plan para la trama y comentando el diálogo y los personajes. Cuando ya habían desarrollado verbalmente toda la obra, con muchos detalles, Serafín la escribía. Mientras así lo hacía se la leía a su hermano, quien la comentaba y corregía. De esta manera, el drama completo parece ser el producto de un solo hombre y no el resultado de una colaboración.

Aunque escribieron dramas de dos, tres y cuatro actos, son más conocidos por su obra dentro del «género chico»: el sainete o entremés y el paso de comedia. Los primeros son breves cuadros dramáticos que describen costumbres y otros aspectos de la vida entre la clase baja. El paso de comedia también es una obra breve, pero los personajes no representan a la clase baja, hablan castellano en vez de andaluz, y hay más énfasis en la sicología de los personajes que en la presentación de las costumbres regionales.

El paso de comedia más famoso de los Álvarez Quintero es el que se incluye aquí, *Mañana de sol* (1905). Tiene muchas características de los otros pasos de los hermanos: la trama es esencialmente sencilla y no hay gran conflicto; el diálogo es muy natural y animado; y al dibujar los personajes principales, Doña Laura y Don Gonzalo, los cuales representan la clase cómoda de comienzos del siglo, los hermanos mezclan lo filosófico con lo humorístico y lo real con lo poético. Nos presentan un retrato de dos viejos que llegan a simbolizar el eterno amor juvenil.

Paso de comedia

(1905)

PERSONAJES

DOÑA LAURA	DON GONZALO
5 PETRA	JUANITO

Lugar apartado de un paseo público, en Madrid. Un banco a la izquierda del actor. Es una mañana de otoño templada y alegre.

Doña Laura y Petra salen por la derecha. Doña
10 Laura es una viejecita setentona, muy pulcra, de cabellos muy blancos y manos muy finas y bien cuidadas. Aunque está en la edad de chochear, no chochea. Se apoya de una mano en una sombrilla, y de la otra en el brazo de Petra, su criada.

15   DOÑA LAURA: Ya llegamos... Gracias a Dios. Temí que me hubieran quitado el sitio. Hace una mañanita tan templada...

         PETRA: Pica el sol.

20   DOÑA LAURA: A ti, que tienes veinte años. *(Siéntase en el banco.)* ¡Ay!... Hoy me he cansado más que otros días. *(Pausa. Observando a Petra, que parece impaciente.)* Vete, si quie-
25   res, a charlar con tu guarda.

         PETRA: Señora, el guarda no es mío; es del jardín.

  DOÑA LAURA: Es más tuyo que del jardín. Anda en su busca, pero no te alejes.

30   PETRA: Está allí esperándome.

  DOÑA LAURA: Diez minutos de conversación, y aquí en seguida.

         PETRA: Bueno, señora.

  DOÑA LAURA: *(Deteniéndola.)* Pero escucha.

35   PETRA: ¿Qué quiere usted?

  DOÑA LAURA: ¡Que te llevas las miguitas de pan!

Glosses:

apartado *out-of-the-way, remote*
banco *bench*
templada *temperature, fair*

setentona *in her seventies*
pulcra *neat*
chochear *to be in one's dotage, to be getting senile*
se apoya *she leans*
sombrilla *parasol*

pica *burns, is hot*

anda en su busca *go look for him*
no te alejes *don't go too far*

miguitas *crumbs*

PETRA: Es verdad; ni sé dónde tengo la
           cabeza.

DOÑA LAURA: En la escarapela del guarda.

PETRA: Tome usted. (*Le da un cartucho*
5   *de papel pequeñito y se va por la*
           izquierda.)

DOÑA LAURA: Anda con Dios. (*Mirando hacia*
           los árboles de la derecha.) Ya es-
           tán llegando los tunantes. ¡Cómo
10   me han cogido la hora!... (*Se le-*
           vanta, va hacia la derecha y arroja
           adentro, en tres puñaditos, las
           migas de pan.) Éstas, para los más
           atrevidos... Éstas, para los más
15   glotones... Y éstas, para los más
           granujas, que son los más chicos...
           Je... (*Vuelve a su banco y desde*
           él observa complacida el festín de
           los pájaros.) Pero, hombre, que
20   siempre has de bajar tú el pri-
           mero. Porque eres el mismo: te
           conozco. Cabeza gorda, boqueras
           grandes... Igual a mi administra-
           dor. Ya baja otro. Y otro. Ahora
25   dos juntos. Ahora tres. Ese chico
           va a llegar hasta aquí. Bien; muy
           bien; aquél coge su miga y se va
           a una rama a comérsela. Es un
           filósofo. Pero ¡qué nube! ¿De
30   dónde salen tantos? Se conoce que
           ha corrido la voz... Je, je... Gorrión
           habrá que venga desde la Guinda-
           lera. Je, je... Vaya, no pelearse,
           que hay para todos. Mañana traigo
35   más.
           (*Salen Don Gonzalo y Juanito*
           por la izquierda del foro. Don
           Gonzalo es un viejo contem-
           poráneo de doña Laura, un poco
40   *cascarrabias. Al andar arrastra los*
           pies. Viene de mal temple, del
           brazo de Juanito, su criado.)

---

escarapela   *cockade, badge*
cartucho   *roll*

tunantes   *rascals*
¡cómo....hora!   *how quickly they have learned when I come!*
arroja   *throws*
puñaditos   *little handfuls*

granujas   *rascally*

boqueras   *corners of the mouth*

ha corrido la voz   *the word has spread*
Guindalera   *suburb of Madrid*
no pelearse   *don't fight*

foro   *back of the stage*

cascarrabias   *irritable*
arrastra   *drags*
de mal temple   *in a bad humor*

DON GONZALO: Vagos, más que vagos... Más valía que estuvieran diciendo misa...

      vagos   loafers

JUANITO: Aquí se puede usted sentar: no hay más que una señora.

5   *(Doña Laura vuelve la cabeza y escucha el diálogo.)*

DON GONZALO: No me da la gana, Juanito. Yo quiero un banco solo.

JUANITO: ¡Si no lo hay!

10   DON GONZALO: ¡Es que aquél es mío!

JUANITO: Pero si se han sentado tres curas...

DON GONZALO: ¡Pues que se levanten!... ¿Se levantan, Juanito?

JUANITO: ¡Qué se han de levantar! Allí están
15   de charla.

      ¡Qué... levantar! Of course they haven't gotten up!

DON GONZALO: Como si los hubieran pegado al banco... No; si cuando los curas cogen un sitio... ¡cualquiera los echa! Ven por aquí, Juanito, ven por aquí.

      ¡cualquiera los echa! no one can throw them out!

20   *(Se encamina hacia la derecha resueltamente. Juanito lo sigue.)*

DOÑA LAURA: *(Indignada.)* ¡Hombre de Dios!

DON GONZALO: *(Volviéndose.)* ¿Es a mí?

25   DOÑA LAURA: Sí señor; a usted.

DON GONZALO: ¿Qué pasa?

DOÑA LAURA: ¡Que me ha espantado usted los gorriones, que estaban comiendo miguitas de pan!

      espantado   frightened

30   DON GONZALO: ¿Y yo qué tengo que ver con los gorriones?

      qué... con   what do I have to do with

DOÑA LAURA: ¡Tengo yo!

DON GONZALO: ¡El paseo es público!

DOÑA LAURA: Entonces no se queje usted de
35   que le quiten el asiento los curas.

      no se queje usted   don't complain

DON GONZALO: Señora, no estamos presentados. No sé por qué se toma usted la libertad de dirigirme la palabra. Sígueme, Juanito.

      no estamos presentados we haven't been introduced

40   *(Se van los dos por la derecha.)*

DOÑA LAURA: ¡El demonio del viejo! No hay como llegar a cierta edad para

      no hay como   there's nothing like

ponerse impertinente. *(Pausa.)* Me alegro; le han quitado aquel banco también. ¡Anda! para que me espante los pajaritos. Está furioso... Sí, sí; busca, busca. Como no te sientes en el sombrero... ¡Pobrecillo! Se limpia el sudor... Ya viene, ya viene... Con los pies levanta más polvo que un coche.

para... pajaritos serves him right for frightening my birds

como... sombrero but unless you sit on your hat

polvo dust

5

DON GONZALO: *(Saliendo por donde se fue y encaminándose a la izquierda.)* ¿Se habrán ido los curas, Juanito?

10

JUANITO: No sueñe usted con eso, señor. Allí siguen.

DON GONZALO: ¡Por vida...! *(Mirando a todas partes perplejo.)* Este Ayuntamiento, que no pone más bancos para estas mañanas de sol... Nada, que me tengo que conformar con el de la vieja. *(Refunfuñando, siéntase al otro extremo que doña Laura, y la mira con indignación.)* Buenos días.

15

Ayuntamiento city government

refunfuñando grumbling

20

DOÑA LAURA: ¡Hola! ¿Usted por aquí?

DON GONZALO: Insisto en que no estamos presentados.

25

DOÑA LAURA: Como me saluda usted, le contesto.

DON GONZALO: A los buenos días se contesta con los buenos días, que es lo que ha debido usted hacer.

30

DOÑA LAURA: También usted ha debido pedirme permiso para sentarse en este banco, que es mío.

DON GONZALO: Aquí no hay bancos de nadie.

DOÑA LAURA: Pues usted decía que el de los curas era suyo.

35

DON GONZALO: Bueno, bueno, bueno... se concluyó. *(Entre dientes.)* Vieja chocha... Podía estar haciendo calceta...

entre dientes muttering

chocha senile

haciendo calceta knitting

40

DOÑA LAURA: No gruña usted, porque no me voy.

no gruña usted don't growl

DON GONZALO: *(Sacudiéndose las botas con el pañuelo.)* Si regaran un poco más, tampoco perderíamos nada.

regaran *they would water*

DOÑA LAURA: Ocurrencia es: limpiarse las botas con el pañuelo de la nariz.

ocurrencia es *that's a new idea*

DON GONZALO: ¿Eh?

DOÑA LAURA: ¿Se sonará usted con un cepillo?

DON GONZALO: ¿Eh? Pero, señora, ¿con qué derecho...?

se sonará usted *I suppose you blow your nose*
cepillo *brush*

DOÑA LAURA: Con el de vecindad.

DON GONZALO: *(Cortando por lo sano.)* Mira, Juanito, dame el libro; que no tengo ganas de oír más tonterías.

cortando por lo sano *getting on safe ground*

DOÑA LAURA: Es usted muy amable.

DON GONZALO: Si no fuera usted tan entremetida...

entremetida *nosy, meddlesome*

DOÑA LAURA: Tengo el defecto de decir todo lo que pienso.

DON GONZALO: Y el de hablar más de lo que conviene. Dame el libro, Juanito.

conviene *is proper*

JUANITO: Vaya, señor. *(Saca del bolsillo un libro y se lo entrega. Paseando luego por el foro, se aleja hacia la derecha y desaparece.*

Don Gonzalo, mirando a doña Laura siempre con rabia, se pone unas gafas prehistóricas, saca una gran lente, y con el auxilio de toda esa cristalería se dispone a leer.)

vaya *here it is*
entrega *hands over*
rabia *rage, fury*
gafas *spectacles*
lente *magnifying glass*
cristalería *glassware*

DOÑA LAURA: Creí que iba usted a sacar ahora un telescopio.

DON GONZALO: ¡Oiga usted!

DOÑA LAURA: Debe usted de tener muy buena vista.

DON GONZALO: Como cuatro veces mejor que usted.

DOÑA LAURA: Ya, ya se conoce.

DON GONZALO: Algunas liebres y algunas perdices lo pudieran atestiguar.

liebres *hares, rabbits*
perdices *partridges*
atestiguar *bear witness*

DOÑA LAURA: ¿Es usted cazador?

cazador *hunter*

DON GONZALO: Lo he sido... Y aún... aún...

DOÑA LAURA: ¿Ah, sí?

DON GONZALO: Sí, señora. Todos los domingos,

¿sabe usted? cojo mi escopeta y mi perro, ¿sabe usted? y me voy a una finca de mi propiedad, cerca de Aravaca... A matar el tiempo, ¿sabe usted?

escopeta *shotgun*

DOÑA LAURA: Sí, como no mate usted el tiempo... ¡lo que es otra cosa!

como... otra cosa *if you don't kill time, you won't kill anything*

DON GONZALO: ¿Conque no? Ya le enseñaría yo a usted una cabeza de jabalí que tengo en mi despacho.

jabalí *wild boar*

DOÑA LAURA: ¡Toma! y yo a usted una piel de tigre que tengo en mi sala. ¡Vaya un argumento!

¡Vaya un argumento! *What an argument!*

DON GONZALO: Bien está, señora. Déjeme usted leer. No estoy por darle a usted más palique.

No... palique. *I don't feel like going on with the conversation (chit-chat).*

DOÑA LAURA: Pues con callar, hace usted su gusto.

DON GONZALO: Antes voy a tomar un polvito. *(Saca una caja de rapé.)* De esto sí le doy. ¿Quiere usted?

polvito *pinch of snuff*
rapé *snuff*

DOÑA LAURA: Según. ¿Es fino?

Según. *It depends.*

DON GONZALO: No lo hay mejor. Le agradará.

DOÑA LAURA: A mí me descarga mucho la cabeza.

A... cabeza. *It clears my head a lot.*

DON GONZALO: Y a mí.

DOÑA LAURA: ¿Usted estornuda?

¿Usted estornuda? *Do you sneeze?*

DON GONZALO: Sí, señora: tres veces.

DOÑA LAURA: Hombre, y yo otras tres: ¡qué casualidad!

casualidad *coincidence*

(Después de tomar cada uno su polvito, aguardan los estornudos haciendo visajes, y estornudan alternativamente.)

visajes *faces*

DOÑA LAURA: ¡Ah...chis!
DON GONZALO: ¡Ah...chis!
DOÑA LAURA: ¡Ah...chis!
DON GONZALO: ¡Ah...chis!
DOÑA LAURA: ¡Ah...chis!
DON GONZALO: ¡Ah...chis!
DOÑA LAURA: ¡Jesús!
DON GONZALO: Gracias. Buen provechito.

DOÑA LAURA:	Igualmente. (Nos ha reconciliado el rapé.)	
DON GONZALO:	Ahora me va usted a dispensar que lea en voz alta.	
5 DOÑA LAURA:	Lea usted como guste: no me incomoda.	
DON GONZALO:	*(Leyendo.)* «Todo en amor es triste; mas, triste y todo, es lo mejor que existe.» De Campoa- 10 mor;[1] es de Campoamor.	mas *yet* triste... mejor *sad as it is, it's the best thing*
DOÑA LAURA:	¡Ah!	
DON GONZALO:	*(Leyendo.)* «Las niñas de las ma- dres que amé tanto, me besan ya como se besa a un santo.» Éstas 15 son humoradas.	humoradas *humorous poems*
DOÑA LAURA:	Humoradas, sí.	
DON GONZALO:	Prefiero las doloras.	doloras *sad poems*
DOÑA LAURA:	Y yo.	
DON GONZALO:	También hay algunas en este 20 tomo. *(Busca las doloras y lee.)* Escuche usted ésta: «Pasan veinte años: vuelve él...»	
DOÑA LAURA:	No sé qué me da verlo a usted leer con tantos cristales...	no... da *I can't tell you what it does to me* cristales *glasses*
25 DON GONZALO:	¿Pero es que usted, por ventura, lee sin gafas?	por ventura *by any chance*
DOÑA LAURA:	¡Claro!	
DON GONZALO:	¿A su edad?... Me permito dudarlo.	
DOÑA LAURA:	Déme usted el libro. *(Lo toma de 30 mano de don Gonzalo, y lee:)* «Pasan veinte años; vuelve él, y al verse, exclaman él y ella: (—¡Santo Dios! ¿y éste es aquél?...) (—Dios mío ¿y ésta es aquélla?...).» 35 *(Le devuelve el libro.)*	
DON GONZALO:	En efecto: tiene usted una vista envidiable.	
DOÑA LAURA:	(¡Como que me sé los versos de memoria!)	
40 DON GONZALO:	Yo soy muy aficionado a los bue- nos versos... Mucho. Y hasta los compuse en mi mocedad.	y hasta los compuse *and I even composed them* mocedad *youth*

DOÑA LAURA:	¿Buenos?
DON GONZALO:	De todo había. Fui amigo de Espronceda, de Zorrilla, de Bécquer[2] ... A Zorrilla lo conocí en América.
5 DOÑA LAURA:	¿Ha estado usted en América?
DON GONZALO:	Varias veces. La primera vez fui de seis años.
DOÑA LAURA:	¿Lo llevaría a usted Colón en una carabela?
10 DON GONZALO:	(*Riéndose.*) No tanto, no tanto... Viejo soy, pero no conocí a los Reyes Católicos...
DOÑA LAURA:	Je, je...
DON GONZALO:	También fui gran amigo de éste: de Campoamor. En Valencia nos conocimos... Yo soy valenciano.
DOÑA LAURA:	¿Sí?
DON GONZALO:	Allí me crié; allí pasé mi primera juventud... ¿Conoce usted aquello?
20 DOÑA LAURA:	Sí, señor. Cercana a Valencia, a dos o tres leguas de camino, había una finca que si aún existe se acordará de mí. Pasé en ella algunas temporadas. De esto hace muchos años; muchos. Estaba próxima al mar, oculta entre naranjos y limoneros... Le decían... ¿cómo le decían?... *Maricela.*
DON GONZALO:	*¿Maricela?*
30 DOÑA LAURA:	*Maricela.* ¿Le suena a usted el nombre?
DON GONZALO:	¡Ya lo creo! Como si yo no estoy trascordado—con los años se va la cabeza,—allí vivió la mujer más preciosa que nunca he visto. ¡Y ya he visto algunas en mi vida!... Deje usted, deje usted... Su nombre era Laura. El apellido no lo recuerdo... (*Haciendo memoria.*) Laura. Laura... ¡Laura Llorente!
DOÑA LAURA:	Laura Llorente...

Glosses (right margin):

de todo había *there were all kinds*

carabela *caravel (sailing vessel, especially the type of the 15th and 16th centuries)*

me crié *grew up*
juventud *youth*
aquello *that region*

algunas temporadas *some length of time*
de... muchos años *many years ago now*
naranjos *orange trees*
limoneros *lemon trees*
le decían *they called it*

¿Le... nombre? *Does the name sound familiar to you?*

trascordado *mistaken (forgetful)*

deje usted *wait*

haciendo memoria *searching his memory*

DON GONZALO: ¿Qué?
     (Se miran con atracción miste-
     riosa.)

DOÑA LAURA: Nada... Me está usted recordando
5   a mi mejor amiga.

DON GONZALO: ¡Es casualidad!

DOÑA LAURA: Sí que es peregrina casualidad. La   peregrina *strange*
     Niña de Plata.

DON GONZALO: La *Niña de Plata*... Así le decían
10   los huertanos y los pescadores.   huertanos *farmers*
     ¿Querrá usted creer que la veo
     ahora mismo, como si la tuviera
     presente, en aquella ventana de
     las campanillas azules?... ¿Se   campanillas *bells*
15   acuerda usted de aquella ven-   *(flowers)*
     tana?...

DOÑA LAURA: Me acuerdo. Era la de su cuarto.
     Me acuerdo.

DON GONZALO: En ella se pasaba horas enteras...
20   En mis tiempos, digo.   digo *I mean*

DOÑA LAURA: *(Suspirando.)* Y en los míos tam-
     bién.

DON GONZALO: Era ideal, ideal... Blanca como la
     nieve... Los cabellos muy negros...
25   Los ojos muy negros y muy dulces
     ... De su frente parecía que bro-   brotaba *flowed*
     taba luz... Su cuerpo era fino, es-   esbelto *slender*
     belto, de curvas muy suaves...
     «¡Qué formas de belleza so-   soberana *sovereign*
30   berana modela Dios en la escul-
     tura humana!» Era un sueño, era
     un sueño...

DOÑA LAURA: (¡Si supieras que la tienes al lado,
     ya verías lo que los sueños valen!)
35   Yo la quise de veras, muy de veras.
     Fue muy desgraciada. Tuvo unos   desgraciada *unlucky,*
     amores muy tristes.   *unfortunate*

DON GONZALO: Muy tristes.
     (Se miran de nuevo.)   de nuevo *again*

40 DOÑA LAURA: ¿Usted lo sabe?

DON GONZALO: Sí.

DOÑA LAURA: (¡Qué cosas hace Dios! Este hombre es aquél.)

DON GONZALO: Precisamente el enamorado galán, si es que nos referimos los dos al mismo caso...

5

DOÑA LAURA: ¿Al del duelo?

DON GONZALO: Justo: al del duelo. El enamorado galán era... era un pariente mío, un muchacho de toda mi predilección.

10 DOÑA LAURA: Ya vamos, ya. Un pariente... A mí me contó ella en una de sus últimas cartas, la historia de aquellos amores, verdaderamente románticos.

15 DON GONZALO: Platónicos. No se hablaron nunca.

DOÑA LAURA: Él, su pariente de usted, pasaba todas las mañanas a caballo por la veredilla de los rosales, y arrojaba a la ventana un ramo de flores, que ella cogía.

20

DON GONZALO: Y luego, a la tarde, volvía a pasar el gallardo jinete, y recogía un ramo de flores que ella le echaba. ¿No es esto?

25 DOÑA LAURA: Eso es. A ella querían casarla con un comerciante... un cualquiera, sin más títulos que el de enamorado.

DON GONZALO: Y una noche que mi pariente

30 rondaba la finca para oírla cantar, se presentó de improviso aquel hombre.

DOÑA LAURA: Y le provocó.

DON GONZALO: Y se enzarzaron.

35 DOÑA LAURA: Y hubo desafío.

DON GONZALO: Al amanecer: en la playa. Y allí se quedó malamente herido el provocador. Mi pariente tuvo que esconderse primero, y luego que

40 huir.

DOÑA LAURA: Conoce usted al dedillo la historia.

DON GONZALO: Y usted también.

¿Al del duelo? *To the one in the duel?*

justo *just so (exactly)*

de toda mi predilección *of whom I was very fond*

ya *to be sure*

veredilla *path*
rosales *rosebushes*
ramo *bouquet*

jinete *horseman*

un cualquiera *a nobody*

rondaba *was making the rounds of*
de improviso *unexpectedly*

se enzarzaron *they quarrelled*
desafío *challenge*
al amanecer *at dawn*
herido *wounded*

al dedillo *perfectly, down to the last detail*

DOÑA LAURA: Ya le he dicho a usted que ella me la contó.

DON GONZALO: Y mi pariente a mí... (Esta mujer es Laura... ¡Qué cosas hace Dios!)

5 DOÑA LAURA: (No sospecha quién soy: ¿para qué decírselo? Que conserve aquella ilusión...)

DON GONZALO: (No presume que habla con el galán... ¿Qué ha de presumirlo?...
10 Callaré.)

(*Pausa.*)

DOÑA LAURA: ¿Y fue usted, acaso, quien le aconsejó a su pariente que no volviera a pensar en Laura? (¡Anda   anda con ésa   *take that*
15 con ésa!)

DON GONZALO: ¿Yo? ¡Pero si mi pariente no la olvidó un segundo!

DOÑA LAURA: Pues ¿cómo se explica su conducta?

20 DON GONZALO: ¿Usted sabe?... Mire usted, señora: el muchacho se refugió primero en mi casa—temeroso de las conse-   temeroso   *fearful* cuencias del duelo con aquel hombre, muy querido allá;—luego se   se trasladó   *he moved*
25 trasladó a Sevilla; después vino a Madrid... Le escribió a Laura ¡qué sé yo el número de cartas!—algunas en verso, me consta... —Pero   me consta   *I happen to* sin duda las debieron de inter-   *know*
30 ceptar los padres de ella, porque Laura no contestó... Gonzalo, en- tonces, desesperado, desengañado,   desengañado se incorporó al ejército de África,   *disillusioned* y allí, en una trinchera, encontró la   ejército   *army*   trinchera   *trench*
35 muerte, abrazado a la bandera es-   bandera   *flag* pañola y repitiendo el nombre de su amor: Laura... Laura... Laura...

DOÑA LAURA: (¡Qué embustero!)   embustero   *faker, cheat*

DON GONZALO: (No me he podido matar de un
40 modo más gallardo.)

DOÑA LAURA: ¿Sentiría usted a par del alma esa   a par del alma   *to the* desgracia?   *bottom of your heart*

DON GONZALO: Igual que si se tratase de mi persona. En cambio, la ingrata, quién sabe si estaría a los dos meses cazando mariposas en su jardín, indiferente a todo...

en cambio   on the other hand

5

DOÑA LAURA: Ah, no señor; no, señor...

DON GONZALO: Pues es condición de mujeres...

es condición de mujeres women are like that

DOÑA LAURA: Pues aunque sea condición de mujeres, la *Niña de Plata* no era así. Mi amiga esperó noticias un día, y otro, y otro... y un mes, y un año... y la carta no llegaba nunca. Una tarde, a la puesta del sol, con el primer lucero de la noche, se la vio salir resuelta camino de la playa... de aquella playa donde el predilecto de su corazón se jugó la vida. Escribió su nombre en la arena—el nombre de él,—y se sentó luego en una roca, fija la mirada en el horizonte ... Las olas murmuraban su monólogo eterno... e iban poco a poco cubriendo la roca en que estaba la niña... ¿Quiere usted saber más?... Acabó de subir la marea... y la arrastró consigo...

puesta del sol   sunset
lucero   star
resuelta   resolutely
camino de   in the direction of
predilecto   favorite
se jugó la vida   gambled his life

poco a poco   little by little

marea   tide
arrastró   dragged away

10

15

20

25

DON GONZALO: ¡Jesús!

DOÑA LAURA: Cuentan los pescadores de la playa, que en mucho tiempo no pudieron borrar las olas aquel nombre escrito en la arena. (¡A mí no me ganas tú a finales poéticos!)

borrar   erase

no... poéticos   you can't beat me in poetic endings

30

DON GONZALO: (¡Miente más que yo!)

35   *(Pausa.)*

DOÑA LAURA: ¡Pobre Laura!

DON GONZALO: ¡Pobre Gonzalo!

DOÑA LAURA: (¡Yo no le digo que a los dos años me casé con un fabricante de cervezas!)

a los dos años   two years later
fabricante de cervezas brewer

40

DON GONZALO: (¡Yo no le digo que a los tres

meses me largué a París con una bailarina!)

DOÑA LAURA: Pero, ¿ha visto usted cómo nos ha unido la casualidad, y cómo una aventura añeja ha hecho que hablemos lo mismo que si fuéramos amigos antiguos?

DON GONZALO: Y eso que empezamos riñendo.

DOÑA LAURA: Porque usted me espantó los gorriones.

DON GONZALO: Venía muy mal templado.

DOÑA LAURA: Ya, ya lo vi. ¿Va usted a volver mañana?

DON GONZALO: Si hace sol, desde luego. Y no sólo no espantaré los gorriones, sino que también les traeré miguitas...

DOÑA LAURA: Muchas gracias, señor... Son buena gente; se lo merecen todo. Por cierto que no sé dónde anda mi chica... *(Se levanta.)* ¿Qué hora será ya?

DON GONZALO: *(Levantándose.)* Cerca de las doce. También ese bribón de Juanito... *(Va hacia la derecha.)*

DOÑA LAURA: *(Desde la izquierda del foro, mirando hacia dentro.)* Allí la diviso con su guarda... *(Hace señas con la mano para que se acerque.)*

DON GONZALO: *(Contemplando, mientras, a la señora.)* (No... no me descubro... Estoy hecho un mamarracho tan grande... Que recuerde siempre al mozo que pasaba al galope y le echaba las flores a la ventana de las campanillas azules...)

DOÑA LAURA: ¡Qué trabajo le ha costado despedirse! Ya viene.

DON GONZALO: Juanito, en cambio... ¿Dónde estará Juanito? Se habrá engolfado con alguna niñera. *(Mirando hacia*

---

me largué a   *I went off to*

añeja   *ancient*

eso que   *in spite of the fact that*

bribón   *rascal*

señas   *signals*

no me descubro   *I won't reveal myself*
Estoy... grande   *I have become such an old scarecrow*

engolfado   *involved*

niñera   *nursemaid*

la derecha primero, y haciendo
señas como doña Laura después.)
Diablo de muchacho...

DOÑA LAURA: *(Contemplando al viejo.)* (No... no
me descubro... Estoy hecha una
estantigua... Vale más que re-   estantigua *old witch,*
cuerde siempre a la niña de los   *spook*
ojos negros, que le arrojaba las
flores cuando él pasaba por la
veredilla de los rosales...)

(Juanito sale por la derecha y
Petra por la izquierda. Petra trae
un manojo de violetas.)   manojo *bunch*

DOÑA LAURA: Vamos, mujer; creí que no llega-
bas nunca.

DON GONZALO: Pero, Juanito, ¡por Dios! que son   son las tantas *it's so late*
las tantas...

PETRA: Estas violetas me ha dado mi novio para usted.

DOÑA LAURA: Mira qué fino... Las agradezco
mucho... *(Al cogerlas se le caen*
dos o tres al suelo.) Son muy hermosas...

DON GONZALO: *(Despidiéndose.)* Pues, señora mía,
yo he tenido un honor muy
grande... un placer inmenso...

DOÑA LAURA: *(Lo mismo.)* Y yo una verdadera
satisfacción...

DON GONZALO: ¿Hasta mañana?

DOÑA LAURA: Hasta mañana.

DON GONZALO: Si hace sol...

DOÑA LAURA: Si hace sol... ¿Irá usted a su banco?

DON GONZALO: No, señora; que vendré a éste.

DOÑA LAURA: Este banco es muy de usted.

(Se ríen.)

DON GONZALO: Y repito que traeré miga para los
gorriones...

(Vuelven a reírse.)

DOÑA LAURA: Hasta mañana.

DON GONZALO: Hasta mañana.

(Doña Laura se encamina con
Petra hacia la derecha. Don Gon-

zalo, antes de irse con Juanito
hacia la izquierda, tembloroso y
con gran esfuerzo se agacha a   se agacha stoops
coger las violetas caídas. Doña
5   Laura vuelve naturalmente el rostro y lo ve.)

JUANITO: ¿Qué hace usted, señor?
DON GONZALO: Espera, hombre, espera...
DOÑA LAURA: (No me cabe duda: es él...)   no me cabe duda *I have*
no doubt
10 DON GONZALO: (Estoy en lo firme: es ella...)   estoy en lo firme *I'm*
sure
(Después de hacerse un nuevo
saludo de despedida.)

DOÑA LAURA: (¡Santo Dios! ¿y éste es aquél?...)
DON GONZALO: (¡Dios mío! ¿y ésta es aquélla?...)
15   (Se van, apoyado cada uno
en el brazo de su servidor y vol-
viendo la cara sonrientes, como
si él pasara por la veredilla de los
rosales y ella estuviera en la ven-
20   tana de las campanillas azules.)

Notas culturales

1 Ramón del Campoamor (1871–1901) era famoso poeta español cuya poesía favorecía «el arte por la idea».
2 José de Espronceda (1808–1842), José Zorrilla y Moral (1817–1893) y Gustavo Adolfo Bécquer (1836–1870) eran otros famosos poetas españoles del siglo XIX.

Práctica

I. Preguntas

1. ¿Por qué trae doña Laura unas miguitas de pan al parque? 2. ¿Qué hace Petra mientras se divierte su señora? 3. ¿Por qué se enoja don Gonzalo? 4. ¿Dónde se sienta don Gonzalo por fin? 5. ¿Cómo se sabe que don Gonzalo no puede ver bien? 6. ¿Es buena la vista de doña Laura? (¿Cómo le engaña ella a don Gonzalo?) 7. ¿Cuál de los dos menciona primero el nombre de un lugar que ambos habían conocido en la juventud? 8. ¿Qué clase de amores existían entre Laura

y don Gonzalo cuando eran jóvenes?   9. Al darse cuenta de lo que ha pasado, ¿por qué no quieren confesárselo el uno al otro?   10. Según don Gonzalo, ¿qué le pasó al joven galán? ¿Qué le pasó en realidad? 11. Según doña Laura, ¿qué hizo la joven cuando no recibió noticias del galán? ¿Qué hizo ella en realidad?   12. ¿Qué piensan hacer los viejos al día siguiente?   13. ¿Existe todavía un eco de sus antiguos amores? (¿Cómo se sabe?)

II. Preguntas analíticas

1. Los dos últimos versos del poema de Campoamor son paralelos:
   (—¡Santo Dios! ¿y éste es aquél?...)
   (—¡Dios mío! ¿y ésta es aquélla?...)
Indique usted tres ejemplos de acciones o comentarios paralelos en el drama. 2. ¿Son paralelas las acciones de los criados?   3. Para usted, ¿cuál de los viejos es más inteligente y astuto?   4. Según lo que se percibe en el drama, ¿es verdad que el concepto del amor sentimental sólo puede existir entre jóvenes?   5. Se puede definir la ironía como el dar a entender lo contrario de lo que se dice. Cite y comente usted un ejemplo del uso de ironía en este drama.

III. Práctica de vocabulario

A. Elegir la palabra que no corresponde al grupo.

1. querer, tener ganas de, desear, ser aficionado a, odiar
2. arena, ola, playa, desierto, marea
3. nariz, ojo, cabello, boca, dedo
4. alejarse, venir, salir, acercarse, presentar
5. huésped, cura, médico, correo, viajero

B. Completar con la palabra apropiada.

dos veces	en seguida	hace sol	nombre
apellidos	aficionado	ganas	arena
alegría	tontería	llueve	juntos
	a veces	nombres	

1. Gómez, Smith y López son _____ .
2. Él sabe hablar español, pero no tiene _____ de hacerlo.
3. —Oye, Tomás. Tenemos que salir. Ven _____ .
4. Pablo va a todos los conciertos; es muy _____ a la música.
5. Generalmente preferimos ir a la playa cuando _____ .
6. Suicidarse por nada me parece ser una _____ .
7. Es más cómodo andar en una playa donde no hay rocas sino _____ .

8. Fui a su casa esta mañana y otra vez esta tarde; es decir, fui _____ .
9. El _____ de ese muchacho es Roberto.
10. Usted no debe ir solo; vamos _____ .

C. Definir las palabras siguientes.

1. alegrarse	3. sol	5. apellido	7. playa
2. tontería	4. alejarse	6. nariz	8. pie

D. Usar en una frase original.

1. juventud	4. vejez	7. marido	9. querer
2. novio	5. enamorarse	8. soltero	10. matrimonio
3. casarse	6. amante		

E. Describir desde el punto de vista de doña Laura o de don Gonzalo lo que pasó cuando los dos viejos se encontraron en el parque.

Diego Rodríguez de Silva y Velázquez

Velázquez nació en Sevilla en 1599. Su padre era portugués y su madre sevillana, y ambos pertenecían a la aristocracia, hecho de bastante importancia puesto que Velázquez iba a ser no sólo pintor, sino también persona de mucha influencia en la corte de Felipe IV. A los once años Velázquez fue aprendiz de Francisco Pacheco, famoso profesor de pintura en Sevilla y consejero para la Inquisición en materia de arte. Aprendió mucho de su maestro, quien le impuso una disciplina severa aunque también dejó que el joven manifestara su originalidad y su talento. Al terminar su aprendizaje, Diego se casó con la hija de Pacheco, Juana, y se estableció en Sevilla como padre de familia y pintor de retratos y de cuadros religiosos.

En aquella época ocurrieron hechos históricos que influyeron radicalmente en la vida de Velázquez. Llegó al trono Felipe IV, quien, como su padre, prefería dejar el gobierno del país en manos de otro. Así llegó al poder un noble sevillano, Don Gaspar de Guzmán, Conde-Duque de Olivares, y en poco tiempo se estableció en Madrid un grupo de sevillanos, muchos de los cuales eran amigos de Pacheco. Éste supo aprovechar la situación: en 1622 su yerno visitó Madrid por primera vez, llegó a conocer a algunos amigos de Olivares, y pintó un retrato del famoso poeta Luis de Góngora. Un año más tarde, Olivares le mandó volver a la corte, lo presentó al Rey, y le hizo pintar un retrato del soberano. De ahí en adelante, durante más de treinta y un años, Velázquez gozó de la protección y de la amistad del Rey, quien no sólo lo empleó como pintor, sino también como diplomático, y le confirió grandes honores. Aunque Velázquez recibió muchos favores reales durante su vida, nunca se envaneció por eso. El testimonio de sus contemporáneos confirma que era un amigo leal, buen padre de familia, y un hombre noble, orgulloso, generoso y que sabía gozar de la vida. Cuando murió en 1660, a los sesenta y un años, el Rey escribió que se sentía abrumado por la pérdida de tan fiel vasallo y amigo.

Si las pinturas de El Greco reflejan su fervor místico y su pasión religiosa, las de Velázquez revelan su interés por el instante, la realidad inmediata y su deseo de fijarlos para siempre. Fiel a su concepto del realismo, el artista no lisonjea a sus modelos, sean nobles o humildes. Sin embargo, todos tienen una dignidad que hace que sus retratos sean una afirmación de la vida. Al captarlos en el instante, Velázquez los inmortaliza, así como al pintar las cosas más humildes y reales, las eleva al nivel de lo perdurable y eterno.

The National Galleries of Scotland

La vieja cocinera (1618)

Una de las contribuciones originales de Velázquez al arte fue su manera de dar énfasis a las cosas que están en el primer plano de un cuadro al presentarlas desde una perspectiva en la que se las ve desde arriba. En esta pintura, por ejemplo, se ven desde arriba los objetos que están en la mesa o cerca de la cocinera, mientras lo demás—las dos figuras y lo que está detrás—se ve desde otra perspectiva. ¿Cómo describiría Ud. a la cocinera? ¿Cuál sería la actitud del pintor hacia ella? ¿Qué es lo que queda mejor definido en el cuadro—las cosas o los seres humanos? ¿Puede nombrar algunas de las cosas que Ud. ve en el retrato?

Art Resource

Esopo (1637–1640)

Según fuentes antiguas, el creador de las *Fábulas* era esclavo. También se decía que era feo y algo deformado. Según Vico en su *Scienza Nuova* (1725), Esopo representaba a los que eran compañeros y ayudantes de los héroes.

En la pintura se ve a la izquierda el cubo que se usaba para curtir pieles, una alusión a una de las fábulas en la que un rico llega a aceptar con ecuanimidad algo que le molesta—el olor de una curtiduría que se encuentra al lado de su casa. El libro que tiene Esopo en la mano es un ejemplar de las *Fábulas*.

En esta pintura Velázquez usa los matices de tres colores: el gris, el verde y el café. El rostro de Esopo es asimétrico, pero esto aumenta el interés cuando examinamos la magnífica ejecución del artista: es como si Velázquez quisiera definir el espíritu del personaje en la honestidad brutal de su retrato. El rostro de Esopo revela su sufrimiento, pero también su nobleza y, sobre todo, su cara de hombre digno.

¿Cómo compararía Ud. la cara de Esopo con la de la vieja cocinera? ¿Qué cualidades tienen en común?

The Metropolitan Museum of Art, Isaac D. Fletcher Fund, Rogers Fund and Bequest of Adelaide Milton de Groot (1876–1967), Bequest of Joseph H. Durkee, by exchange, supplemented by gifts from Friends of the Museum, 1971.

Juan de Pareja (1649–1650)

Juan de Pareja, nacido en Sevilla en 1610, era hijo de esclavos moros. Recibió la libertad y se hizo pintor. En 1630 se mudó a Madrid y entró en el taller de Velázquez. Acompañó al maestro durante su viaje a Italia entre 1649 y 1651 para comprar obras de arte para el palacio real.

En este retrato Velázquez se limita al uso de muy pocos colores: predominan un verde y un café aceitunados. Pero se ve que sabe modelar y cambiar la luz por medio de su pincel. Son notables el uso del contraste entre los tonos y la capacidad del artista de sugerir la textura de la ropa.

¿Qué parte del rostro de Pareja se nota más? ¿Cuál es el efecto del collar blanco? ¿Qué impresión tiene Ud. del carácter del modelo? (¿Qué clase de hombre sería?)

Para comentar

1. ¿Cuál de las pinturas de Velázquez le gusta más? ¿Por qué? (Describa lo que significa esa pintura para Ud.)
2. En la España del siglo XVII existían varias clases sociales. Aunque no había igualdad económica, se creía que todos los hombres eran iguales a los ojos de Dios. El individuo digno de su clase merecía el respeto de los demás. Esto se nota en la relación entre don Quijote y Sancho Panza en la obra de Cervantes y también se encuentra en varios dramas de la época, en los que el humilde labrador sabe defender su honor y dignidad cuando éstos son atacados por unos nobles abusivos.

    ¿Cómo reflejan las pinturas de Velázquez este concepto?
3. Muchos artistas han preferido pintar a los viejos. ¿Por qué les ha interesado pintar personas de edad?
4. ¿Puede Ud. comparar las pinturas de Velázquez con las que hemos visto de El Greco?
5. Busque Ud. en la biblioteca otra pintura de Velázquez. Muéstrela a la clase, analizando el tema del cuadro y la técnica que ha empleado el artista.

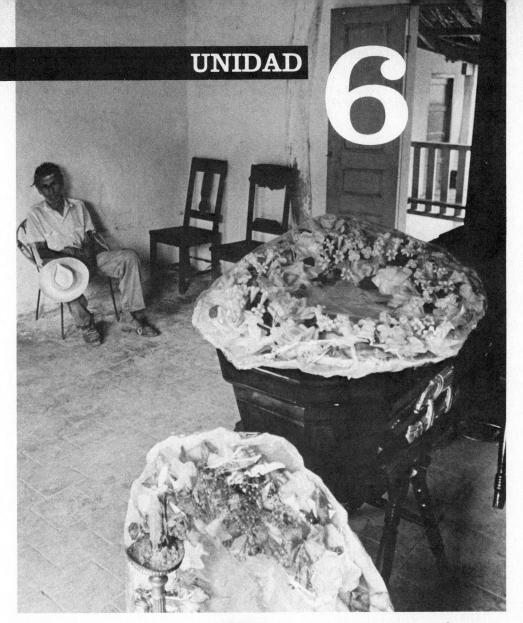

El concepto hispánico de la muerte

Es probable que no haya tema tan fascinante para la mente y la imaginación del hombre como el de la muerte. Tanto en las tribus primitivas como en las sociedades más complejas se hallan explicaciones y teorías sobre el significado del fin de la vida. Los ritos, las supersticiones, las costumbres y las prácticas que se asocian a la muerte son tan innumerables como las canciones, las poesías y otras expresiones verbales que se dedican a ella.

En algunas sociedades se percibe la muerte como parte de un ciclo vinculado a la vida. Así la entendieron los aztecas, cuya cosmología y teología eran bastante complejas. En otras sociedades, como en la anglosajona, se trata de esconder o negar la muerte. Se emplean cosméticos de todo tipo para evitar darse cuenta de la realidad. (Se dice, por ejemplo, que una persona muerta «ya no está con nosotros», que «se ha ido».) En general, se puede decir que aunque todos los países cristianos comparten ciertos conceptos relacionados con la muerte (el concepto de la inmortalidad del alma, la esperanza de la redención por Cristo, etc.), la presencia de la muerte como cosa tangible y real en la vida es mucho más notable en los países hispánicos que en los anglosajones. A veces, en aquellos países, se hace presente la muerte en la vida diaria de una forma directa y simple. Por ejemplo, en México en el Día de los Muertos (el dos de noviembre), se ven dulces, pan y juguetes en forma de calaveras o esqueletos.

Como tema literario, la muerte y la inmortalidad son de suma importancia en el mundo hispánico. Aquí se incluyen dos ejemplos ilustrativos de la vitalidad de ese tema en Hispanoamérica: grabados de la obra de José Guadalupe Posada, artista mexicano muy popular, y un cuento de Jorge Luis Borges, uno de los prosistas más brillantes de la América Hispana.

Vocabulario útil

Estudiar estas palabras antes de leer «El Evangelio según Marcos».

atardecer *m*   dusk, twilight
azúcar *m*   sugar
calor *m*   heat
capítulo   chapter
cerrar   to close
  cerrar con llave   to lock

colegio   school (usually a private school)
cruz *f*   cross
estudiante *m or f*   student
graduarse   to graduate
hallar   to find

hallazgo discovery
huelga strike
infierno hell
instruir to instruct
jugar to play
juego game
jugador _m_ player
lugar _m_ place

tarea task, job
taza cup
  tacita little cup
techo roof
trueno thunder
veranear to spend the summer
verano summer

El Evangelio según Marcos

Jorge Luis Borges, escritor argentino que ha sido comparado con Kafka, Poe y Wells, crea en sus obras literarias un mundo fantástico e imaginario, independiente de un tiempo o un espacio específicos. Borges ha dicho que necesita alejar sus cuentos, situarlos en tiempos y espacios algo lejanos para liberar su imaginación y obrar con mayor libertad. Es un hombre sumamente intelectual para quien las ideas tienen vida y son capaces de provocar el asombro y el deleite del lector a través de sus ficciones.

Borges nació en Buenos Aires en 1899, de padres de la clase media intelectual. Educado en la capital y en Ginebra, pasa luego tres años en España antes de regresar a Buenos Aires en 1921. En los años siguientes se distingue como poeta y exponente del ultraísmo, movimiento poético que en la Argentina era expresionista en su forma y tradicionalista en su contenido. Pero es probable que la verdadera originalidad de Borges no esté ni en las poesías ni en la crítica literaria que publica en esos años, sino en las breves narraciones que aparecen en los años siguientes—entre 1930 y 1955—, especialmente en dos colecciones: *Ficciones* y *El Aleph*. Aunque en aquellos años los dos tomos no atrajeron mucha atención, después gozaron de fama mundial y situaron a Borges entre los escritores más importantes de nuestro tiempo.

En los cuentos de esa época Borges explora los temas que, según él, son básicos en toda literatura fantástica: la obra dentro de la obra, la contaminación de la realidad por el sueño, el viaje a través del tiempo y el concepto del doble. En ellos el orden se encuentra en la mente humana, mientras que la realidad exterior tiene cualidades caóticas y peligrosas. También se manifiesta, en esos cuentos, la condición absurda y tal vez heroica del hombre que lucha por imponer orden sobre el caso del mundo físico que lo rodea.

En este capítulo se presenta «El Evangelio según Marcos», cuento que, según Borges, se debe a un sueño y, como toda literatura, es un «sueño dirigido». En este caso, el sueño se basa en un pasaje de la Biblia, y en la narración que allí se hace del sacrificio de Cristo en la cruz, acto que asegura la salvación del alma del creyente y que se ha establecido como parte de la «intrahistoria» de los pueblos occidentales. Es un cuento que debe leerse con cuidado. Sólo el lector cuidadoso y detallista tendrá el placer de anticipar el fin dramático e inevitable que el autor ha preparado mediante la acumulación de indicios.

* * *

El hecho sucedió en la estancia La Colorada, en el partido de Junín, hacia el sur, en los últimos días del mes de marzo de 1928. Su protagonista fue un estu-

sucedió	*took place*
partido	*township*

diante de medicina, Baltasar Espinosa. Podemos
definirlo por ahora como uno de tantos muchachos
porteños, sin otros rasgos dignos de nota que esa
facultad oratoria que le había hecho merecer más de
5 un premio en el colegio inglés de Ramos Mejía y que
una casi ilimitada bondad. No le gustaba discutir;
prefería que el interlocutor tuviera razón y no él. Aunque los azares del juego le interesaban, era un mal
jugador, porque le desagradaba ganar. Su abierta
10 inteligencia era perezosa; a los treinta y tres años le
faltaba rendir una materia para graduarse, la que más
lo atraía. Su padre, que era librepensador, como
todos los señores de su época, lo había instruido en
la doctrina de Herbert Spencer,[1] pero su madre, antes
15 de un viaje a Montevideo, le pidió que todas las
noches rezara el Padrenuestro e hiciera la señal de
la cruz. A lo largo de los años no había quebrado
nunca esa promesa. No carecía de coraje; una mañana
había cambiado, con más indiferencia que ira, dos o
20 tres puñetazos con un grupo de compañeros que
querían forzarlo a participar en una huelga universitaria. Abundaba, por espíritu de aquiescencia, en
opiniones o hábitos discutibles: el país le importaba
menos que el riesgo de que en otras partes creyeran
25 que usamos plumas; veneraba a Francia pero menospreciaba a los franceses; tenía en poco a los ameri-
canos, pero aprobaba el hecho de que hubiera rascacielos en Buenos Aires; creía que los gauchos de la
llanura son mejores jinetes que los de las cuchillas o
30 los cerros. Cuando Daniel, su primo, le propuso veranear en La Colorada, dijo inmediatamente que sí, no
porque le gustara el campo sino por natural complacencia y porque no buscó razones válidas para decir
que no.[2]
35   El casco de la estancia era grande y un poco
abandonado; las dependencias del capataz, que se
llamaba Gutre, estaban muy cerca. Los Gutres eran
tres: el padre, el hijo, que era singularmente tosco, y
una muchacha de incierta paternidad. Eran altos,
40 fuertes, huesudos, de pelo que tiraba a rojizo y de
caras aindiadas. Casi no hablaban. La mujer del
capataz había muerto hace años.
  Espinosa, en el campo, fue aprendiendo cosas que

porteños *from Buenos Aires*
rasgos *characteristics*

discutir *to argue*

azares *risks*

perezosa *lazy (undirected)*
rendir una materia *to take an exam on a course*

no... coraje *he was not lacking in courage*
ira *anger*
puñetazos *punches*

abundaba... en *he was full of*
discutibles *questionable*

usamos plumas *we wear feathers (we are Indians)*
menospreciaba *he scorned*
tenía en poco *he despised, thought little of*
jinetes *riders*
cuchillas *mountains*

casco *main house*
dependencias *quarters*
capataz *foreman*

tosco *uncouth*

huesudos *bony, big-boned*
que... rojizo *which had a reddish tinge*
aindiadas *Indian looking*

no sabía y que no sospechaba. Por ejemplo, que no
hay que galopar cuando uno se está acercando a las
casas y que nadie sale a andar a caballo sino para
cumplir con una tarea. Con el tiempo llegaría a
5 distinguir los pájaros por el grito.

    A los pocos días, Daniel tuvo que ausentarse a la
capital para cerrar una operación de animales. A lo
sumo, el negocio le tomaría una semana. Espinosa,
que ya estaba un poco harto de las *bonnes fortunes*
10 de su primo y de su infatigable interés por las variaciones de la sastrería, prefirió quedarse en la estancia,
con sus libros de texto. El calor apretaba y ni siquiera
la noche traía un alivio. En el alba, los truenos lo
despertaron. El viento zamarreaba las casuarinas.
15 Espinosa oyó las primeras gotas y dio gracias a Dios.
El aire frío vino de golpe. Esa tarde, el Salado se
desbordó.

    Al otro día, Baltasar Espinosa, mirando desde la
galería los campos anegados, pensó que la metáfora
20 que equipara la pampa con el mar no era por lo
menos esa mañana, del todo falsa, aunque Hudson[3]
había dejado escrito que el mar nos parece más
grande, porque lo vemos desde la cubierta del barco
y no desde el caballo o desde nuestra altura. La lluvia
25 no cejaba; los Gutres, ayudados o incomodados por
el pueblero, salvaron buena parte de la hacienda,
aunque hubo muchos animales ahogados. Los caminos para llegar a La Colorada eran cuatro: a todos
los cubrieron las aguas. Al tercer día, una gotera
30 amenazó la casa del capataz; Espinosa les dio una
habitación que quedaba en el fondo, al lado del galpón de las herramientas. La mudanza los fue acercando; comían juntos en el gran comedor. El diálogo
resultaba difícil; los Gutres, que sabían tantas cosas
35 en materia de campo, no sabían explicarlas. Una
noche, Espinosa les preguntó si la gente guardaba
algún recuerdo de los malones, cuando la comandancia estaba en Junín. Le dijeron que sí, pero lo
mismo hubieran contestado a una pregunta sobre la
40 ejecución de Carlos Primero. Espinosa recordó que
su padre solía decir que casi todos los casos de
longevidad que se dan en el campo son casos de mala

---

grito   *cry, call*

operación   *deal*
a lo sumo   *at most*

harto   *tired, fed up*
bonnes fortunes   *good
   fortune (with women)*
sastrería   *men's fashions*

apretaba   *was oppressive*

alivio   *respite, relief*
truenos   *thunderclaps*
zamarreaba las casuarinas
   *shook the Australian
   pines*
de golpe   *suddenly*
el Salado   *the Salado
   ("Salty") River*
se desbordó   *overflowed*
anegados   *flooded*
equipara   *compares*

cubierta   *deck*

cejaba   *let up*

pueblero   *city man*
hacienda   *herd*
ahogados   *drowned*

gotera   *leak*

galpón de las
   herramientas   *tool
   shed*
la... acercando   *the
   move brought them
   closer together*

guardaba   *held, kept*
malones   *Indian raids*
comandancia   *frontier
   command*

memoria o de un concepto vago de las fechas. Los
gauchos suelen ignorar por igual el año en que nacieron y el nombre de quien los engendró.

En toda la casa no había otros libros que una serie
5 de la revista *La Chacra,* un manual de veterinaria, un
ejemplar de lujo de *Tabaré,* una *Historia del Shorthorn en la Argentina,* unos cuantos relatos eróticos o
policiales y una novela reciente: *Don Segundo Sombra.*[4] Espinosa, para distraer de algún modo la sobre-
10 mesa inevitable, leyó un par de capítulos a los Gutres,
que eran analfabetos. Desgraciadamente, el capataz
había sido tropero y no le podían importar las andanzas de otro. Dijo que ese trabajo era liviano, que
llevaban siempre un carguero con todo lo que se
15 precisa y que, de no haber sido tropero, no habría
llegado nunca hasta la Laguna de Gómez, hasta el
Bragado y hasta los campos de los Núñez, en Chaca-
buco. En la cocina había una guitarra; los peones,
antes de los hechos que narro, se sentaban en rueda;
20 alguien la templaba y no llegaba nunca a tocar. Esto
se llamaba una guitarreada.

Espinosa, que se había dejado crecer la barba,
solía demorarse ante el espejo para mirar su cara
cambiada y sonreía al pensar que en Buenos Aires
25 aburriría a los muchachos con el relato de la inundación del Salado. Curiosamente, extrañaba lugares a
los que no iba nunca y no iría: una esquina de la calle
Cabrera en la que hay un buzón, unos leones de
mampostería en un portón de la calle Jujuy, a unas
30 cuadras del Once, un almacén con piso de baldosa
que no sabía muy bien donde estaba. En cuanto a
sus hermanos y a su padre, ya sabrían por Daniel
que estaba aislado—la palabra, etimológicamente,
era justa[5]—por la creciente.
35 Explorando la casa, siempre cercada por las aguas,
dio con una Biblia en inglés. En las páginas finales los
Guthrie—tal era su nombre genuino—habían dejado
escrita su historia. Eran oriundos de Inverness, habían
arribado a este continente, sin duda como peones, a
40 principios del siglo diecinueve, y se habían cruzado
con indios. La crónica cesaba hacia mil ochocientos
setenta y tantos; ya no sabían escribir. Al cabo de

chacra *farm*
de lujo *deluxe*

sobremesa *after-dinner
conversation*

analfabetos *illiterate*
tropero *cattle driver*
andanzas *doings,
activities*
carguero *packhorse*

en rueda *in a circle*
templaba *tuned*
guitarreada *guitarfest*

demorarse *linger, stop*

mampostería *concrete*
portón *gateway*
almacén *store*
baldosa *tile*

creciente *floodwaters*

dio con *he came across*

oriundos *natives*

al cabo de *after*

unas pocas generaciones habían olvidado el inglés;
el castellano, cuando Espinosa los conoció, les daba
trabajo. Carecían de fe, pero en su sangre perduraban, como rastros oscuros, el duro fanatismo del
5 calvinista[6] y las supersticiones del pampa. Espinosa
les habló de su hallazgo y casi no escucharon.

    Hojeó el volumen y sus dedos lo abrieron en el
comienzo del Evangelio según Marcos. Para ejercitarse en la traducción y acaso para ver si entendían
10 algo, decidió leerles ese texto después de la comida.
Le sorprendió que lo escucharan con atención y luego
con callado interés. Acaso la presencia de las letras de
oro en la tapa le diera más autoridad. Lo llevan en la
sangre, pensó. También se le ocurrió que los hombres,
15 a lo largo del tiempo, han repetido siempre dos historias: la de un bajel perdido que busca por los
mares mediterráneos una isla querida, y la de un dios
que se hace crucificar en Gólgota.[7] Recordó las clases
de elocución en Ramos Mejía y se ponía de pie para
20 predicar las parábolas.

    Los Gutres despachaban la carne asada y las sar-
dinas para no demorar el Evangelio.

    Una corderita que la muchacha mimaba y ador-
naba con una cintita celeste se lastimó con un alam-
25 brado de púa. Para parar la sangre, querían ponerle
una telaraña; Espinosa la curó con unas pastillas. La
gratitud que esa curación despertó no dejó de asom-
brarlo. Al principio, había desconfiado de los Gutres
y había escondido en uno de sus libros los doscientos
30 cuarenta pesos que llevaba consigo; ahora, ausente
el patrón, él había tomado su lugar y daba órdenes
tímidas, que eran inmediatamente acatadas. Los
Gutres lo seguían por las piezas y por el corredor,
como si anduvieran perdidos. Mientras leía, notó que
35 le retiraban las migas que él había dejado sobre la
mesa. Una tarde los sorprendió hablando de él con
respeto y pocas palabras. Concluido el Evangelio
según Marcos, quiso leer otro de los tres que faltaban;
el padre le pidió que repitiera el que ya había leído,
40 para entenderlo bien. Espinosa sintió que eran como
niños, a quienes la repetición les agrada más que la

---

perduraban *survived, remained*

pampa (*m*) *pampa Indian*

hojeó *he leafed through*

tapa *cover*

a lo largo del *throughout*
bajel *ship*

predicar las parábolas *preach the parables*
despachaban *gulped down, dispatched*
corderita *lamb*
mimaba *pampered*
cintita celeste *light blue ribbon*
un... púa *strand of barbed wire*
telaraña *cobweb*
pastillas *pills*
desconfiado *distrusted*

acatadas *obeyed*

migas *crumbs*

variación o la novedad. Una noche soñó con el
Diluvio, lo cual no es de extrañar; los martillazos de
la fabricación del arca lo despertaron y pensó que
acaso eran truenos. En efecto, la lluvia, que había
5 amainado, volvió a recrudecer. El frío era intenso.
Le dijeron que el temporal había roto el techo del
galpón de las herramientas y que iban a mostrárselo
cuando estuvieran arregladas las vigas. Ya no era un
forastero y todos lo trataban con atención y casi lo
10 mimaban. A ninguno le gustaba el café, pero había
siempre una tacita para él, que colmaban de azúcar.

El temporal ocurrió un martes. El jueves a la noche
lo recordó un golpecito suave en la puerta que, por
las dudas, él siempre cerraba con llave. Se levantó y
15 abrió: era la muchacha. En la oscuridad no la vio,
pero por los pasos notó que estaba descalza y después, en el lecho, que había venido desde el fondo,
desnuda. No lo abrazó, no dijo una sola palabra; se
tendió junto a él y estaba temblando. Era la primera
20 vez que conocía a un hombre. Cuando se fue, no le
dio un beso; Espinosa pensó que ni siquiera sabía
cómo se llamaba. Urgido por una íntima razón que
no trató de averiguar, juró que en Buenos Aires no le
contaría a nadie esa historia.

25 El día siguiente comenzó como los anteriores, salvo
que el padre habló con Espinosa y le preguntó si
Cristo se dejó matar para salvar a todos los hombres.
Espinosa, que era librepensador pero que se vio
obligado a justificar lo que les había leído, le contestó:
30 —Sí. Para salvar a todos del infierno.

Gutre le dijo entonces:

—¿Qué es el infierno?

—Un lugar bajo tierra donde las ánimas arderán
y arderán.

35 —¿Y también se salvaron los que le clavaron los
clavos?

—Sí—replicó Espinosa, cuya teología era incierta.

Había temido que el capataz le exigiera cuentas
de lo ocurrido anoche con su hija. Después del al-
40 muerzo, le pidieron que releyera los últimos capítulos.

Espinosa durmió una siesta larga, un leve sueño

---

el Diluvio *the (biblical) Flood*
no es de extrañar *is not surprising*
martillazos *hammer blows*
acaso *maybe*
amainado *let up*
recrudecer *fall harder*

arregladas *fixed*
vigas *beams*
forastero *stranger*

colmaban de *(they) heaped with*

recordó *awakened*

pasos *footsteps*
lecho *bed*
fondo *back (of the house)*

urgido *motivated*

ánimas *souls*
arderán *will burn*
le... clavos *hammered in the nails*

le... ocurrido *would demand an accounting from him of what had taken place*

interrumpido por persistentes martillos y por vagas premoniciones. Hacia el atardecer se levantó y salió al corredor. Dijo como si pensara en voz alta:

—Las aguas están bajas. Ya falta poco.

5 —Ya falta poco—repitió Gutre, como un eco.

Los tres lo habían seguido. Hincados en el piso de piedra le pidieron la bendición. Después lo maldijeron, lo escupieron y lo empujaron hasta el fondo. La muchacha lloraba. Espinosa entendió lo que le 10 esperaba del otro lado de la puerta. Cuando la abrieron, vio el firmamento. Un pájaro gritó; pensó: Es un jilguero. El galpón estaba sin techo; habían arrancado las vigas para construir la Cruz.

El informe de Brodie, 1970

Ya falta poco   *It won't be long now*
hincados   *kneeling*
lo... empujaron   *they cursed him, spat on him and shoved him*

jilguero   *goldfinch*
galpón   *shed*
arrancado   *pulled down*

Notas culturales

1   Herbert Spencer (1820–1903), filósofo inglés, fundador de la filosofía evolucionista. Postuló el concepto del darwinismo social, la sobrevivencia del más apto. Influido por Spencer, el filósofo francés Henri Bergson sugiere que ciertos mitos o ideas pueden perdurar en la sangre, en la raza. El hecho de que el fanatismo calvinista perdura en la sangre de los Gutres confirma las ideas de Bergson.

2   Normalmente los dueños de las grandes estancias viven en Buenos Aires y visitan sus estancias sólo de vez en cuando. Aparentemente Daniel y Baltasar tenían esa costumbre.

3   William Henry Hudson (1840–1922) escribió su obra en inglés, pero es famoso en la Argentina por la evocación nostálgica de la pampa bonaerense, escenario de los relatos y las obras autobiográficas del autor. Hudson nació en la pampa y pasó su infancia y adolescencia allí.

4   Esta lista de obras es típica de la técnica de Borges de vincular la «realidad» de la trama con la del mundo de las ideas. Cuatro de las obras se relacionan con el ambiente de la pampa y la estancia, y reflejan varias actitudes hacia ese ambiente: la revista *La Chacra* refleja las actitudes y preocupaciones del estanciero; el manual de veterinaria, las actitudes de los científicos; *Tabaré* de Juan Zorrilla de San Martín, el punto de vista romántico, con su característico fatalismo; la *Historia del Shorthorn en la Argentina*, la perspectiva de los historiadores; y *Don Segundo Sombra* de Ricardo Güiraldes, la evocación del gaucho ideal.

5   La etimología de «aislado» sugiere la idea de «isla» y describe el estado del casco de la estancia después del diluvio.

6　Calvinista es el que acepta la teología de Jean Calvin (1509–1564), teólogo francés que mantuvo que la Biblia es la única fuente verdadera de la ley de Dios y que el deber del hombre es interpretarla y mantener el orden en el mundo. Según Calvin, sólo los elegidos de Dios pueden redimirse: la redención no puede ganarse con buenas obras. En el cuento, los Gutres aceptan al pie de la letra lo que dice la Biblia y creen que Espinosa es un elegido de Dios.

7　Las dos historias son: la *Odisea* de Homero, modelo de toda la poesía épica posterior, que sugiere la idea de la búsqueda del hombre, y la historia de Cristo, que se hace crucificar para redimir a la humanidad, y que constituye, desde entonces, el ejemplo y prototipo ideal del hombre que se sacrifica por los demás.

Práctica

I. Preguntas

1. ¿Dónde y cuándo tienen lugar los sucesos del cuento?　2. ¿Qué actitudes básicas de los padres de Baltasar Espinosa influenciaron su formación intelectual?　3. ¿Por qué viajó Espinosa a la estancia? 4. ¿Cómo eran los Gutres?　5. ¿Cómo llegó a aislarse la estancia? 6. ¿Por qué se mudaron los Gutres a la habitación que quedaba al lado del galpón de las herramientas?　7. ¿Qué sabían los Gutres de su pasado?　8. ¿Qué clase de libros y revistas había en la casa?　9. ¿Qué encontró Espinosa en las páginas finales de la Biblia de los Guthrie? 10. ¿Qué clase de creencia religiosa tenían los Gutres?　11. ¿Cómo reaccionaron los Gutres cuando Espinosa les leyó el Evangelio según Marcos?　12. ¿Cómo cambió la relación entre los Gutres y Espinosa? 13. ¿Qué pasó el jueves por la noche?　14. ¿Qué preguntas le hizo el padre de los Gutres a Espinosa al día siguiente?　15. ¿Qué le hicieron los Gutres a Espinosa cuando salió después de dormir la siesta?　16. ¿Qué le esperaba a Espinosa en el galpón?

II. Preguntas analíticas

1. Con frecuencia, Borges indica en sus cuentos que las ideas que se expresan en un libro son capaces de cambiar el mundo real. ¿Refleja este cuento tal concepto?　2. ¿Cómo influyeron en las acciones de los Gutres los rastros del «duro fanatismo del calvinista y las supersticiones del pampa» que perduraban en su sangre?　3. Comente Ud. los paralelos que pueden establecerse entre la vida de Espinosa y la de Cristo. 4. Contraste Ud. la actitud religiosa de Espinosa con la de los Gutres. 5. ¿Cuál es el tema principal del cuento?

III. Práctica de vocabulario

A. Eligir la palabra que no corresponde al grupo.

1. mañana, noche, amanecer, trueno, atardecer
2. maíz, frijol, valija, pescado, azúcar
3. techo, escuela, colegio, estudiante, instruir
4. cruz, tarea, evangelio, Biblia, infierno
5. boca, nariz, brazo, taza, pie

B. Completar con la palabra apropiada.

cruz	calor	hallazgos	juego
graduarse	lugar	huelga	tarea
azúcar	atardecer	jugador	veranea
	colegio	taza	

1. Los trabajadores no trabajan porque están de _____ .
2. Pablo es un buen _____ de fútbol.
3. El doctor Gómez es un científico famoso que ha hecho varios _____ importantes.
4. Cristo murió en la _____ .
5. ¿Le pone Ud. _____ a su café?
6. A veces en el verano hace mucho _____ .
7. Ricardo ha terminado sus estudios y está para _____ .
8. Dicen que el infierno es un _____ muy caliente.
9. Todos los años mi familia _____ en la playa.
10. La gente supersticiosa dice que los fantasmas salen al _____ .

C. Dar el antónimo de las siguientes palabras.

1. hallar
2. jugar
3. verano
4. calor
5. infierno
6. día
7. recordar
8. despertarse

D. Definir las palabras siguientes.

1. hallazgo
2. primavera
3. azúcar
4. graduarse
5. trueno
6. colegio

E. Usar en una frase original.

1. esqueleto
2. muerte
3. inmortalidad
4. redención
5. calavera
6. infierno
7. Biblia
8. lugar
9. cruz
10. superstición

F. Contar la acción del cuento desde el punto de vista del capataz.

José Guadalupe Posada

Los adelantos de la prensa en el siglo XIX presentan nuevas oportunidades para el escritor que busca un público más numeroso y también para el artista que quiere presentar su obra, no a la aristocracia o a los críticos oficiales, sino a la gente del pueblo. Así lo percibió José Guadalupe Posada (1852–1913), cuyos grabados dirigidos al hombre del pueblo mexicano pueden compararse con los de Goya, tanto por su alta calidad artística como por la penetración, a veces acerba y mordaz, con que captó la sociedad que lo rodeaba.

Posada nació en Aguascalientes, México, de padres humildes. Al mudarse a la capital, consiguió empleo en la editorial de Antonio Vanegas Arroyo, quien se había enriquecido enormemente vendiendo al pueblo millones de ejemplares de vidas de santos, horóscopos, historias de crímenes y milagros, caricaturas y sátiras, canciones populares, etc. El público era gente del pueblo, en su mayoría analfabeta, de modo que necesitaban dibujos para recordarles el texto que escuchaban de boca de los vendedores ambulantes que vendían esos impresos. Posada, durante más de cincuenta años, produjo una enorme cantidad de grabados que no sólo ilustraban sucintamente los temas del día, sino que constituían una historia de México durante esa larga época. Así se estableció Posada como uno de los artistas más grandes del hemisferio, tanto por su originalidad como por sus profundos vínculos con su pueblo, cuyos derechos, esperanzas y angustias hallaban en su obra una expresión extraordinaria.

Las figuras típicas que empleaba Posada en sus dibujos eran los esqueletos y las calaveras cuyos antecedentes precolombinos vinculan el arte del maestro con una larga tradición artística. De esta manera unía lo tradicional a lo revolucionario, combinación que anticipaba la técnica y la temática del gran florecimiento del arte mexicano que había de aparecer a raíz de la Revolución Mexicana.

National Institute of Fine Arts, Mexico City

Calavera Huertista

Es probable que en toda la historia de México no haya aparecido una figura más siniestra que la del General Victoriano Huerta. Con el apoyo del embajador de los Estados Unidos, Henry Lane Wilson, Huerta fue responsable del asesinato del Presidente Francisco Madero, el idealista cuyo inofensivo libro *La sucesión presidencial de 1910* había iniciado el proceso de la Revolución. En la caricatura de Posada, Huerta es una enorme araña. ¿Qué simbolizan los huesos y las calaveras?

Posada, José Guadalupe, *El Jarabe en Ultratumba*. Relief engraving in type metal, printed in black. Comp: 4¾″ × 8³⁄₁₆″. Collection. The Museum of Modern Art, New York, Larry Aldrich Fund.

El jarabe en ultratumba

Todo en este grabado es típicamente mexicano: las actitudes de los que bailan, los sombreros de los hombres, el uso del sarape, la manera de preparar la comida, el arpa que todavía se usa en grupos folklóricos, etc. Aunque el uso de esqueletos le da un tono fantástico, eso no disminuye la alegría de la fiesta que tan bien ha sabido captar el artista. Posada parece querer expresar que la muerte siempre está presente, aún en los momentos más alegres de la vida.

Para comentar

1. Octavio Paz sugiere que la propensión del mexicano hacia la violencia durante las fiestas refleja la necesidad que siente de desafiar o de atraer a la muerte. ¿Cómo refleja «El jarabe en ultratumba» esa actitud? ¿Se puede relacionar ese grabado con la danza de la muerte medieval?
2. ¿Qué contrastes hay entre la presentación de la muerte en el cuento de Borges y los grabados de Posada?
3. ¿Hay algún dibujante político moderno que a Ud. le guste? ¿Quién es y cómo es su obra? (Traiga Ud. a la clase un ejemplo de la obra del dibujante que más le gusta y explique por qué le gusta.)
4. ¿Aparece la muerte como tema en la literatura y el arte norteamericanos? ¿Cuál es un buen ejemplo? ¿Cómo se puede comparar la actitud hacia la muerte en las obras norteamericanas con la que hemos visto en las obras hispánicas?

Aspectos económicos de Hispanoamérica

Hispanoamérica es riquísima en materias primas. Sin embargo, por varias razones históricas, hay muchos problemas económicos que todavía no se han resuelto y que siguen amenazando la estabilidad de muchas regiones.

Uno de los problemas más obvios es el de la pobreza. Este problema se manifiesta en lo que el antropólogo Oscar Lewis ha descrito como la «cultura de la pobreza», cultura que tiene ciertas características comunes y que se encuentra en casi todos los centros metropolitanos. La misma pobreza se encuentra en muchas regiones rurales, donde su efecto sobre el individuo no es menos desastroso.

Los factores que pueden explicar la pobreza de la gente del campo son diversos: la falta de tierra cultivable, la concentración de la tierra en manos de unos pocos propietarios, las adversas condiciones climáticas, la falta de educación de los campesinos, la poca variedad agrícola, la falta de capital para comprar maquinarias, los malos gobiernos, etc. El hecho es que, con pocas excepciones, el campesino todavía sufre la misma pobreza que sus padres y su situación de miseria provee campo fértil para los que proponen soluciones revolucionarias.

En México, el problema de la pobreza rural se hizo evidente en la Revolución de 1910, cuando los campesinos, especialmente los peones que siguieron a Emiliano Zapata, se rebelaron en favor de «pan y tierra». Esta lucha no terminó con la Revolución: todavía se presentan nuevos planes para distribuir la tierra y mejorar la condición de los hombres que viven en ella. Pero muchos campesinos, desilusionados ante la miseria que caracteriza la vida rural, han abandonado sus campos e ido a la ciudad (en donde, irónicamente, muchos han encontrado condiciones aún peores). Así es que la creación de una política que pueda aliviar la pobreza del campesino todavía es uno de los problemas que afrontan México y otros países de la América Hispana.

En México, primer país que en este siglo produjo una verdadera revolución social, los intelectuales se han dedicado a la investigación de las raíces de los problemas económicos y sociales y a la representación literaria y pictórica de las condiciones actuales. Buscan en el pasado la explicación del presente. El resultado ha sido la creación de una literatura y un arte principalmente dedicados al mejoramiento de la condición del obrero y del campesino. Su gran calidad y originalidad han merecido el aplauso universal.

Como ejemplos de esta labor extraordinaria se han seleccionado un cuento de Juan Rulfo que trata del tema de la pobreza y varios ejemplos de las pinturas murales de Diego Rivera, fecundo creador de la conciencia nacional mexicana.

Vocabulario útil

Estudiar estas palabras antes de leer «Es que somos muy pobres».

abrazar   to embrace, hug
cama   bed
casarse (con)   to marry
cuerno   horn (of an animal)
cuenta   account
   darse cuenta de   to realize
cumplir...años   to turn...(years old)
de repente   suddenly
despertarse   to wake up, awaken
entretenerse   to entertain oneself
gallina   hen
llevarse   to carry away, carry off
madrugada   dawn

matar   to kill
oreja   ear
orilla   bank
pata   foot (of an animal)
poco a poco   little by little
raíz *f*   root
regalar   to give (a present)
ruido   noise
seno   breast
sonido   sound
sueño   sleep
vestido   dress

Es que somos muy pobres[1]

Juan Rulfo nació en 1918, durante la Revolución Mexicana, y de niño vivió en el pueblo de San Gabriel, estado de Jalisco. En la época colonial San Gabriel había gozado de alguna prosperidad, pero después empezó a decaer. Este proceso, visible también en muchos pueblos de la misma región, se aceleró después de la revolución. Rulfo indica que la región en que está San Gabriel es árida y desolada. La mayoría de la gente de esa región ha emigrado y la que todavía vive en los pequeños pueblos es gente pobre que se ha quedado para acompañar a sus muertos.

Uno de los primeros recuerdos del niño fue una rebelión campesina (1926–1928) en la que murió su padre. Habían mandado al niño a Guadalajara para hacer sus estudios primarios. Seis años después, cuando murió su madre, fue enviado a un orfanato donde pasó varios años. Después de terminar sus estudios primarios, Rulfo estudió contabilidad, pero su progreso en esta carrera quedó interrumpido por una huelga general que clausuró las escuelas. Entonces, Rulfo tuvo que trasladarse a México (en 1933) para continuar sus estudios. Los dos años siguientes fueron difíciles. Sin dinero y sin nadie que lo ayudara, Rulfo vivía en la pobreza. Manteniéndose lo mejor que podía, estudió jurisprudencia y literatura. Finalmente, consiguió un empleo en el Departamento de Inmigración, puesto que ocupó hasta 1947, cuando pasó a la oficina de ventas de Goodrich Rubber. Después Rulfo trabajó para el gobierno, la televisión y el cine, hasta conseguir empleo en el Instituto Indigenista.

La obra literaria de Rulfo empezó en 1940, cuando escribió una novela extensa sobre la vida en la capital. El lenguaje retórico de la novela no le gustó y resolvió destruirla. Entonces se dedicó a crear un estilo simple, libre de afectación literaria. El resultado fue la colección de cuentos que publicó en 1953, *El llano en llamas.* El escenario de los cuentos es Jalisco, con todo su calor, su aridez y su soledad. Los personajes son la gente que recuerda Rulfo de su niñez, gente que conoció el sufrimiento, el amor, la violencia y la pobreza. Rulfo describe con profunda comprensión y simpatía su lucha perpetua contra la pobreza y la humillación.

* * *

Aquí todo va de mal en peor. La semana pasada se murió mi tía Jacinta, y el sábado, cuando ya la habíamos enterrado y comenzaba a bajársenos la tristeza, comenzó a llover como nunca. A mi papá
5 eso le dio coraje, porque toda la cosecha de cebada estaba asoleándose en el solar. Y el aguacero llegó de

de mal en peor *from bad to worse*

comenzaba... tristeza *our sadness was beginning to go away*
le dio coraje *made him mad*

repente, en grandes olas de agua, sin darnos tiempo
ni siquiera a esconder aunque fuera un manojo; lo
único que pudimos hacer, todos los de mi casa, fue
estarnos arrimados debajo del tejabán, viendo cómo
5 el agua fría que caía del cielo quemaba aquella
cebada amarilla tan recién cortada.

Y apenas ayer, cuando mi hermana Tacha acababa
de cumplir doce años, supimos que la vaca que mi
papá le regaló para el día de su santo se la había
10 llevado el río.

El río comenzó a crecer hace tres noches, a eso
de la madrugada. Yo estaba muy dormido y, sin
embargo, el estruendo que traía el río al arrastrarse
me hizo despertar en seguida y pegar el brinco de la
15 cama con mi cobija en la mano, como si hubiera creído
que se estaba derrumbando el techo de mi casa. Pero
después me volví a dormir, porque reconocí el sonido
del río y porque ese sonido se fue haciendo igual
hasta traerme otra vez el sueño.

20 Cuando me levanté, la mañana estaba llena de
nublazones y parecía que había seguido lloviendo sin
parar. Se notaba en que el ruido del río era más fuerte
y se oía más cerca. Se olía, como se huele una quemazón, el olor a podrido del agua revuelta.

25 A la hora en que me fui a asomar, el río ya había
perdido sus orillas. Iba subiendo poco a poco por la
calle real, y estaba metiéndose a toda prisa en la casa
de esa mujer que le dicen *la Tambora*. El chapaleo
del agua se oía al entrar por el corral y al salir en
30 grandes chorros por la puerta. *La Tambora* iba y
venía caminando por lo que era ya un pedazo de río,
echando a la calle sus gallinas para que se fueran a
esconder a algún lugar donde no les llegara la corriente.

35 Y por el otro lado, por donde está el recodo, el río
se debía de haber llevado, quién sabe desde cuándo,
el tamarindo que estaba en el solar de mi tía Jacinta,
porque ahora ya no se ve ningún tamarindo. Era el
único que había en el pueblo, y por eso nomás la
40 gente se da cuenta de que la creciente esta que vemos
es la más grande de todas las que ha bajado el río en
muchos años.

Mi hermana y yo volvimos a ir por la tarde a mirar

aunque... manojo *even
  a handful*
estarnos arrimados *take
  shelter together*
tejabán *roof*

el día de su santo
  patron saint's day

crecer *rise*

estruendo *clamor*
al arrastrarse *as it
  dragged by*
pegar el brinco *jump,
  leap*
cobija *blanket*
derrumbando *falling in*

nublazones *big, dark
  clouds*

quemazón *fire*
el... podrido *the rotten
  smell*
revuelta *stirred up*
asomar *take a look*
perdido sus orillas
  overflowed its banks
real *main*
a toda prisa *rapidly*
tambora *bass drum*
chapaleo *splashing,
  splattering*
chorros *streams*

recodo *bend*

tamarindo *tamarind tree*

por eso nomás *from
  that alone*
la creciente esta *this
  flood*

aquel amontonadero de agua que cada vez se hace más espesa y oscura y que pasa ya muy por encima de donde debe estar el puente. Allí nos estuvimos horas y horas sin cansarnos viendo la cosa aquella.

5 Después nos subimos por la barranca, porque queríamos oír bien lo que decía la gente, pues abajo, junto al río, hay un gran ruidazal y sólo se ven las bocas de muchos que se abren y se cierran y como que quieren decir algo; pero no se oye nada. Por eso nos subimos

10 por la barranca, donde también hay gente mirando el río y contando los perjuicios que ha hecho. Allí fue donde supimos que el río se había llevado a *la Serpentina,* la vaca esa que era de mi hermana Tacha porque mi papá se la regaló para el día de su cum-

15 pleaños y que tenía una oreja blanca y otra colorada y muy bonitos ojos.

No acabo de saber por qué se le ocurriría a *la Serpentina* pasar el río este, cuando sabía que no era el mismo río que ella conocía de a diario. *La Ser-*

20 *pentina* nunca fue tan atarantada. Lo más seguro es que ha de haber venido dormida para dejarse matar así nomás por nomás. A mí muchas veces me tocó despertarla cuando le abría la puerta del corral, porque si no, de su cuenta, allí se hubiera estado el día

25 entero con los ojos cerrados, bien quieta y suspirando, como se oye suspirar a las vacas cuando duermen.

Y aquí ha de haber sucedido eso de que se durmió. Tal vez se le ocurrió despertar al sentir que el agua pesada le golpeaba las costillas. Tal vez entonces se

30 asustó y trató de regresar; pero al volverse se encontró entreverada y acalambrada entre aquella agua negra y dura como tierra corrediza. Tal vez bramó pidiendo que la ayudaran. Bramó como sólo Dios sabe cómo.

35 Yo le pregunté a un señor que vio cuando la arrastraba el río si no había visto también al becerrito que andaba con ella. Pero el hombre dijo que no sabía si lo había visto. Sólo dijo que la vaca manchada pasó patas arriba muy cerquita de donde él estaba y

40 que allí dio una voltereta y luego no volvió a ver ni los cuernos ni las patas ni ninguna señal de vaca. Por el río rodaban muchos troncos de árboles con todo y

---

amontonadero *enormous pile, hoard*
espesa *thick*
muy... de *high above*

barranca *ravine*

ruidazal *roaring*

perjuicios *damage*

no... saber *I still don't know*
de a diario *from everyday life*
atarantada *silly*

así... nomás *just like that*
me tocó *it was my lot, I had to*
de su cuenta *on her own*
quieta *still*
suspirando *sighing*
Y... durmió. *And what must have happened is that she fell asleep.*
costillas *ribs*
se asustó *she got scared*

entreverada y acalambrada *bogged down and with a cramp*
corrediza *moving*
bramó *(she) bellowed*

becerrito *little calf*

manchada *spotted*
patas arriba *legs up*
dio una voltereta *it turned over*

rodaban *rolled*

raíces y él estaba muy ocupado en sacar leña, de modo que no podía fijarse si eran animales o troncos los que arrastraba.

Nomás por eso, no sabemos si el becerro está vivo, 5 o si se fue detrás de su madre río abajo. Si así fue, que Dios los ampare a los dos.

La apuración que tienen en mi casa es lo que pueda suceder el día de mañana, ahora que mi hermana Tacha se quedó sin nada. Porque mi papá 10 con muchos trabajos había conseguido a *la Serpentina*, desde que era una vaquilla, para dársela a mi hermana, con el fin de que ella tuviera un capitalito y no se fuera a ir de piruja como lo hicieron mis otras dos hermanas las más grandes.

15 Según mi papá, ellas se habían echado a perder porque éramos muy pobres en mi casa y ellas eran muy retobadas. Desde chiquillas ya eran rezongonas. Y tan luego que crecieron les dio por andar con hombres de lo peor, que les enseñaron cosas malas. 20 Ellas aprendieron pronto y entendían muy bien los chiflidos, cuando las llamaban a altas horas de la noche. Después salían hasta de día. Iban cada rato por agua al río y a veces, cuando uno menos se lo esperaba, allí estaban en el corral, revolcándose en 25 el suelo, todas encueradas y cada una con un hombre trepado encima.

Entonces mi papá las corrió a las dos. Primero les aguantó todo lo que pudo; pero más tarde ya no pudo aguantarlas más y les dio carrera para la calle. 30 Ellas se fueron para Ayutla o no sé para donde; pero andan de pirujas.

Por eso le entra la mortificación a mi papá, ahora por la Tacha, que no quiere vaya a resultar como sus otras dos hermanas, al sentir que se quedó muy pobre 35 viendo la falta de su vaca, viendo que ya no va a tener con qué entretenerse mientras le da por crecer y pueda casarse con un hombre bueno, que la pueda querer para siempre. Y eso ahora va a estar difícil. Con la vaca era distinto, pues no hubiera faltado 40 quién se hiciera el ánimo de casarse con ella, sólo por llevarse también aquella vaca tan bonita.

La única esperanza que nos queda es que el becerro

---

con... raíces   *roots and all*
leña   *firewood*

nomás por eso   *just for that reason*

ampare   *protect*

apuración   *concern*

vaquilla   *heifer*
capitalito   *little bit of money*
ir de piruja   *go out as a prostitute*
se... perder   *they had become bad, were ruined*
retobadas .. *wild*
rezongonas   *sassy*
les dio por andar   *they took to going around*

chiflidos   *whistles*
altas   *late*

revolcándose   *rolling*
encueradas   *naked*
trepado encima   *mounted on top*
las corrió   *chased them away*

les... calle   *he chased them down the street*

andan de   *they are*

con... crecer   *anything to occupy herself with while she grows up*

se... de   *would be willing to*

esté todavía vivo. Ojalá no se le haya ocurrido pasar el río detrás de su madre. Porque si así fue, mi hermana Tacha está tantito así de retirado de hacerse piruja. Y mamá no quiere.

5 Mi mamá no sabe por qué Dios la ha castigado tanto al darle unas hijas de ese modo, cuando en su familia, desde su abuela para acá, nunca ha habido gente mala. Todos fueron criados en el temor de Dios y eran muy obedientes y no le cometían irreve-
10 rencias a nadie. Todos fueron por el estilo. Quién sabe de dónde les vendría a ese par de hijas suyas aquel mal ejemplo. Ella no se acuerda. Le da vuelta a todos sus recuerdos y no ve claro dónde estuvo su mal o el pecado de nacerle una hija tras otra con la
15 misma mala costumbre. No se acuerda. Y cada vez que piensa en ellas, llora y dice: «Que Dios las am-pare a las dos».

Pero mi papá alega que aquello ya no tiene reme-dio. La peligrosa es la que queda aquí, la Tacha, que
20 va como palo de ocote crece y crece y que ya tiene unos comienzos de senos que prometen ser como los de sus hermanas: puntiagudos y altos y medio alboro-tados para llamar la atención.

—Sí—dice—, llenará los ojos a cualquiera donde
25 quiera que la vean. Y acabará mal; como que estoy viendo que acabará mal.

Ésa es la mortificación de mi papá.

Y Tacha llora al sentir que su vaca no volverá por-que se la ha matado el río. Está aquí, a mi lado, con
30 su vestido color de rosa, mirando el río desde la barranca y sin dejar de llorar. Por su cara corren chorretes de agua sucia como si el río se hubiera metido dentro de ella.

Yo la abrazo tratando de consolarla, pero ella no
35 entiende. Llora con más ganas. De su boca sale un ruido semejante al que se arrastra por las orillas del río, que la hace temblar y sacudirse todita, y, mien-tras, la creciente sigue subiendo. El sabor a podrido que viene de allá salpica la cara mojada de Tacha y
40 los dos pechitos de ella se mueven de arriba abajo, sin parar, como si de repente comenzaran a hincharse para empezar a trabajar por su perdición.[2]

El llano en llamas, 1953

tantito... retirado *just this far away*

castigado *punished*

por el estilo *that way*

le da vuelta a *she turns over*

alega *affirms, maintains*

va... crece *keeps right on growing like a pine tree*
puntiagudos *pointed*
alborotados *stirred up*

acabará *she'll wind up*

chorretes *little streams*

metido *entered*

semejante... arrastra *similar to the sound which drags*
sacudirse *tremble*
sabor a podrido *rotten smell*
salpica *splashes*
mojada *wet*
hincharse *swell*

Notas culturales

1   En las «culturas de la pobreza», como las que existen en México y otros países, una de las posibles reacciones del pueblo es aceptar como inevitable lo que no pueden cambiar. Muchos mexicanos, ante una realidad que les parece poco flexible, adoptan una actitud fatalista. En este cuento, la expresión «Es que...» del título sugiere cierto fatalismo: parece decir que «Así es la vida. No hay nada que hacer». En los Estados Unidos, tal vez por tradición cultural y especialmente por las mejores condiciones económicas, no se nota tanto esta actitud. Históricamente siempre se ha creído en el progreso y se ha expresado la creencia en la eficacia del esfuerzo del individuo para superar sus circunstancias económicas y sociales.

2   Es notable también en este cuento la relación que existe entre el individuo y las cosas, entre la persona y sus posesiones: el destino de Tacha está tan unido a la vida de su vaca y su becerro que se puede decir que está determinado por ellos. Inclusive los pechitos de Tacha la amenazan, porque inexorablemente la conducirán a la prostitución. Su tragedia, que se vincula a las fuerzas ciegas de la naturaleza, parece inevitable y Tacha no tendrá más remedio que resignarse a su destino.

Práctica

I. Preguntas

1. ¿Cuántos años tiene Tacha?   2. ¿Cómo llegó Tacha a recibir la vaca?   3. ¿Qué le ha pasado a la vaca?   4. ¿Qué olor tiene el agua del río?   5. ¿Adónde fueron el narrador y su hermana para mirar el río?   6. ¿Por qué no podían entender lo que decía la gente?   7. ¿Se sabe lo que le pasó al becerro?   8. ¿Qué dice el narrador al pensar en los dos animales muertos?   9. ¿Por qué le dio su padre la vaca a Tacha? 10. ¿Qué les había pasado a las dos hermanas mayores?   11. ¿Cuál fue la actitud del padre ante lo que habían hecho las dos hermanas? 12. ¿De qué tiene miedo el padre ahora que se ha perdido la vaca? 13. ¿Qué esperanza les queda?   14. ¿Entiende la madre por qué le han resultado tan malas las dos hijas?   15. ¿Qué dice al pensar en ellas?   16. ¿Por qué es peligroso para Tacha su propio cuerpo?   17. ¿Cuál es la reacción de Tacha al sentir que su vaca no volverá?   18. ¿Cómo se describen las lágrimas de ella?   19. ¿Qué tipo de ruido hace Tacha al llorar?   20. ¿Por qué menciona Rulfo los pechitos de Tacha al final?

II. Preguntas analíticas

1. Con frecuencia, Rulfo, imitando el uso popular, coloca el adjetivo demostrativo después del sustantivo a que se refiere. Dice, por ejemplo, «la creciente esta» en vez de «esta creciente». Busque usted dos ejemplos más de ese uso.   2. En el primer párrafo, ¿qué importancia tiene la muerte de la tía Jacinta en comparación con otras pérdidas que ocurrieron esa misma semana?   3. Describa Ud. el río y el proceso de la inundación.   4. Al comentar la pérdida de la vaca y su becerro, dice el narrador: «Si así fue, que Dios los ampare a los dos». ¿Quién repite casi la misma frase?   5. Los animales son arrastrados por el río. ¿Qué arrastra a las hermanas?   6. Al final del cuento, ¿cómo se unen la descripción de Tacha y la de la naturaleza?   7. Aunque este cuento trata de una situación regionalista, ¿tiene aspectos o ideas universales? ¿Cuáles son?

III. Práctica de vocabulario

A. Elegir la palabra que no corresponde al grupo.

1. cabello, seno, pierna, pie, alfombra
2. pensar, regalar, contemplar, darse cuenta, imaginar
3. despacio, de repente, rápidamente, poco a poco, aficionado
4. oreja, sueño, cama, dormir, sábana
5. gallina, vestido, caballo, vaca, becerro

B. Completar con la palabra apropiada.

orejas	patas	sueños	aguaceros
regalar	cumplir	casarse	vestido
abrazan	ruido	raíces	entretenerse
matar	orilla		

1. En la cabeza los caballos tienen dos _____ .
2. Un árbol no puede vivir si le cortan las _____ .
3. En Hispanoamérica los hombres se _____ en ciertas ocasiones.
4. Mañana es el día de su santo y Teresa va a _____ veinte años.
5. María va a una fiesta y quiere comprar un _____ nuevo.
6. A veces cuando nos dormimos vemos cosas extraordinarias en los _____ .
7. El padre de Laura no quiere que ella viva con Juan sin _____ .
8. Un trueno produce mucho _____ .
9. En la primavera con frecuencia hay _____ .
10. En la _____ del río había mucha gente.

C. Dar un antónimo.

1. poco a poco
2. ruido
3. llevarse

4. divorciarse
5. dormirse
6. pie

7. pobreza
8. campo

D. Usar en una frase original.

1. casarse
2. campesino
3. pobreza
4. revolucionario

5. raíces
6. aguaceros
7. campo

8. miseria
9. gallina
10. orejas

E. Describir el cuento como comentario sobre los efectos de la pobreza.

Diego Rivera

Diego Rivera (1887–1959) es uno de los más famosos artistas mexicanos de la época de la revolución de 1910. La revolución influyó mucho en los artistas de este tiempo y provocó un gran cambio en las artes. Los líderes de la revolución utilizaron el arte pictórico para ponerse en contacto con un pueblo que en su mayoría era analfabeto. De ese modo podían hablar con el pueblo, ofrecerles su ayuda en la lucha, indicarles sus metas y hacerlos conscientes de su valor como ciudadanos de una gran nación. Los temas del arte de esta época son sociales y revolucionarios: la pobreza, las condiciones de trabajo, la reforma agraria y los problemas de la gente común—el obrero, el indio y el campesino.

La expresión más típica de este arte se encuentra en las pinturas murales de los edificios públicos de México, pinturas grandes y, por lo general, realistas. La creación de estas obras ha sido apoyada desde 1922 por el gobierno. En ese año, David Alfaro Siqueiros, otro gran muralista mexicano, dijo que la misión de la pintura social en México era crear obras de gran tamaño y de un realismo absoluto, con nuevas técnicas para atraer la atención del pueblo.

Diego Rivera es tal vez el artista que mejor cumplió con la misión social de los muralistas. En su juventud, el entusiasmo de Rivera por la revolución le inspiró un profundo interés por conocer la historia de su pueblo. Viajó a todas partes, estudiando todos los aspectos de su patria: sus maravillosos monumentos y artefactos precolombinos; su historia; sus mitos, leyendas y tradiciones; su flora y fauna y, sobre todo, su gente. Rivera vio a sus compatriotas con los ojos de un humanista que quería dar expresión tanto al sufrimiento y dolor de entonces como a la grandeza del pasado prehispánico. También vivió en Europa, donde pasó unos quince años estudiando la larga tradición del arte europeo. El resultado de su ardua labor se manifestó en las grandes obras que produjo entre 1922 y 1959. Su obra maestra es una serie de pinturas murales en el Palacio Nacional de México, cuyo tema es el conflicto entre el indio y el español. Por primera vez en la historia del arte un artista buscó representar la épica mexicana, y al hacerlo Rivera dejó a la pintura posterior un estilo original, compuesto de lo mexicano y lo moderno, lo tradicional y lo experimental. No sólo logró comunicar el mensaje de la revolución, sino que estableció la importancia del muralismo mexicano en la historia del arte.

Instituto Nacional de Bellas Artes de México

La tierra encadenada

Entre 1923 y 1927 pintó Rivera una serie de pinturas murales para la Escuela
Nacional de Agricultura, en Chapingo. «La tierra encadenada» pertenece a esa
serie y es una alegoría, en la que la figura desnuda simboliza la tierra, que está
rodeada de tres figuras que representan el capital, la Iglesia y el ejército. Es
obvio que la tierra se siente cautiva de esas fuerzas. Al ver esta serie de pinturas
por primera vez, ciertos segmentos de la población protestaron, tanto por el
estilo «moderno» de las pinturas como por su temática.

¿Cómo describiría Ud. la representación de las tres instituciones que se ven
en esta pintura?

Instituto Nacional de Bellas Artes de México/EPA

La tierra industrializada

En la serie de pinturas murales pintadas por Rivera en el Ministerio de Educación en México, se presenta todo un programa revolucionario, inspirado por los *corridos*, canciones populares de los obreros y campesinos. «La tierra industrializada» es otra alegoría: las tres figuras a la izquierda representan la destrucción del feudalismo, del clericalismo y del militarismo, mientras las tres que se ven a la derecha representan la unidad del obrero, del soldado y del campesino. En el centro se presenta la figura simbólica de Centeotl, diosa del maíz.

¿Qué actividades económicas se presentan en la pintura? ¿Cómo interpretaría Ud. el «mensaje» de la pintura?

Rivera, Diego. *Open Air School.* 1932. Lithograph, printed in black. Comp: 12½″ × 16⅜″.
Collection, The Museum of Modern Art, New York. Gift of Abby Aldrich Rockefeller.

Escuela al aire libre

Una de las metas de la revolución era combatir la pobreza y el analfabetismo
mediante la educación. Los primeros ejemplos del arte mural y algunas de las
mejores obras posteriores se hallan en instituciones educativas. Ya que la
mayoría de la población de México no vivía en las ciudades, se reconocía la
necesidad de llevar la educación al campo. En este cuadro vemos a una de las
maestras rurales que enseñaba a los campesinos allí donde se encontraban: al
aire libre, en el campo.

¿Quiénes son los alumnos de la escuela? ¿Cuántas generaciones se pueden
observar en este cuadro?

Para comentar

1. Según lo que hemos visto en las pinturas de Rivera, ¿cuáles son algunos de los problemas que existen en el campo mexicano? ¿Qué soluciones ofrece el pintor?
2. ¿Cómo se puede comparar el tema de «Es que somos muy pobres» con la temática de una de las pinturas de Rivera?
3. Describa en sus propias palabras el uso de los elementos alegóricos en la literatura y el arte mexicanos.
4. En México, la sociedad influye muchísimo en el arte y la literatura. Comente esta observación, refiriéndose a las obras que ha estudiado.

Los movimientos revolucionarios del siglo XX

La pobreza, la injusticia y la desesperanza son condiciones que pueden producir conflictos y rebelión. Las grandes revoluciones hispanoamericanas del siglo XX—la de México en 1910, la boliviana en 1952 y la cubana de 1959— tuvieron una base popular, compuesta de gente que creía que el gobierno no representaba sus intereses. En la revolución mexicana de 1910, por ejemplo, Pancho Villa y Emiliano Zapata fueron apoyados por peones que buscaban escapar a la pobreza en que vivían. En nuestros días los líderes todavía necesitan el apoyo de la gente de las clases bajas si quieren producir verdaderos cambios revolucionarios.

Los medios de comunicación han llevado a la atención de las clases bajas la existencia de una enorme diferencia entre su nivel de vida y el de las clases media y alta. Han aumentado las expectativas tanto del obrero como del campesino. Puesto que pocos gobiernos han podido satisfacer estas expectativas, la posibilidad de una reacción violenta ha aumentado todavía más. Esta situación tiene su aspecto irónico, ya que los gobiernos han entendido bien la importancia de los medios de comunicación y los han utilizado para conseguir el apoyo o, por lo menos, la aceptación del pueblo.

La literatura ha ayudado a atacar las malas condiciones sociales y económicas y a describir la violencia que puede resultar de situaciones intolerables. Uno de los cuentos que mejor ejemplifica las posibilidades literarias de este tema es el que se ha incluido aquí: «Espuma y nada más», del escritor colombiano Hernando Téllez. A continuación, en la obra de los grandes pintores Orozco y Siqueiros, se verá cómo se desarrolla el mismo tema en la pintura mural de México.

Vocabulario útil

Estudiar estas palabras antes de leer «Espuma y nada más».

afeitar(se)   to shave (oneself)
asesino   murderer
barba   beard
camisa   shirt
castigar   to punish
cinturón *m*   belt
cliente *m or f*   customer
corbata   tie
cuello   neck
cuerpo   body
enemigo   foe, enemy
espejo   mirror

huir   to flee, run away
jabón *m*   soap
mezclar   to mix
nuca   nape of the neck
pelo   hair (of the face or body)
peluquería   barbershop
piel *f*   skin
rebelde *m*   rebel
reloj *m*   watch, clock
revolver   to stir
sangre *f*   blood
silla   chair

Espuma y nada más[1]

Hernando Téllez nació en Bogotá en 1908. Inició su carrera de escritor muy joven, colaborando en la revista *Universidad*. Durante el resto de su vida no disminuyó su interés por el periodismo, aunque también participó en la política y la diplomacia de su país.

Téllez sobresale en el ensayo. En sus ensayos sobre literatura y estética analiza los diversos aspectos de la obra artística y ofrece juicios valiosos sobre la obra de sus compatriotas. De interés especial es su ensayo «La novela en Latinoamérica», en el que sugiere que los escritores abandonen el tema del conflicto entre el hombre y la naturaleza a favor de temas urbanos, en los que «el hombre aparezca enfrentado consigo mismo».

Este tema—el hombre que se enfrenta consigo mismo—es muy importante en la única obra narrativa de Téllez, *Cenizas para el viento y otras historias*, su colección de cuentos publicada en 1950. El mensaje literario de Téllez es profundamente pesimista. Para él, no son importantes los valores que diferencian a los hombres entre sí (la riqueza y la pobreza, la inteligencia y la estupidez, la violencia y la paz). Lo que sí es importante es el éxito que una persona puede alcanzar en cualquier momento de su vida. Esto no quiere decir que Téllez sea indiferente frente a la injusticia; al contrario, el profundo sentido social de Téllez es obvio, como lo es también su desprecio hacia los explotadores de los pobres campesinos de su país. Pero él distingue dos niveles de conflicto: el conflicto social, producto de la pobreza y la injusticia, y el conflicto psicológico, el que surge de la lucha del hombre que se enfrenta consigo mismo y logra conquistar sus debilidades o se deja vencer por ellas.

En el cuento que se incluye aquí, Téllez presenta uno de los mejores estudios que se han hecho del culto al coraje. El problema se dramatiza por medio de dos personajes que se encuentran en un momento de crisis y por medio del doble nivel del conflicto: el social y el psicológico.

* * *

No saludó al entrar. Yo estaba repasando sobre una badana la mejor de mis navajas. Y cuando lo reconocí me puse a temblar. Pero él no se dio cuenta. Para disimular continué repasando la hoja. La probé luego
5 sobre la yema del dedo gordo y volví a mirarla contra la luz. En ese instante se quitaba el cinturón ribeteado de balas de donde pendía la funda de la

badana   *leather strap*
navaja   *razor*

hoja   *blade*

yema   *fleshy tip*
ribeteado de balas   *lined with bullets*
pendía la funda   *hung the holster*

pistola. Lo colgó de uno de los clavos del ropero y encima colocó el kepis. Volvió completamente el cuerpo para hablarme y, deshaciendo el nudo de la corbata, me dijo: «Hace un calor de todos los de-

5 monios. Aféiteme.» Y se sentó en la silla. Le calculé cuatro días de barba. Los cuatro días de la última excursión en busca de los nuestros. El rostro aparecía quemado, curtido por el sol. Me puse a preparar minuciosamente el jabón. Corté unas rebanadas de la

10 pasta, dejándolas caer en el recipiente, mezclé un poco de agua tibia y con la brocha empecé a revolver. Pronto subió la espuma. «Los muchachos de la tropa deben tener tanta barba como yo.» Seguí batiendo la espuma. «Pero nos fue bien, ¿sabe? Pescamos a los

15 principales. Unos vienen muertos y otros todavía viven. Pero pronto estarán todos muertos.» «¿Cuántos cogieron?» pregunté. «Catorce. Tuvimos que internarnos bastante para dar con ellos. Pero ya la están pagando. Y no se salvará ni uno, ni uno.» Se echó

20 para atrás en la silla al verme con la brocha en la mano, rebosante de espuma. Faltaba ponerle la sábana. Ciertamente yo estaba aturdido. Extraje del cajón una sábana y la anudé al cuello de mi cliente. Él no cesaba de hablar. Suponía que yo era uno de

25 los partidarios del orden. «El pueblo habrá escarmentado con lo del otro día,» dijo. «Sí,» repuse mientras concluía de hacer el nudo sobre la oscura nuca, olorosa a sudor. «Estuvo bueno, ¿verdad?» «Muy bueno,» contesté mientras regresaba a la

30 brocha. El hombre cerró los ojos con un gesto de fatiga y esperó así la fresca caricia del jabón. Jamás lo había tenido tan cerca de mí. El día en que ordenó que el pueblo desfilara por el patio de la Escuela para ver a los cuatro rebeldes allí colgados,

35 me crucé con él un instante. Pero el espectáculo de los cuerpos mutilados me impedía fijarme en el rostro del hombre que lo dirigía todo y que ahora iba a tomar en mis manos. No era un rostro desagradable, ciertamente. Y la barba, envejeciéndolo un poco, no

40 le caía mal. Se llamaba Torres. El capitán Torres. Un hombre con imaginación, porque ¿a quién se le había ocurrido antes colgar a los rebeldes desnudos y luego

---

clavos del ropero *hooks of the clothesrack*
kepis *military cap*
nudo *knot*

los nuestros *our people*
curtido *tanned (like leather)*
rebanadas de la pasta *slices of the paste*
recipiente *container*
tibia *lukewarm*
brocha *brush*
espuma *foam*
batiendo *beating, stirring*
pescamos *we caught (fished)*

internarnos bastante *go quite a way in*
dar con *find, come across*
se echó para atrás *he leaned back*
rebosante *dripping*
aturdido *upset*

anudé *I tied*

partidarios *supporters*
escarmentado *learned a lesson*

olorosa a sudor *smelling like sweat*

fresca caricia *cool caress*

desfilara por *should file past, pass by*
colgados *hung*

me... en *prevented me from noticing*

envejeciéndolo un poco *making him look a little old*
no le caía mal *was not unattractive*

ensayar sobre determinados sitios del cuerpo una mutilación a bala? Empecé a extender la primera capa de jabón. Él seguía con los ojos cerrados. «De buena gana me iría a dormir un poco,» dijo, «pero
5 esta tarde hay mucho que hacer.» Retiré la brocha y pregunté con aire falsamente desinteresado: «¿Fusilamiento?» «Algo por el estilo, pero más lento,» respondió. «¿Todos?» «No. Unos cuantos apenas.» Reanudé de nuevo la tarea de enjabonarle la barba.
10 Otra vez me temblaban las manos. El hombre no podía darse cuenta de ello y ésa era mi ventaja. Pero yo hubiera querido que él no viniera. Probablemente muchos de los nuestros lo habrían visto entrar. Y el enemigo en la casa impone condiciones. Yo tendría
15 que afeitar esa barba como cualquiera otra, con cuidado, con esmero, como la de un buen parroquiano, cuidando de que ni por un solo poro fuese a brotar una gota de sangre. Cuidando de que la piel quedara limpia, templada, pulida, y de que al pasar el dorso
20 de mi mano por ella, sintiera la superficie sin un pelo. Sí. Yo era un revolucionario clandestino, pero era también un barbero de conciencia, orgulloso de la pulcritud en su oficio. Y esa barba de cuatro días se prestaba para una buena faena.
25   Tomé la navaja, levanté en ángulo oblicuo las dos cachas, dejé libre la hoja y empecé la tarea, de una de las patillas hacia abajo. La hoja respondía a la perfección. El pelo se presentaba indócil y duro, no muy crecido, pero compacto. La piel iba apareciendo poco
30 a poco. Sonaba la hoja con su ruido característico, y sobre ella crecían los grumos de jabón mezclados con trocitos de pelo. Hice una pausa para limpiarla, tomé la badana de nuevo y me puse a asentar el acero, porque yo soy un barbero que hace bien sus cosas. El
35 hombre que había mantenido los ojos cerrados, los abrió, sacó una de las manos por encima de la sábana, se palpó la zona del rostro que empezaba a quedar libre de jabón, y me dijo: «Venga usted a las seis, esta tarde, a la Escuela.» «¿Lo mismo del otro
40 día?» le pregunté horrorizado. «Puede que resulte mejor,» respondió. «Qué piensa usted hacer?» «No sé todavía. Pero nos divertiremos.» Otra vez se echó

---

ensayar   *try out, practice*
a bala   *with bullets*
capa   *layer*
de buena gana   *gladly*

fusilamiento   *shooting*

reanudé   *I went back to*

ventaja   *advantage*

con esmero
   painstakingly
parroquiano   *customer*
cuidando de   *being
   careful*
brotar una gota   *come
   forth a drop*
templada   *soft*
pulida   *smooth*
dorso   *back*
superficie   *surface*
pulcritud   *neatness,
   perfection*
se... faena   *was suitable
   for doing a good job*
cachas   *handles*
patillas   *sideburns*
indócil   *stubborn*
no muy crecido   *not
   very long*

grumos   *blobs*
trocitos   *little bits*
asentar   *sharpen*

se palpó   *felt*

puede que   *perhaps, it
   may be that*

hacia atrás y cerró los ojos. Yo me acerqué con la navaja en alto. «¿Piensa castigarlos a todos?» aventuré tímidamente. «A todos.» El jabón se secaba sobre la cara. Debía apresurarme. Por el espejo, miré
5 hacia la calle. Lo mismo de siempre: la tienda de víveres y en ella dos o tres compradores. Luego miré el reloj: las dos y veinte de la tarde. La navaja seguía descendiendo. Ahora de la otra patilla hacia abajo. Una barba azul, cerrada. Debía dejársela crecer
10 como algunos poetas o como algunos sacerdotes. Le quedaría bien. Muchos no lo reconocerían. Y mejor para él, pensé, mientras trataba de pulir suavemente todo el sector del cuello. Porque allí sí que debía manejar con habilidad la hoja, pues el pelo, aunque
15 en agraz, se enredaba en pequeños remolinos. Una barba crespa. Los poros podían abrirse, diminutos, y soltar su perla de sangre. Un buen barbero como yo finca su orgullo en que eso no ocurra a ningún cliente. Y éste era un cliente de calidad. ¿A cuántos
20 de los nuestros había ordenado matar? ¿A cuántos de los nuestros había ordenado que los mutilaran?... Mejor no pensarlo. Torres no sabía que yo era su enemigo. No lo sabía él ni lo sabían los demás. Se trataba de un secreto entre muy pocos, precisa-
25 mente para que yo pudiese informar a los revolucionarios de lo que Torres estaba haciendo en el pueblo y de lo que proyectaba hacer cada vez que emprendía una excursión para cazar revolucionarios. Iba a ser, pues, muy difícil explicar que yo lo tuve
30 entre mis manos y lo dejé ir tranquilamente, vivo y afeitado.

La barba le había desaparecido casi completamente. Parecía más joven, con menos años de los que llevaba a cuestas cuando entró. Yo supongo que
35 eso ocurre siempre con los hombres que entran y salen de las peluquerías. Bajo el golpe de mi navaja Torres rejuvenecía, sí, porque yo soy un buen barbero, el mejor de este pueblo, lo digo sin vanidad. Un poco más de jabón, aquí, bajo la barbilla, sobre
40 la manzana, sobre esta gran vena. ¡Qué calor! Torres debe estar sudando como yo. Pero él no tiene miedo. Es un hombre sereno que ni siquiera piensa en lo

en alto *held high*

víveres *foodstuffs*

cerrada *thick*
sacerdotes *priests*

pulir *scrape*

en agraz *quite short*
se... remolinos *was tangled in little swirls*

finca *rests, bases*

proyectaba *he was planning*
emprendía *he undertook*

con... cuestas *looking younger than he seemed to be*

golpe *stroke*

barbilla *chin*
manzana *Adam's apple*

que ha de hacer esta tarde con los prisioneros. En
cambio yo, con esta navaja entre las manos, puliendo
y puliendo esta piel, evitando que brote sangre de
estos poros, cuidando todo golpe, no puedo pensar
5 serenamente. Maldita la hora en que vino, porque yo
soy un revolucionario pero no soy un asesino. Y tan
fácil como resultaría matarlo. Y lo merece. ¿Lo
merece? No, ¡qué diablos! Nadie merece que los
demás hagan el sacrificio de convertirse en asesinos.
10 ¿Qué se gana con ello? Pues nada. Vienen otros y
otros y los primeros matan a los segundos y éstos a
los terceros y siguen y siguen hasta que todo es un
mar de sangre. Yo podría cortar este cuello, así, ¡zas!,
¡zas! No le daría tiempo de quejarse y como tiene los
15 ojos cerrados no vería ni el brillo de la navaja ni el
brillo de mis ojos. Pero estoy temblando como un
verdadero asesino. De ese cuello brotaría un chorro
de sangre sobre la sábana, sobre la silla, sobre mis
manos, sobre el suelo. Tendría que cerrar la puerta.
20 Y la sangre seguiría corriendo por el piso, tibia, imborrable, incontenible, hasta la calle, como un pequeño
arroyo escarlata. Estoy seguro de que un golpe fuerte,
una honda incisión, le evitaría todo dolor. No sufriría.
¿Y qué hacer con el cuerpo? ¿Dónde ocultarlo? Yo
25 tendría que huir, dejar estas cosas, refugiarme lejos,
bien lejos. Pero me perseguirían hasta dar conmigo.
«El asesino del Capitán Torres. Lo degolló mientras
le afeitaba la barba. Una cobardía.» Y por otro lado:
«El vengador de los nuestros. Un hombre para recor-
30 dar (aquí mi nombre). Era el barbero del pueblo.
Nadie sabía que él defendía nuestra causa...» ¿Y
qué? ¿Asesino o héroe? Del filo de esta navaja depende mi destino. Puedo inclinar un poco más la
mano, apoyar un poco más la hoja, y hundirla. La
35 piel cederá como la seda, como el caucho, como la
badana. No hay nada más tierno que la piel del
hombre y la sangre siempre está ahí, lista a brotar.
Una navaja como ésta no traiciona. Es la mejor de
mis navajas. Pero yo no quiero ser un asesino, no
40 señor. Usted vino para que yo lo afeitara. Y yo cumplo
honradamente con mi trabajo... No quiero mancharme
de sangre. De espuma y nada más. Usted es un

---

maldita   cursed

brillo   gleam

chorro   gush, stream

imborrable, incontenible
indelible, unstoppable

honda   deep
evitaría   would avoid

lo degolló   he slit his
throat

apoyar   press down
hundirla   sink it in
seda   silk
caucho   rubber
lista   ready
traiciona   betray

mancharme   stain myself

verdugo y yo no soy más que un barbero. Y cada cual en su puesto. Eso es. Cada cual en su puesto.

puesto   *place*

La barba había quedado limpia, pulida y templada. El hombre se incorporó para mirarse en el espejo. Se
5 pasó las manos por la piel y la sintió fresca y nuevecita.

nuevecita   *like new*

«Gracias,» dijo. Se dirigió al ropero en busca del cinturón, de la pistola y del kepis. Yo debía estar muy pálido y sentía la camisa empapada. Torres concluyó

empapada   *soaked*

10 de ajustar la hebilla, rectificó la posición de la pistola en la funda y, luego de alisarse maquinalmente los

alisarse   *smooth*

cabellos, se puso el kepis. Del bolsillo del pantalón extrajo unas monedas para pagarme el importe del

importe   *cost*

servicio. Y empezó a caminar hacia la puerta. En el
15 umbral se detuvo un segundo y volviéndose me dijo:

umbral   *threshold, doorway*

«Me habían dicho que usted me mataría. Vine para comprobarlo. Pero matar no es fácil. Yo sé por qué se lo digo.» Y siguió calle abajo.[2]

comprobarlo   *find out*
por qué se lo digo   *what I'm talking about*

Cenizas para el viento y otras historias, 1950

Notas culturales

1 «Espuma y nada más» se publicó en 1950 en la colección de cuentos *Cenizas para el viento y otras historias*. Dos años antes de publicarse la colección, el jefe político Eliecer Gaitán fue asesinado en una de las calles principales de Bogotá, acción que resultó en mucha violencia y destrucción y en la imposición de la ley marcial en la capital. Los colombianos se refieren a este episodio como el «Bogotazo». Sin embargo, el Bogotazo fue sólo una manifestación de las guerras fratricidas que han caracterizado las luchas entre liberales y conservadores en Colombia desde la década de 1940. «La Violencia», como dicen los colombianos al referirse a esas guerras, ha tenido un efecto desastroso en todo el país, aún en los pueblos más pequeños, como vemos en este cuento de Téllez.

2 Al leer este cuento uno está tan preocupado por la actitud del narrador que sólo piensa en él, en cómo va a solucionar su «problema». Sin embargo, en las últimas líneas del cuento se llega a saber que el otro, el capitán Torres, también ha pasado por una experiencia muy intensa, ya que le habían dicho

que el barbero pensaba matarlo. El capitán, al desafiar al barbero dejando que le afeite, muestra un estoicismo y un machismo típicamente hispanos. Él ha reducido la contienda civil al nivel personal, entre dos hombres. ¿Cree Ud. que el hombre norteamericano sería capaz de reaccionar de la misma manera? ¿Tiene el norteamericano un concepto similar al machismo?

Práctica

I. Preguntas

1. ¿Cómo se sabe que el barbero ya conocía al hombre que entró en su peluquería?   2. ¿Qué pidió el que entró?   3. ¿Cuál era el oficio del cliente?   4. ¿Qué hizo el barbero antes de afeitar a su cliente? 5. ¿Qué había hecho el oficial con los cuatro rebeldes que había cogido el otro día?   6. ¿Cómo reaccionó el barbero cuando el otro le dijo que iba a fusilar esa tarde a algunos de los prisioneros?   7. Si el barbero también era revolucionario, ¿por qué creía que tenía que afeitarlo al capitán?   8. Según el capitán, ¿adónde debía ir el barbero esa tarde? ¿Por qué?   9. ¿Cuántas personas sabían que el barbero era revolucionario?   10. Como rebelde, ¿qué informes o noticias debía mandar el barbero a los otros revolucionarios?   11. ¿Por qué estaba sudando el barbero?   12. ¿Pensaba el barbero que el otro estaba tan nervioso como él?   13. ¿Por qué creía el barbero que no valía la pena convertirse en asesino?   14. ¿Qué imaginaba el barbero al pensar en lo fácil que sería matarle al otro?   15. Si lo mataba, ¿qué tendría que hacer después?   16. ¿Qué quería decir el barbero al pensar: «Cada cual en su puesto»?   17. Después de pagarle el importe del servicio, ¿qué le dijo Torres al barbero?

II. Preguntas analíticas

1. ¿Qué clase de hombre es el barbero? ¿Es cobarde?   2. Mientras se deja afeitar, el capitán Torres provoca la ira del barbero al decirle varias cosas con intención de causarle enojo. Mencione Ud. algunas de esas cosas.   3. Describa usted el duelo entre los dos hombres. ¿Dónde tiene lugar? ¿Hay mucha acción exterior y visible?   4. En la narrativa urbana moderna de Hispanoamérica con frecuencia el hilo de la acción presenta el problema del hombre que se analiza a sí mismo. Comente el cuento de Téllez en términos de esa observación.   5. Comente el cuento como manifestación del efecto de «La Violencia» en la literatura colombiana.

III. Práctica de vocabulario

A. Elegir la palabra que no corresponde al grupo.

1. cinturón, corbata, camisa, zapatos, espejo
2. barba, cabello, silla, cuello, pelo
3. rebelde, reloj, soldado, enemigo, revolucionario
4. correr, huir, andar, caminar, mezclar
5. banco, iglesia, tienda, jabón, peluquería

B. Completar con la palabra apropiada.

barba	corbata	reloj	peluquería
asesino	nuca	jabón	castigar
sangre	cliente	espejo	mezclar
afeitarse	rebelde		

1. Para mirarme necesito un _____ .
2. El hombre que deja crecer su barba no tiene que _____ .
3. Una persona que mata a otra es un _____ .
4. Voy a la _____ para que me corten el cabello.
5. Si me corto el dedo, saldrá _____ .
6. Para lavarme la cara necesito _____ .
7. Juan miró su _____ para saber la hora.
8. Con un traje y una camisa, generalmente los hombres llevan una _____ .
9. ¿Cree Ud. que los padres deben _____ a sus hijos?
10. Normalmente las mujeres no tienen _____ .

C. Mencionar cinco cosas que se asocian con las siguientes:

1. una peluquería   3. un revolucionario   5. la cara
2. el ejército   4. un asesino

D. Contar el encuentro entre los dos hombres desde el punto de vista del capitán.

José Clemente Orozco y
David Alfaro Siqueiros

Las cualidades que se asocian con la obra de José Clemente Orozco (1883–1949), uno de los tres grandes pintores del muralismo mexicano, son la austeridad, la soledad y la sobriedad. Presenta un mundo sombrío de drama y de luto, un mundo cruel y caótico. Orozco nació en Jalisco (como Juan Rulfo, autor cuya obra ya se ha visto), uno de los estados más pobres de México. Pasó sus años formativos en la ciudad de México. Durante los agitados años de la revolución Orozco creó una serie de caricaturas en las que criticaba varios aspectos de la revolución que él había observado personalmente cuando luchó en ella con las fuerzas de Carranza. En las décadas siguientes, Orozco se dedicó al muralismo, creando extraordinarias pinturas murales tanto en los Estados Unidos como en su país.

Hay ciertos temas que se repiten con frecuencia en la obra de Orozco: la desigualdad, la corrupción y la crueldad; la venalidad y la falsedad de muchos líderes del pueblo; la sumisión nada heroica de las masas que sufren o mueren por ideales que no comprenden y la ingratitud de la humanidad para su mesías, sea Cristo o Quetzalcóatl. Sin embargo, su visión no es totalmente pesimista. Así por ejemplo, el Prometeo de su pintura *Hombre en llamas* sugiere que algún día ha de nacer un hombre nuevo y puro que tal vez justifique la humanidad. Así es que se puede afirmar que Orozco añade al humanismo del muralismo mexicano un aspecto místico que da a su obra una cualidad única.

De los tres grandes pintores del muralismo mexicano, sólo David Alfaro Siqueiros (1898–1974) dedicó gran parte de su vida a las luchas políticas y económicas. Participó personalmente en los movimientos sindicales y luchó en favor de las fuerzas revolucionarias, en México y en España. Siendo estudiante de arte fue encarcelado por su participación en una huelga estudiantil violenta en 1910. En los años siguientes el pintor sufrió períodos de encarcelamiento o de destierro (voluntario o forzado) por su participación en actividades políticas controversiales. Se le ha criticado este aspecto de su vida, ya que no hay duda de que la cantidad, si no la calidad, de su producción artística sufrió como resultado. Pero los mismos móviles de las actividades políticas de Siqueiros— su energía, su dinamismo, su entusiasmo y su agresividad—también resultaron en las grandes innovaciones técnicas con que él contribuyó a la pintura mural. Éstas incluyen la proyección de las figuras hacia adelante, contornos que parecen querer salir de la pared; el énfasis en la acción, en el movimiento; el uso simultáneo de diferentes texturas; el uso de equipos de pintores que emplean aparatos y materiales modernos para trabajar, y el uso de colores y formas con vida propia. La temática de Siqueiros es siempre social: el sufrimiento de la clase obrera; el conflicto entre el socialismo y el capitalismo; el conflicto armado provocado por la desesperación del pueblo ante la corrupción y la decadencia de la sociedad burguesa. Para Siqueiros su arte era como un arma que podría utilizarse en favor del progreso de su pueblo y como un grito capaz de hacer rebelar a los que siempre habían sufrido la injusticia y la miseria.

Palacio Nacional de México

La trinchera (1923–1924)

En esta pintura, que es de la serie que pintó Orozco para la Escuela Preparatoria, el artista retrata la muerte de manera directa, sencilla y austera. Decriba Ud. la pintura, indicando el tema y el uso de las formas geométricas que se encuentran en ella.

Palacio Nacional de México

Hombre en llamas (1938–1939)

Aunque el mundo que retrató Orozco en el Hospicio Cabañas de Guadalajara es aparentemente negativo—un mundo en el que triunfan la injusticia, la traición y la corrupción—en la cúpula del Hospicio representó el pintor una visión puramente espiritual, tremendista, de la creación en las llamas de un hombre nuevo y purificado que tal vez había de justificar la humanidad. El tema se vincula al concepto azteca del hombre que debe ser sacrificado para que siga brillando el sol sobre la humanidad. ¿Cómo describiría Ud. el movimiento de la pintura? ¿Qué relación hay entre la pintura y el edificio?

Siqueiros, David Alfaro, *The Sob*. 1939. Duco on composition board, 48½″ × 24¾″. Collection, The Museum of Modern Art, New York. Given anonymously.

El sollozo

La angustia y el sufrimiento son temas que aparecen con frecuencia en las obras de Siqueiros. Aquí, el pintor logra captar la esencia de esos sentimientos. En la pintura, ¿qué parte del cuerpo se nota más? ¿Qué otro pintor sabía sugerir la tercera dimensión en sus pinturas?

Para comentar

1. ¿Existe alguna relación entre el tema de una de las pinturas de Orozco y el cuento de Téllez? ¿Cuál es?
2. ¿Conoce Ud. la obra de otro artista que haya contribuido a la innovación técnica como lo hizo Siqueiros? ¿Quién es? ¿Cuál es una de sus innovaciones?
3. ¿Hay algunas pinturas murales en la ciudad donde vive Ud.? ¿Dónde se encuentran? ¿Cómo son?
4. Comente Ud. el uso de temas mitológicos en las diversas pinturas que ha estudiado.

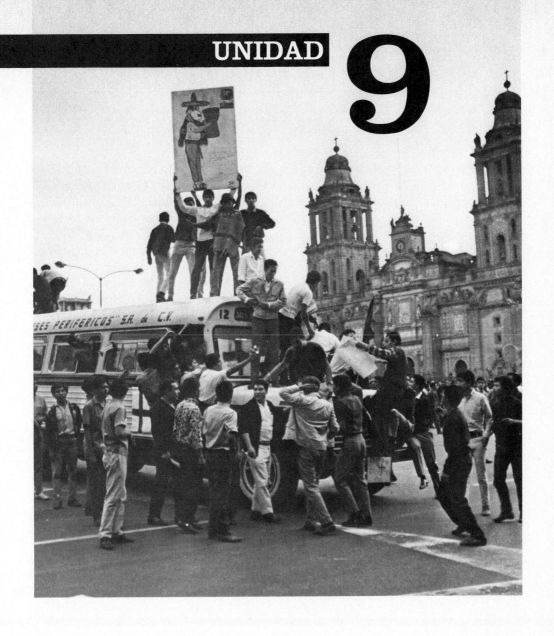

La educación en el mundo hispánico

Aunque en España el concepto de la autonomía de la universidad tuvo raíces medievales, en la América colonial el estado y la iglesia ejercían un control riguroso sobre la educación. Sólo en el siglo XIX, después de la independencia, se estableció la idea de que la clave de una verdadera institución educativa superior consistía en su autonomía. En la universidad se había de tener libertad absoluta para investigar, enseñar y aprender sin interferencias de ninguna clase. Pero aunque los gobiernos se declaraban a favor de tal autonomía, existía la tendencia de intervenir la universidad o de suprimir su autonomía si los del gobierno no estaban de acuerdo con las decisiones del cuerpo directivo. Esta situación preparó el terreno para lo que se conoce en Hispanoamérica como Reforma Universitaria, un movimiento general que comenzó en 1918 en la Universidad de Córdoba, Argentina, y se extendió rápidamente a las otras universidades hispanoamericanas. El *Manifiesto de la Juventud Argentina de Córdoba a los Hombres Libres de Sudamérica*, del 15 de julio de 1918, se hizo muy famoso y fue muy copiado. Entre otras cosas, el manifiesto exigía autonomía política, docente y administrativa de la universidad, participación en su gobierno de profesores y alumnos, libertad de enseñanza e instrucción gratuita.

El mismo impulso que produjo el Manifiesto ha producido también protestas estudiantiles en otros países, a favor de la autonomía de la universidad o dirigidas a varias cuestiones políticas. Aunque en su mayoría las protestas han sido pacíficas, a veces han resultado en choques violentos. En México en 1968, la intervención de las fuerzas armadas en la UNAM (Universidad Autónoma de México) resultó en más de 350 muertos y muchos heridos. También fueron violentos los choques que ocurrieron en los Estados Unidos a raíz de la guerra en Vietnam y la invasión a Camboya. Otros choques parecidos ocurrieron en la misma época en Tokío, Praga, París y Roma.

El efecto de estos choques violentos sobre las personas que participan en ellos puede ser trágico, como se puede notar en «Posters» de Eduardo Gudiño Kieffer, escritor argentino cuyo cuento presentamos a continuación.

En la sección sobre arte se presenta un ensayo sobre la Ciudad Universitaria, sitio de la UNAM, una de las universidades más espléndidas del mundo. La originalidad y belleza de su arquitectura y el valor artístico de sus numerosos murales son una afirmación de los valores nacionales y una inspiración para los jóvenes que allí se educan.

Vocabulario útil

Estudiar estas palabras antes de leer «Posters».

acordarse   to remember
cobarde *m or f*   coward
cobardía   cowardice
cosificar   to turn into a thing,
  dehumanize
chiquilín *m*   little boy
darle vergüenza   to make one
  ashamed
darse cuenta (de)   to realize
ducha   shower
lágrima   tear

marrón *adj*   brown
mejilla   cheek
mojado, -a   wet
párpado   eyelid
quedarse   to stay, remain
querer decir   to mean
sobretodo   overcoat
solo, -a   alone
tapar   to cover (up), hide
vacío   emptiness
vaso   glass

Posters

Eduardo Gudiño Kieffer nació el dos de noviembre de 1935. Es abogado, pero no ejerce esa profesión. También es periodista y colabora en diversas publicaciones argentinas y latinoamericanas.

Sus obras literarias más conocidas incluyen cinco novelas: *Para comerte mejor, Guía de pecadores, Será por eso que la quiero tanto, Medias negras, peluca rubia* y *¿Somos?* También ha publicado una nouvelle, *Kokah de lujo,* y seis colecciones de cuentos: *Fabulario, Carta abierta a Buenos Aires violento, La hora de María y el pájaro de oro, Ta te tías y otros juegos, Jaque a Pa y Ma* y *No son tan buenos tus aires. La hora de María y el pájaro de oro* fue llevada al cine bajo la dirección de Rodolfo Kuhn y obtuvo dos premios en el Festival de Taormina de 1976. La idea básica de *¿Somos?* también se usó para realizar otra magnífica película.

El cuento «Posters» es de *Carta abierta a Buenos Aires violento,* libro que sólo se conseguía clandestinamente en Buenos Aires durante los años violentos de la represión militar. En una carta que escribió el ocho de septiembre de 1977 el autor explica la historia del libro:

> «Posters» fue publicado, en 1970, integrando el libro titulado *Carta abierta a Buenos Aires violento.* En agosto de 1977, es decir después de 7 años de aparecido dicho libro y de 14 ediciones sucesivas del mismo, la Secretaría de Cultura de la Municipalidad de Buenos Aires lo declaró «de exhibición limitada». La censura limita así, en el ámbito de la capital federal argentina, la circulación de un libro. Resulta sugestivo señalar que *Desde el jardín (Being There),* de Jerzy Kosinski, ha sido calificado de la misma manera.

«Posters» es un homenaje al coraje y al idealismo del estudiante universitario latinoamericano. También es expresión del coraje de un autor que rehusó callarse frente a la censura y a la represión.

* * *

Los estudiantes no tienen, sin duda, una
visión precisa y detallada de la sociedad que
quieren—lo que, por otra parte, sería prematuro
e irresponsable de su parte—pero saben
5　perfectamente lo que no quieren y, en la fase
actual, que es de preparación y no de revolución,
es suficiente. En lo que respecta a la Universi-

dad, saben lo que quieren: ellos toman en serio
el principio democrático de la autodeterminación y quieren ser educados en la autodeterminación. (De las declaraciones de Herbert Marcuse
5   recogidas por «Le Monde» y «Le Nouvel
Observateur» en París, mayo de 1968.)[1]

De donde como Gloria comprende a Pablo y se   De donde como   *In*
da cuenta de que la juventud que hace cincuenta   *which (we learn) how*
años estaba sola, sigue estando sola y tal vez
10   *esté sola siempre.*

   Yo voy a ir dije pero él dijo no Gloria vos te
quedás.[2]
   Me incorporé apoyándome en el codo y le dije abrí
los ojos Pablo por favor pero él los mantuvo obsti-
15 nadamente cerrados apretando los párpados como un
chiquilín en realidad es un chiquilín y tal vez porque
es un chiquilín yo lo quiero tanto, chiquilín, mi
chiquilín todo mío entero desde aquí hasta acá chiquilín por favor.
20   Nada.
   Seguía con los ojos cerrados.
   Seguía con la boca cerrada.
   De entre sus párpados se escapaba una gotita de
agua lágrima que le dicen pero a mí no me iba a   que le dicen   *they call it*
25 conmover con eso.
   Le dije otra vez que abriera los ojos.
   Pero él los cerró más fuerte y al cerrarlos la lágrima
cortó el tallo líquido que la unía al borde del párpado   tallo   *stem*
y empezó a deslizarse por su mejilla, entre los pelos
30 de la barba crecida, dando vueltitas entre los pelos de   crecida   *fig. unshaven*
la barba crecida.
   Abrí los ojos Pablo por favor mirame Pablo abrí
los ojos Pablo.
   Nada.
35   Los ojos cerrados, la lágrima ahora en la comisura   la comisura de sus labios
de sus labios y la punta rosada de la lengua de él   *the line where his lips*
atrapando la lágrima y metiéndola dentro de su   *met*
boca y seguro tragándosela.
   Entonces me levanté de un salto y sin querer   me levanté de un salto
40 arrastré conmigo las sábanas y las frazadas y él se   *I jumped up*

quedó todo desnudo en la cama acurrucado y tratando de abrazarse a sí mismo con sus brazos flacos
y diciendo tapame Gloria por favor no seas cretina
tengo frío estoy muerto de frío hace un frío asqueroso
5   tapame por Dios te lo pido.

no seas cretina *(Argentina) don't be an idiot*
asqueroso   *disgusting*

Y yo lo tapé y entonces él abrió los ojos y sus ojos
marrones estaban todos mojados tan mojados que no
parecían marrones sino transparentes con puntitos
de oro.

10   Y entonces dije de nuevo yo voy a ir Pablo.

Y entonces él dijo de nuevo no Gloria vos te quedás
te quedás y no insistas, te quedás porque yo lo digo.

Y me miró con sus ojos abiertos ahora y vacíos
ahora y marrones como si fueran de madera sus ojos
15   marrones ahora.

Y me dio bronca y la bronca me puso piel de gallina
y aunque estaba tiritando fui al baño y me metí bajo
la ducha helada y los chorros crueles me azotaron y
me castigaron y yo estaba allí temblando bajo la
20   ducha helada cuando oí la voz de él de Pablo que
me decía algo pero el ruido de la ducha me impedía
entender sus palabras y entonces cerré la ducha y me
quedé parada en la bañadera goteando toda llovida
los cabellos pegados a la cara mirándolo a él, a Pablo.

me dio... gallina   *I got mad and getting mad gave me goose pimples*
tiritando   *shivering*
helada   *icy*
chorros   *streams*
azotaron   *beat*

me quedé... cara   *I stood in the tub dripping, my hair all wet and glued to my face*

25   Para qué querés ir decía Pablo.

Para estar con vos idiota dije yo.

Él bajó la cabeza y estaba tan ridículo el pobre se
había puesto nada más que el sobretodo y de la parte
de abajo del sobretodo salían sus piernas flacas
30   peludas y me dio como una ternura o mejor dicho me
dio otra vez esa jodida ternura de mierda.

me dio...ternura   *I felt tenderness for him or I should say I felt again that damn tenderness*
le quedaba enormísimo   *was enormous on him*

Para estar con vos idiota repetí y así toda mojada
corrí a abrazarlo y él abrió el sobretodo que le quedaba enormísimo y me recibió contra su cuerpo y me
35   encerró entre sus brazos flacos y duros y estuvimos
así los dos abrazados con el sobretodo envolviéndo-
nos a los dos sin movernos los dos ojalá para siempre
los dos así quietos los dos sin jadeos los dos solos los
dos siempre los dos pero la palabra siempre no existe.

jadeos   *panting*

40   Para estar con vos para estar con vos para estar con
vos repetí.

Eso no es bastante dijo él.

Nada es bastante dije yo sintiéndome estúpida en trance de pronunciar frase célebre tipo de las que se pronuncian antes de exhalar el último suspiro viva mi patria aunque yo perezca o muero contento hemos
5 batido al enemigo.[3]

Y entonces agregué perdoname Pablo te quiero Pablo soy una imbécil Pablo te quiero Pablo.

Y aunque pensaba en que era una frase de Migré o de Nené Cascallar repetí te quiero Pablo te quiero
10 Pablo.

Y no me daba vergüenza decir te quiero Pablo.

No Gloria vos te quedás.

❉   ❉   ❉

La semana pasada cuando llegué Pablo estaba arrancando de las paredes todas las fotos del Che[4]
15 todos los posters del Che y sacaba de la biblioteca todos los libros sobre el Che y arrojaba todo mecánicamente al incinerador.

Yo entré él no me dio bolilla apenas dijo hola siguió tirando cosas al incinerador yo me quité el
20 tapado busqué los cigarrillos en la cartera encendí uno me serví una ginebra y después me senté a mirarlo.

Estás loco dije.

No.
25 Loco de remate dije de repente te has vuelto loco de remate.

Te digo que no.

Vino a sentarse al lado mío me sacó el cigarrillo de entre los labios le dio una pitada larga y me lo
30 puso de nuevo entre los labios después tomó un trago de ginebra y dijo limpiate los labios antes de tomar si no me ensuciás los vasos con rouge.

Te servís en otro vaso y todo arreglado dije.

Así que pensás que estoy loco dijo.
35 Sí evidentemente no veo por qué una hoguera con las cosas del Che.

He recuperado el uso de razón y era hora dijo.

No entiendo dije.

Tenés que entender Gloria.
40 Qué es lo que tengo que entender.

---

en trance de   *in danger of*

exhalar... suspiro *breathing your last*
perezca   *perish*

no me dio bolilla   *didn't pay any attention to me*

tapado   *overcoat*
ginebra   *gin*

Loco de remate *Completely insane*

pitada   *puff*

todo arreglado   *that's that*

hoguera   *bonfire*

era hora   *it was time*

Tenés que entender que el Che ya no nos sirve
para nada.

Es un símbolo dije no me vengás ahora con eso de
que murió en vano si vos siempre dijiste que hacía
5 bien que era el único camino que le quedaba que
tenía razón que era un héroe.

Es cierto que yo decía todo eso pero ya no lo digo
más.

No entiendo.

10 No lo digo más porque al héroe lo han transformado en objeto de consumo mirá si no en cualquier
lado venden los posters del Che en ninguna parte
prohiben los libros sobre el Che y tener en la pieza
un poster del Che es bien es como tener un poster
15 de Cortázar y otro de Terence Stamp[5] te das cuenta.

Y qué hay con eso.

Qué hay con eso qué hay con eso que todas las
pelotuditas lo compran porque dicen ay qué buen
mozo era.

20 Empecé a entender.

Tener el poster de Che en el dormitorio o en el
cuarto de estudios es lo mismo que para los viejos
tener el crucifijo en el respaldar de la cama.

Querés decir que no significa nada.

25 Quiero decir que *ya* no significa nada que es otro
estereotipo y que además es una excusa.

Lo del estereotipo puedo entenderlo pero lo de
la excusa...

Una excusa vieja date cuenta basta con el poster
30 del Che para sentirse heroico para reconocer la
necesidad de justicia para alardear de rebelde y para
quedarse tranquilitos en casa escuchando a Bob
Dylan o a Joan Báez o a Nacha Guevara[6] que también protestan y que pueden oírse sin correr el menor
35 riesgo y además estando tan en la onda.

Pero el Che era un tipo de buena fe.

Ya sé Gloria ya sé lo que discuto no es lo que él
fue sino lo que es o mejor dicho el objeto en que lo
han transformado.

40 Quiénes lo han transformado y en qué.

Quiénes no sé tal vez tipos más vivos que nosotros
que se dieron cuenta de que dejar que se transformara

objeto de consumo *commercial product*
si no *if you don't think so*

Y qué hay con eso *And what's wrong with that*

pelotuditas *dumb teenagers*
buen mozo *good-looking*

respaldar *head (of the bed)*

tranquilitos *nice and quiet*

riesgo *risk*
estando tan en la onda *they're so in*
de buena fe *sincere*

tipos más vivos *sharper guys*

en una especie de ícono era la mejor manera de neutralizarlo o tal vez nosotros mismos de puro idiotas o de puro acomplejados que lo necesitábamos para tapar con su imagen o con lo que se escribió
5 sobre él todo nuestro vacío y todas nuestras carencias; lo han cosificado el Che ahora es una cosa algo así como un lindo mural con el que tapamos el enorme agujero de nuestra inacción.

O de nuestra cobardía.
10 Vos lo dijiste.

Yo me quedé callada de pronto dándome cuenta de pronto entendiendo tantas cosas de pronto.

Pero te ponés retórico dije.

Perdón.
15 No perdoname vos dije poniendo una mano en su hombro y deslizándola después hacia su cuello perdoname vos Pablo sí me doy cuenta.

El se paró y se puso a caminar de un lado a otro de la pieza después despegó un resto de papel que
20 había quedado adherido a la pared lo arrugó en el puño vino hasta donde yo estaba me besó en los cabellos.

Estoy triste dijo.

Sí estás triste pero además estás en otra cosa.
25 No.

Siempre sé cuando miente cómo no voy a saber cuando miente justo en ese momento había vuelto la cabeza y con la punta del zapato aplastaba un pucho ya apagado.
30 En qué andás Pablo.

En nada pero cómo se te ocurre qué cosas estás fabulando.

En qué andás Pablo.

Voy a buscar un cigarrillo.
35 Mirame.

Me miró con sus ojos marrones me miró un rato largo y después dijo bueno mirá resulta que.

❊   ❊   ❊

Y no me daba vergüenza decir te quiero Pablo.

No Gloria vos te quedás.
40 Yo me acordé de lo que me había dicho me acordé

de puro... acomplejados *because we're complete fools and have so many complexes*
carencias *shortcomings*

arrugó *crushed*

estás en otra cosa *you're into something else*

aplastaba... apagado *he was crushing a butt that was already out*

resulta que *the fact is*

de algunas cosas que repetía mecánicamente en la
cama me acordé los gases lacrimógenos se disipan
pronto no son eficaces más que por un lapso breve y
con un pañuelo empapado en jugo de limón se puede
5   confeccionar una máscara protectora bastante eficaz
y por otro lado las máscaras de los canas son incómo-
das les impiden la visibilidad uno se las puede
arrancar fácil y ellos resultan las víctimas principales
también se puede hacer una hoguera acordate en
10 Rosario acordate en Córdoba acordate cuando dijeron que éramos dañinos y sediciosos porque quemamos los bancos de la Facultad y los quemamos justamente para contrarrestar el gas.

Me acordaba del gas pero también me acordaba de
15 otras cosas de otras palabras de Pablo los canas me
dan lástima con todo date cuenta en el fondo la cosa
no es contra ellos la cosa es contra algo mucho más
grande Gloria contra algo que no está pasando sólo
aquí en Buenos Aires la cosa es contra el sistema yo
20 no quiero ser un alienado no quiero ser una máquina
y era entonces cuando yo decía te estás poniendo
retórico Pablo y no decís toda la verdad.

Me acordaba de que entonces él se quedaba
callado un rato y después decía no será toda la
25 verdad pero es una parte acaso vos querés que te
eduquen en la Universidad para tornillo o para
tuerquita de una inmensa maquinaria que sólo se
sirve a sí misma; me acordaba de mi pregunta pero
decime para qué lado estás trabajando y él me con-
30 testaba para el nuestro para el de los jóvenes para el
de los estudiantes date cuenta lo de izquierdas y
derechas que aparece primero es en realidad tan
sólo una etiqueta y entonces yo decía de nuevo te
estás poniendo retórico Pablo.
35 Pienso que lo decía para retenerlo.

Pienso que lo decía para que no siguiera adelante
con lo que tal vez era una hermosa una maravillosa
locura una especie de camino hacia el Santo Sepulcro
donde el sepultado sería Pablo.
40 Me acordaba. De todas, de cada una de las palabras de Pablo.

---

gases lacrimógenos *tear gas*

empapado *soaked*

canas *m cops*
les impiden la visibilidad *they block their view*

dañinos *harmful*

me dan lástima *I feel sorry for*
con todo *in spite of everything*
en el fondo *basically*

para tornillo o para tuerquita *to be a screw or a nut*

lo de... primero *all that about the left and the right that's on the surface*
etiqueta *label*

retenerlo *hold him back*

Santo Sepulcro *Holy Sepulcher*

Me acordaba de los ejemplos que Pablo citaba uno tras otro[7]; me acordaba del estudiante de la Universidad de Colorado lanzando un tractor contra un pilón de electricidad y sumiendo a diez localidades en
5 tinieblas, me acordaba de la pesadilla de Cleveland el veintitrés de julio de mil nueve sesenta y siete[8] contada por Pablo y del mayo parisién de mil nueve sesenta y ocho contado por Pablo me acordaba de los cuarenticinco mil estudiantes lanzados a la calle
10 en veinte ciudades de Alemania Occidental en manifestaciones pacíficas y la violenta represión del gobierno me acordaba de los cuatro mil muchachos y chicas ocupando la Universidad de Varsovia a principios del sesenta y ocho apaleados por la policía y la
15 milicia obrera cuando ellos les gritaban «¡Gestapo!» me acordaba de los dos mil quinientos estudiantes desfilando por las calles de Praga en señal de protesta por las malas condiciones de las residencias universitarias y apaleados también por la policía del Presi-
20 dente Novotny me acordaba del barrio de la Universidad de Belgrado copado por los jóvenes y del barrio Clínicas de Córdoba copado por los jóvenes y de las muertes en Corrientes y en Rosario.
Me acordaba.
25 Me acordaba de Pablo hablándome del provotariado del conjunto de subversivos desclasados gritando contra la guerra atómica oponiéndose a las autoridades holandesas pero también a las de cualquier parte del mundo me acordaba de las protestas de los
30 chicos y las chicas norteamericanos contra la invasión a Camboya y de las palabras de Julius Lester en labios de Pablo y yo diciendo pero Pablo eso es del Black Power eso no nos concierne es la lucha de blancos contra negros en Estados Unidos y Pablo
35 diciéndome acaso te podés desligar de eso acaso te podés lavar las manos.
Me acordaba.
Me acordaba de la imaginación al poder.[9] Me acordaba también de esa otra frase repetida por
40 Pablo esa frase que alguien escribió una vez sin que yo supiera nunca quién era ese alguien esa frase que

---

citaba *quoted*

lanzando... tinieblas *driving a tractor into an electric pole and plunging ten towns into darkness*

lanzados a la calle *going out into the streets*

apaleados *beaten*

en señal de *as a symbol of*

copado *taken over*

del provotariado... desclasados *about the support for the group of outlawed subversives*

dice algo así como los jóvenes de los países indus-
trializados no quieren convertirse en monos amaestra-
dos de la burocracia, sea ésta capitalista o socialista
me acordaba de todo me acordaba de todo me
5 acuerdo de todo de todo cómo no me iba a acordar
cómo no voy a acordarme.

convertirse... burocracia
*to be changed into the
trained monkeys of the
bureaucracy*

Me acordaba de la ocupación de cinco edificios de
la Universidad de Columbia para exigir que cesaran
las actividades de un instituto que hacía investiga-
10 ciones con fines de aplicación bélica.

hacía... bélica *was
conducting research
for war use*

Me acordaba Pablo de lo que me contaste sobre la
reacción del gobierno gaullista en mayo de mil nueve
sesentiocho y de la negativa de la CGT y del Partido
Comunista francés a participar en el movimiento con
15 el pretexto de que «eso, como reacción, habría traído
el fascismo y la matanza de la población».

CGT   *General Congress
of Workers (French
labor union)*

Me acordaba de los rusos en Budapest y en Praga.

Me acordaba de los marines en Vietnam y de los
chicos de doce años en escuelas subterráneas y de los
20 cuatro estudiantes muertos en la Universidad de Kent
cuando protestaban contra la invasión de Estados
Unidos a Camboya.

Me acordaba del libro Pablo y de las frases de ese
libro que después escuchamos en la película que te
25 hizo llorar me acordaba sí mirá que todavía me
acuerdo escuchá que todavía me acuerdo. Escuchá.

«¿Por qué les es intolerable la paz?»

Escuchá.

«Hoy el mundo ya no se divide en Oriente y
30 Occidente. Toda reflexión fundada en la oposición de
los extremos está superada.»

superada   *overcome*

Escuchá.

«También las palabras son símbolos. Sólo los
sentimientos son auténticos.»

35   Escuchá.

«La paz doblaría a muerte para los grandes mono-
polios que asientan su poder y el aumento de su
producción en la carrera armamentista. En el curso
de los dieciocho años de paz que han seguido a la
40 Segunda Guerra Mundial, han estallado más de
dieciocho conflictos locales; si han permanecido
circunscriptos es por miedo a una devastación total

doblaría a muerte
*would be the death
knell*
asientan *base*
carrera armamentista
arms race

si... circunscriptos *if
they have been
contained*

que hace contrapeso a las tendencias belicosas de los grandes.»

hace contrapeso *acts as a counterweight*

Escuchá Pablo escuchá. ¿Ves que me acuerdo?

«Si en lugar de dedicarse a los gastos militares, la
5 mitad del presupuesto del Estado fuera a las escuelas, a los campos de deportes, al equipo hospitalario, a las inversiones industriales, ¿no tendríamos una vida mejor?»

presupuesto *budget*

Escuchá Pablo. De memoria me acuerdo. De
10 memoria.

«Bienaventurados los pacificadores porque ellos serán llamados hijos de Dios.»

bienaventurados *blessed*

Me acordaba y me daba cuenta de que seguíamos solos de que siempre habíamos estado solos si hace
15 más de cincuenta años justo en mil nueve dieciocho el Manifiesto de Córdoba no presentía todo eso cuando decía: «si en el nombre del orden se nos quiere seguir burlando y embruteciendo, procla- mamos bien alto el derecho a la insurrección.»

burlando y embruteciendo *mocking and brutalizing*

20 Me acordaba pero también sentía muy adentro esa soledad de tantos millones solos aunque gritemos juntos y todo me parecía tan absurdo tan pueril tan empeñosamente tan vanamente heroico y tan sensa- tamente insensato.

tan absurdo... insensato *so absurd so puerile so earnestly so vainly heroic and so sensibly stupid*

❀   ❀   ❀

25 Y no me daba vergüenza decir te quiero Pablo te quiero Pablo te quiero Pablo.

No me da vergüenza decir te quiero Pablo te quiero Pablo te quiero Pablo ahora que estoy sola más sola todavía entre los millones de solitarios cómo
30 no voy a estar más sola si vos te fuiste y me dejaste encerrada con llave y ni sé cómo voy a hacer para salir de acá.

cómo... acá *what I'll do to get out of here*

No me da vergüenza repetir en voz muy bajita constantemente tequieropablotequieropablotequiero-
35 pablotequieropablo mientras rompo todas tus fotos y todas tus cartas y todos tus libros y los tiro al incinera- dor ahora que escuché la radio y oí esas pocas pala- bras que se mezclan con tus palabras resonando en mi cabeza ahora que apagué la radio grupo de
40 exaltados Facultad tomada intervención fuerzas del

en voz muy bajita *in a soft whisper*

orden una sola víctima identificada como Pablo
Argüello la bala partió de una columna de manifestantes Facultad desalojada reina absoluta tranquilidad no me da vergüenza repetir tequieropablo-
5   tequieropablo y hacer pedacitos todas tus imágenes
incluido ese primer plano ampliado que te sirvió para
ganar unos mangos en aquella publicidad de cigarrillos tequieropablotequieropablo y justamente porque te quiero Pablo me deshago de todo lo que tuvo
10 algo que ver con vos de todo lo que sea y haya sido
tu cara tus gestos tu sonrisa o tu vida. Quemo fotos y
quemo cartas y quemo libros y quemo también tu
ropa porque no deseo que te cosifiqués vos también
Pablo que seas para mí una excusa Pablo que tu
15 coraje o tu locura o tu inconsciencia me hagan sentir
heroína o víctima Pablo no quiero ahora me doy
cuenta Pablo no quiero ser cobarde te quiero Pablo
no quiero ser cobarde y tapar mi cobardía con tu
recuerdo Pablo como se tapa un agujero en la pared
20 con un poster del Che.

hacer pedacitos *tear up*
ese... ampliado *that
enlargement of you in
the foreground*
unos mangos
*(Argentina) a few
bucks*
me deshago *I'm getting
rid*

Notas culturales

1 Herbert Marcuse es sociólogo norteamericano y autor de *Eros and Civilization.*

2 En la Argentina y en el Uruguay se usa el «voseo»: es decir, se sustituye «vos»
por «tú» y se emplean varias formas especiales del verbo. En «Posters» se
puede notar ese fenómeno en las formas siguientes (todos sustituyen la forma
que normalmente se usa con «tú»):

Imperativo		Presente	
mirá	look	**vos te quedás**	you stay, you are going to stay
mirame	look at me	**ensuciás**	you'll dirty, you'll mess up
tapame	cover me up	**pensás**	you think
perdoname	forgive me	**¿en qué andás?**	what are you up to?
limpiate	clean up	**querés**	you want
acordate	remember	**tenés**	you have
escuchá	listen	**te ponés**	you're becoming
date cuenta	think, realize	**podés**	you can (are able)
abrí	open	**te servís**	you serve yourself
decime	tell me	**decís**	you say, you tell

3 «Viva mi patria aunque yo perezca» y «Muero contento, hemos batido al enemigo» son frases famosas de dos soldados de la Guerra de Independencia en la Argentina. Se expresaron así poco antes de morir.

4 Se refiere a Ernesto «Che» Guevara (1928–1967), uno de los héroes del movimiento del 26 de julio en Cuba. El Che nació en la Argentina, luchó contra el gobierno de Fulgencio Batista en Cuba y murió en la lucha guerrillera en Bolivia.

5 Julio Cortázar era un famoso escritor argentino que pasó gran parte de su vida en Francia y murió en 1984. Terence Stamp es un actor y pantomimo inglés.

6 Bob Dylan, Joan Báez y Nacha Guevara son cantantes famosos que participaron en los movimientos de protesta de la década de 1960.

7 A continuación Gudiño Kieffer menciona varios conflictos entre los estudiantes y las autoridades civiles durante la década de 1960 en varias partes del mundo: Estados Unidos, Alemania Occidental, Polonia, Checoslovaquia, Yugoslavia, Argentina, etc. Las causas de los conflictos variaban: había protestas contra la guerra, la bomba atómica, condiciones locales, los gobiernos autoritarios, el racismo. Pero, como se nota aquí, los jóvenes argentinos de esa época eran muy conscientes de lo que estaba pasando en otras regiones del mundo y compartían tanto el sufrimiento como el idealismo de la juventud en el resto del mundo.

8 A veces Gudiño usa lenguaje familiar para expresar fechas. Por ejemplo, para expresar «1967», en vez de decir mil novecientos sesenta y siete, dice Gudiño «mil nueve sesenta y siete». También, a veces dice simplemente «el sesenta y ocho» para referirse a ese año (como también se hace en inglés). Se puede notar también variaciones en la manera de deletrear los números: por ejemplo, a veces escribe el autor «sesentiocho», a veces «sesenta y ocho».

9 «La imaginación al poder» fue uno de los graffiti clave, en los muros de París y Nanterre, cuando la revolución estudiantil de 1967 en Francia.

Práctica

I. Preguntas

1. ¿Cómo reaccionó Pablo cuando Gloria le pidió que se despertara? 2. ¿Qué pasó cuando Gloria se levantó de la cama? 3. Cuando Gloria salió de la ducha, ¿cómo estaba vestido Pablo? 4. ¿Por qué quería Gloria acompañarlo a Pablo ese día? 5. ¿Qué dijo Pablo cuando ella le dijo que quería acompañarlo? 6. Una semana antes, ¿qué había hecho Pablo con las cosas que tenían que ver con el Che? 7. Según Pablo, ¿por qué quería destruir esas cosas? 8. ¿Por qué dice Pablo

que el tener un poster del Che es una excusa?   9. Según Pablo, ¿cómo
se puede hacer fácilmente una máscara protectora contra los gases
lacrimógenos?   10. ¿A qué se oponen más Pablo y los otros jóvenes:
a la policía o al sistema?   11. ¿Cuáles son dos ejemplos que se men-
cionan de choques reales entre jóvenes y fuerzas del gobierno?   12.
Según el libro que cita Gloria, ¿qué debería hacer el Estado en vez de
dedicarse a los gastos militares?   13. ¿Cómo murió Pablo?   14. ¿Qué
hace Gloria con las cosas de Pablo?   15. ¿Por qué destruye ella las
cosas de él?

II. Preguntas analíticas

1. Los hispanoamericanos son muy conscientes de lo que pasa en el
resto del mundo, especialmente en los Estados Unidos. Indique algunas cosas de «Posters» que revelan que el autor es consciente de la
historia y la cultura norteamericanas.   2. En la opinión de Ud., ¿son
muy conscientes los jóvenes norteamericanos de la historia o de la cultura de otros países? Explique o defienda su respuesta.   3. ¿Participan
los estudiantes en el gobierno de la universidad de Ud.? ¿En qué
aspectos del gobierno tienen derecho a participar?   4. La participación de estudiantes en las manifestaciones políticas es bastante común
en otros países. ¿Qué piensa Ud. de tales actividades?   5. En «Posters»
se menciona la cosificación del Che. ¿Puede Ud. pensar en otro ejemplo
de una persona muy conocida que haya sido deshumanizada por ese
proceso? Explique su respuesta.

III. Práctica de vocabulario

A. Elegir la palabra que no corresponde al grupo.

1. acordarse, pensar, recordar, quedarse, darse cuenta
2. cobarde, héroe, amigo, enemigo, policía
3. párpado, pierna, mejilla, boca, labio
4. mojado, marrón, azul, rosado, verde
5. sobretodo, vestido, ducha, zapato, suéter

B. Completar con la palabra apropiada.

quedarse	chiquilín	me da vergüenza
me doy cuenta	se acuerda	solos
quiere decir	sobretodo	párpado
cobarde	cosificar	mejilla
vacío	ducha	

1. No hay nada allí: sólo existe un _____ .
2. Los posters pueden _____ a un ser humano.
3. Ud. no debe salir; debe _____ en casa.
4. No conozco esa palabra; no sé lo que _____ .
5. No olvida nada, es decir, _____ de todo.
6. _____ olvidar el nombre de un amigo.
7. En mi opinión, él no era héroe, era _____ .
8. En el invierno muchas personas llevan _____ .
9. Ellos siempre iban _____ ; no los acompañaba nadie.
10. Esta mañana fui al baño y me metí bajo la _____ .

C. Definir las palabras siguientes.

1. cosificar   3. párpado   5. vacío   7. mejilla
2. lágrima   4. ducha   6. vaso   8. sobretodo

D. Describir cómo murió Pablo en el cuento «Posters». Usar la forma correcta de las palabras siguientes para describir su muerte.

grupo	manifestación	matar
estudiante	intervención	víctima
participar	violencia	morir
	bala	

La Ciudad Universitaria

Después de la revolución un fuerte nacionalismo estimuló la producción de grandes pinturas murales en México, donde maestros como Rivera, Orozco y Siqueiros crearon un verdadero arte nacional y lograron comunicar al pueblo el mensaje revolucionario a través de sus pinturas en paredes interiores de numerosos edificios públicos. La segunda etapa de ese gran movimiento había de ser la pintura del exterior de edificios y la integración de ésta a la superficie de grandes masas estructurales. La oportunidad de explorar las posibilidades de esta integración de artes plásticas se presentó cuando en 1946 el gobierno donó un extenso terreno al sur de la capital para la construcción de la Ciudad Universitaria. Con la participación de más de 150 arquitectos, ingenieros y técnicos, la construcción de la parte básica de la Ciudad Universitaria se terminó en unos tres años. Entre los artistas que hicieron importantes contribuciones al proyecto se encontraban no sólo los ya establecidos—Rivera y Siqueiros—sino también otros como Juan O'Gorman y Francisco Eppens, que habían de ganar fama por sus trabajos artísticos en el proyecto universitario.

En su totalidad, la arquitectura de la Ciudad Universitaria es una mezcla curiosa de lo moderno y de lo antiguo, de lo experimental y de lo tradicional. Siguiendo la fuerte tradición barroca del arte hispánico, los creadores de la Ciudad Universitaria insistieron en la integración de las artes y se obsesionaron por la decoración. Otra tradición allí presente es la del arte precolombino, tanto en la impresión de solidez y en el uso de la forma piramidal truncada, como en los motivos ornamentales y en los temas predominantes.

La Ciudad Universitaria representa la culminación de la producción de pinturas murales en México y establece la pintura mural en paredes exteriores como técnica que había de continuarse en México. Como fin de un ciclo de arte y como expresión del concepto del arte al servicio de la nación, el complejo de edificios que componen la Ciudad Universitaria ha de considerarse como monumento en la historia del arte hispanoamericano.

El pueblo a la universidad—la universidad al pueblo

Esta obra de David Alfaro Siqueiros es un ejemplo interesante de la experimentación que tipifica el arte de la Ciudad Universitaria. ¿Cómo describiría Ud. esta pintura mural?

Alegoría de México

En una enorme pared de la Facultad de Medicina, Ciudad Universitaria, Francisco Eppens pintó una *Alegoría de México*, que incluye una cabeza de tres caras—representativas del español, del mestizo y del indio—y varios símbolos de los dioses precolombinos. Las líneas verticales y horizontales de la pintura armonizan perfectamente con las del edificio.

¿Sabe Ud. identificar el símbolo de Quetzalcóatl? ¿de Tláloc?

La Biblioteca Central

Tal vez el edificio más famoso de la Universidad es la Biblioteca Central, una enorme estructura cúbica sin ventanas—sólo con pequeñas aberturas para la ventilación—y con enormes superficies planas. Éstas las decoró O'Gorman con centenares de figuras pequeñas referentes a varias épocas de la historia de México, desde los tiempos precolombinos hasta nuestros días. Consciente del efecto del sol mexicano, que había de convertir un mosaico compuesto de vidrios en un gigante reflector, O'Gorman optó por componer su obra con piedras de cincuenta colores, recogidas en todas partes del país. Así, este edificio sintetiza y combina las varias tendencias del muralismo mexicano: la forma misma del edificio es moderna; el uso de materiales, experimental; la decoración, barroca; y la temática, tradicional.

¿Cuántos símbolos y objetos puede Ud. identificar en el mosaico de O'Gorman?

Para comentar

1. Describa Ud. en sus propias palabras el edificio de la Biblioteca Central o la pintura mural de la Facultad de Medicina de la Ciudad Universitaria.
2. ¿Cómo se ha empleado el arte en la decoración de la escuela o universidad donde Ud. estudia? ¿Es una parte integral de la arquitectura? ¿Le gusta ese uso del arte?
3. ¿Cree Ud. que los estudiantes deben participar en el gobierno de las instituciones educativas? ¿Deben participar, por ejemplo, en el planeamiento de los nuevos edificios? ¿Por qué?
4. ¿Qué importancia tiene la decoración en los edificios públicos? ¿Se puede justificar el gasto de los fondos públicos para tales cosas? ¿Por qué?

La ciudad en el mundo hispánico

Desde la época de los romanos, la historia de muchos países occidentales se ha vinculado estrechamente a la historia de sus grandes centros urbanos. En muchos países hispánicos se encuentra una gran concentración de poder y energía en la capital. Por ejemplo, casi la cuarta parte de la población total de la Argentina vive en Buenos Aires, y la capital controla el país. Similar es la situación de la ciudad de México y otras capitales hispanoamericanas.

Las grandes ciudades hispánicas tienen mucho en común con las otras metrópolis del mundo. Por ejemplo, en ellas se encuentra el capital necesario para pagar a los artistas y los escritores. Por eso, sea Nueva York, Chicago, Santiago de Chile o Madrid, la ciudad grande casi siempre se destaca por su contribución a las artes. En la literatura de nuestro siglo se ve reflejado otro aspecto de la metrópoli: la deshumanización producida por las grandes aglomeraciones y el aislamiento que siente el individuo dentro de la masa.

El cuento que se presenta a continuación, del chileno José Donoso, refleja el aislamiento existencial como rasgo general de la metrópoli. También se pueden encontrar en la narración algunas actitudes que caracterizan al habitante de la ciudad (en este caso, Santiago de Chile), al cual le gusta pasearse por su ciudad para ver y ser visto por los demás, con un espíritu de comunidad que es muy típico del hispanoamericano.

El arte que se ha desarrollado en los centros urbanos en las últimas décadas refleja tanto la complejidad del hombre de la metrópoli como el interés del artista por la obra de sus colegas en otros países. Ejemplos de este arte son las pinturas de Joaquín Torres García, Roberto Antonio Sebastián Matta Echaurren y Alejandro Obregón: tres artistas hispanoamericanos modernos, que han contribuido mucho a la creación de una expresión urbana e internacional.

Vocabulario útil

Estudiar estas palabras antes de leer «Una señora».

abrigo overcoat
aburrirse to get bored
acera sidewalk
agradar to please
almuerzo lunch
asiento seat, chair

asistir a to attend
bajarse de to get off, get out of
barrio neighborhood
butaca seat (armchair)
cambio change, exchange;
  en cambio on the other hand

compra   purchase; **hacer compras**
    to go shopping
equivocarse   to make a mistake
esquina   corner
habitante *m*   inhabitant
impermeable *m*   raincoat
mercado   market

mueble *m*   (piece of) furniture
negarse a   to refuse to
paraguas *m*   umbrella
pasear(se)   to ride; to take a stroll
pileta   swimming pool
tranvía *m*   street car
vidriera   shop window

Una señora

José Donoso nació en Santiago de Chile en 1924, de una familia de la alta burguesía. En su juventud viajó a la Argentina, donde trabajó de pastor en la pampa. Estudió en la Universidad de Chile y en Princeton University, donde terminó sus estudios universitarios en 1951. Ha sido periodista y catedrático en universidades de Chile y de los Estados Unidos, pero más que nada es escritor profesional. Hoy día vive en España. Además de varias colecciones de cuentos, Donoso ha publicado cuatro novelas: *Coronación* (1957), *Este domingo* (1966), *El lugar sin límites* (1966), y *El obsceno pájaro de la noche* (1970).

La obra de Donoso puede estudiarse en muchos niveles, pero predominan dos: el social y el psicológico. El aspecto social se encuentra especialmente en sus cuentos, donde el autor describe la vida cotidiana de la ciudad, la decadencia de las altas clases sociales y el aislamiento que impone la ciudad al individuo. En sus novelas Donoso profundiza el aspecto psicológico y presenta el mundo interior de sus personajes. Esa realidad subjetiva domina y transforma la realidad exterior.

Los dos aspectos mencionados de las ficciones de Donoso—la descripción de la realidad exterior de la ciudad grande y la presentación del mundo interior de sus personajes—pueden observarse en el cuento «Una señora». Su estilo y estructura son aparentemente directos y clásicos, pero debajo de la capa realista el autor presenta el retrato de un individuo de la metrópoli, cuyo aislamiento y deseo de comunicarse se manifiestan en sus acciones y en lo que escoge observar de la realidad que lo rodea.

* * *

No recuerdo con certeza cuándo fue la primera vez que me di cuenta de su existencia. Pero si no me equivoco, fue cierta tarde de invierno en un tranvía que atravesaba un barrio popular.

5 Cuando me aburro de mi pieza y de mis conversaciones habituales, suelo tomar algún tranvía, cuyo recorrido desconozco y pasear así por la ciudad. Esa tarde llevaba un libro por si se me antojara leer, pero no lo abría. Estaba lloviendo esporádicamente y el

10 tranvía avanzaba casi vacío. Me senté junto a una ventana, limpiando un boquete en el vaho del vidrio para mirar las calles.

No recuerdo el momento exacto en que ella se

certeza *certainty*

atravesaba *was crossing*

recorrido *route*
desconozco *I'm not familiar with*
se me antojara *I should take a fancy, I should feel like*
boquete *spot, space*
vaho *steam, vapor*

sentó a mi lado. Pero cuando el tranvía hizo alto en una esquina, me invadió aquella sensación tan corriente y, sin embargo, misteriosa, que cuanto veía, el momento justo y sin importancia como era, lo
5 había vivido antes, o tal vez soñado. La escena me pareció la reproducción exacta de otra que me fuese conocida: delante de mí, un cuello rollizo vertía sus pliegues sobre una camisa deshilachada; tres o cuatro personas dispersas ocupaban los asientos del tranvía;
10 en la esquina había una botica de barrio con su letrero luminoso, y un carabinero bostezó junto al buzón rojo, en la oscuridad que cayó en pocos minutos. Además, vi una rodilla cubierta por un impermeable verde junto a mi rodilla.
15   Conocía la sensación, y más que turbarme me agradaba. Así, no me molesté en indagar dentro de mi mente dónde y cómo sucediera todo esto antes. Despaché la sensación con una irónica sonrisa interior, limitándome a volver la mirada para ver lo que
20 seguía de esa rodilla cubierta con un impermeable verde.
   Era una señora. Una señora que llevaba un paraguas mojado en la mano y un sombrero funcional en la cabeza. Una de esas señoras cincuentonas, de las
25 que hay por miles en esta ciudad: ni hermosa ni fea, ni pobre ni rica. Sus facciones regulares mostraban los restos de una belleza banal. Sus cejas se juntaban más de lo corriente sobre el arco de la nariz, lo que era el rasgo más distintivo de su rostro.
30   Hago esta descripción a la luz de hechos posteriores, porque fue poco lo que de la señora observé entonces. Sonó el timbre, el tranvía partió haciendo desvanecerse la escena conocida, y volví a mirar la calle por el boquete que limpiara en el vidrio. Los
35 faroles se encendieron. Un chiquillo salió de un despacho con dos zanahorias y un pan en la mano. La hilera de casas bajas se prolongaba a lo largo de la acera: ventana, puerta, ventana, puerta, dos ventanas, mientras los zapateros, gasfíteres y verduleros
40 cerraban sus comercios exiguos.
   Iba tan distraído que no noté el momento en que mi compañera de asiento se bajó del tranvía. ¿Cómo

---

hizo alto   *stopped*

corriente   *ordinary*
el momento justo   *that very moment*

rollizo   *plump*
vertía sus pliegues   *spilled its folds*
deshilachada   *raveled, worn*

letrero   *sign*
carabinero   *guard*
bostezó   *yawned*

turbarme   *bothering me, upsetting me*
indagar   *to inquire*
sucediera   *had happened*

lo... de   *what followed, was attached to*

facciones   *features*
restos   *remains, remnants*
más... corriente   *more than usual*

timbre   *bell*
desvanecerse   *disappear*
limpiara   *I had cleaned*
faroles   *street lights*
despacho   *store*
zanahorias   *carrots*
hilera   *row*
gasfíteres   *plumbers*
verduleros   *greengrocers*
exiguos   *small*
distraído   *distracted*

había de notarlo si después del instante en que la miré ya no volví a pensar en ella?

No volví a pensar en ella hasta la noche siguiente.

Mi casa está situada en un barrio muy distinto a
5 aquél por donde me llevara el tranvía la tarde anterior. Hay árboles en las aceras y las casas se ocultan a
medias detrás de rejas y matorrales. Era bastante
tarde, y yo estaba cansado, ya que pasara gran parte
de la noche charlando con amigos ante cervezas y
10 tazas de café. Caminaba a mi casa con el cuello del
abrigo muy subido. Antes de atravesar una calle
divisé una figura que se me antojó familiar, aleján-
dose bajo la oscuridad de las ramas. Me detuve,
observándola un instante. Sí, era la mujer que iba
15 junto a mí en el tranvía la tarde anterior. Cuando
pasó bajo un farol reconocí inmediatamente su impermeable verde. Hay miles de impermeables verdes en
esta ciudad, sin embargo no dudé de que se trataba
del suyo, recordándola a pesar de haberla visto sólo
20 unos segundos en que nada de ella me impresionó.
Crucé a la otra acera. Esa noche me dormí sin pensar
en la figura que se alejaba bajo los árboles por la
calle solitaria.

Una mañana de sol, dos días después, vi a la señora
25 en una calle céntrica. El movimiento de las doce
estaba en su apogeo. Las mujeres se detenían en las
vidrieras para discutir la posible adquisición de un
vestido o de una tela. Los hombres salían de sus
oficinas con documentos bajo el brazo. La reconocí
30 de nuevo al verla pasar mezclada con todo esto, aunque no iba vestida como en las veces anteriores. Me
cruzó una ligera extrañeza de por qué su identidad
no se había borrado de mi mente, confundiéndola
con el resto de los habitantes de la ciudad.
35 En adelante comencé a ver a la señora bastante
seguido. La encontraba en todas partes y a toda hora.
Pero a veces pasaba una semana o más sin que la
viera. Me asaltó la idea melodramática de que quizás
se ocupara en seguirme. Pero la deseché al constatar
40 que ella, al contrario que yo, no me identificaba en
medio de la multitud. A mí, en cambio, me gustaba
percibir su identidad entre tanto rostro desconocido.

distinto a   *different from*

se... medias   *are half
 hidden*
rejas   *railings*
matorrales   *thickets,
 shrubbery*
pasara   *I had spent*
cuello   *collar*

se me antojó   *seemed*
ramas   *branches*

céntrica   *downtown
 (adj.)*
movimiento   *rush hour*
en su apogeo   *at its
 height*
tela   *piece of material*

mezclada con   *mixed
 in with*

extrañeza   *sense of
 surprise*
no... de   *had not been
 erased from*

seguido   *frequently*

la deseché   *I rejected it*
constatar   *ascertain*

Me sentaba en un parque y ella lo cruzaba llevando
un bolsón con verduras. Me detenía a comprar cigarrillos y estaba ella pagando los suyos. Iba al cine, y
allí estaba la señora, dos butacas más allá. No me
5 miraba, pero yo me entretenía observándola. Tenía
la boca más bien gruesa. Usaba un anillo grande,
bastante vulgar.

Poco a poco la comencé a buscar. El día no me
parecía completo sin verla. Leyendo un libro, por
10 ejemplo, me sorprendía haciendo conjeturas acerca
de la señora en vez de concentrarme en lo escrito.
La colocaba en situaciones imaginarias, en medio de
objetos que yo desconocía. Principié a reunir datos
acerca de su persona, todos carentes de importancia
15 y significación. Le gustaba el color verde. Fumaba
sólo cierta clase de cigarrillos. Ella hacía las compras
para las comidas de su casa.

A veces sentía tal necesidad de verla, que aban-
donaba cuanto me tenía atareado para salir en su
20 busca. Y en algunas ocasiones la encontraba. Otras
no, y volvía malhumorado a encerrarme en mi cuarto,
no pudiendo pensar en otra cosa durante el resto de
la noche.

Una tarde salí a caminar. Antes de volver a casa,
25 cuando oscureció, me senté en el banco de una plaza.
Sólo en esta ciudad existen plazas así. Pequeña y
nueva, parecía un accidente en ese barrio utilitario, ni
próspero ni miserable. Los árboles eran raquíticos,
como si se hubieran negado a crecer, ofendidos al ser
30 plantados en terreno tan pobre, en un sector tan
opaco y anodino. En una esquina, una fuente de soda
aclaraba las figuras de tres muchachos que charlaban
en medio del charco de luz. Dentro de una pileta seca,
que al parecer nunca se terminó de construir, había
35 ladrillos trizados, cáscaras de fruta, papeles. Las
parejas apenas conversaban en los bancos, como si
la fealdad de la plaza no propiciara mayor intimidad.

Por uno de los senderos vi avanzar a la señora, del
brazo de otra mujer. Hablaban con animación,
40 caminando lentamente. Al pasar frente a mí, oí que
la señora decía con tono acongojado:—¡Imposible!
La otra mujer pasó el brazo en torno a los hombros

bolsón *large shopping bag*
verduras *vegetables*

gruesa *large, coarse*

colocaba *placed*
principié *I began*
carentes *lacking*

cuanto... atareado *whatever I was busy with*
en su busca *in search of her*

oscureció *it got dark*

raquíticos *scrawny*

opaco *colorless, opaque*
anodino *anodyne, insipid, inoffensive*
aclaraba *lit up, shed light on*
charco *puddle*
ladrillos trizados *broken bricks*
cáscaras *peels*
propiciara *promote*

acongojado *sorrowful*
en torno a *around*

de la señora para consolarla. Circundando la pileta
inconclusa se alejaron por otro sendero.

Inquieto, me puse de pie y eché a andar con la
esperanza de encontrarlas, para preguntar a la señora
5 qué había sucedido. Pero desaparecieron por las calles
en que unas cuantas personas transitaban en pos de
los últimos menesteres del día.

No tuve paz la semana que siguió de este encuentro. Paseaba por la ciudad con la esperanza de que
10 la señora se cruzara en mi camino, pero no la vi.
Parecía haberse extinguido, y abandoné todos mis
quehaceres, porque ya no poseía la menor facultad
de concentración. Necesitaba verla pasar, nada más,
para saber si el dolor de aquella tarde en la plaza
15 continuaba. Frecuenté los sitios en que soliera divisarla, pensando detener a algunas personas que se
me antojaban sus parientes o amigos para pregun-
tarles por la señora. Pero no hubiera sabido por quién
preguntar y los dejaba seguir. No la vi en toda esa
20 semana.

Las semanas siguientes fueron peores. Llegué a
pretextar una enfermedad para quedarme en cama y
así olvidar esa presencia que llenaba mis ideas.
Quizás al cabo de varios días sin salir la encontrara
25 de pronto el primer día y cuando menos lo esperara.
Pero no logré resistirme, y salí después de dos días
en que la señora habitó mi cuarto en todo momento.
Al levantarme, me sentí débil, físicamente mal. Aun
así tomé tranvías, fui al cine, recorrí el mercado y
30 asistí a una función de un circo de extramuros. La
señora no apareció por parte alguna.

Pero después de algún tiempo la volví a ver. Me
había inclinado para atar un cordón de mis zapatos y
la vi pasar por la soleada acera de enfrente, llevando
35 una gran sonrisa en la boca y un ramo de aromo en
la mano, los primeros de la estación que comenzaba.
Quise seguirla, pero se perdió en la confusión de
las calles.

Su imagen se desvaneció de mi mente después de
40 perderle el rastro en aquella ocasión. Volví a mis
amigos, conocí gente y paseé solo o acompañado por

---

circundando *circling*
inconclusa *unfinished*

transitaban *walked*
en pos de *in pursuit of*
menesteres *duties*

quehaceres *tasks*

soliera divisarla *I had
grown accustomed to
seeing her*
detener *stop*

al cabo de *at the end
of, after*

de extramuros *from
outside*

atar *to tie*
cordón *string*
soleada *sunny*
aromo *acacia (flowers)*

las calles. No es que la olvidara. Su presencia, más bien, parecía haberse fundido con el resto de las personas que habitan la ciudad.

la olvidara *I had forgotten her*
fundido *fused*

Una mañana, tiempo después, desperté con la
5 certeza de que la señora se estaba muriendo. Era domingo, y después del almuerzo salí a caminar bajo los árboles de mi barrio. En un balcón una anciana tomaba el sol con sus rodillas cubiertas por un chal peludo. Una muchacha, en un prado, pintaba de
10 rojo los muebles de jardín, alistándolos para el verano. Había poca gente, y los objetos y los ruidos se dibujaban con precisión en el aire nítido. Pero en alguna parte de la misma ciudad por la que yo caminaba, la señora iba a morir.

peludo *shaggy*
prado *lawn*
alistándolos *getting them ready*
nítido *clear*

15 Regresé a casa y me instalé en mi cuarto a esperar.

Desde mi ventana vi cimbrarse en la brisa los alambres del alumbrado. La tarde fue madurando lentamente más allá de los techos, y más allá del cerro, la luz fue gastándose más y más. Los alambres
20 seguían vibrando, respirando. En el jardín alguien regaba el pasto con una manguera. Los pájaros se aprontaban para la noche, colmando de ruido y movimiento las copas de todos los árboles que veía desde mi ventana. Rió un niño en el jardín vecino.
25 Un perro ladró.

cimbrarse *sway, vibrate*
alambres del alumbrado *power lines*
fue madurando *was growing late*
gastándose *growing dim*
regaba *watered* / pasto *grass*
manguera *hose*
se aprontaban *were preparing themselves*
colmando *filling up*
copas *tops*

Instantáneamente después, cesaron todos los ruidos al mismo tiempo y se abrió un pozo de silencio en la tarde apacible. Los alambres no vibraban ya. En un barrio desconocido, la señora había muerto. Cierta
30 casa entornaría su puerta esa noche, y arderían cirios en una habitación llena de voces quedas y de consuelos. La tarde se deslizó hacia un final imperceptible, apagándose todos mis pensamientos acerca de la señora. Después me debo de haber dormido, porque
35 no recuerdo más de esa tarde.

pozo *well*
apacible *peaceful*
entornaría *would set ajar*
cirios *candles*
quedas *soft*
consuelos *consolations*
se deslizó *slipped*
apagándose *extinguishing themselves*
deudos *relatives*

Al día siguiente vi en el diario que los deudos de doña Ester de Arancibia anunciaban su muerte, dando la hora de los funerales. ¿Podría ser?... Sí. Sin duda era ella.

40 Asistí al cementerio, siguiendo el cortejo lentamente por las avenidas largas, entre personas silencio-

cortejo *procession*

sas que conocían los rasgos y la voz de la mujer por
quien sentían dolor. Después caminé un rato bajo los
árboles oscuros, porque esa tarde asoleada me trajo
una tranquilidad especial.

5   Ahora pienso en la señora sólo muy de tarde en
tarde.

A veces me asalta la idea, en una esquina por
ejemplo, que la escena presente no es más que reproducción de otra, vivida anteriormente. En esas
10 ocasiones se me ocurre que voy a ver pasar a la
señora, cejijunta y de impermeable verde. Pero me
da un poco de risa, porque yo mismo vi depositar
su ataúd en el nicho, en una pared con centenares
de nichos todos iguales.

Los mejores cuentos de José Donoso, 1965

rasgos   *qualities*

muy... tarde   *very rarely*

cejijunta   *with her
eyebrows meeting*

ataúd   *coffin*

Nota cultural

El aislamiento y el concepto de la vida anónima del habitante de la gran ciudad
son temas que aparecen con frecuencia en la literatura occidental de la últimas
décadas y están muy presentes en este cuento de Donoso. Pero hay otras características de los centros urbanos hispánicos que los distinguen de la mayoría de
los de los Estados Unidos. En las ciudades principales de España y de Hispanoamérica se utilizan más que en este país los medios de transporte público, no sólo
para ir a la oficina o a la fábrica, sino también para pasearse o divertirse, como lo
hace el narrador de este cuento. Además, el individuo se identifica más con su
ciudad y tiene un profundo sentido de comunidad. Para él, la ciudad es una
extensión de su casa y por eso utiliza extensamente todos sus recursos. El resultado es que uno puede ver a todas horas del día gran cantidad de personas
paseándose por las aceras, visitando los muchos restaurantes, museos, cines y
teatros, o divirtiéndose en los hermosos parques. Así, paradójicamente, van unidos,
en estas ciudades, el sentido de comunidad y el aislamiento existencial que
caracterizan al habitante moderno de la metrópoli.

Práctica

I. Preguntas

1. ¿Qué solía hacer el narrador al sentirse aburrido? 2. ¿Qué tiempo hacía el día que él vio a la señora por primera vez? 3. ¿Qué impresión le produjo la escena del tranvía? 4. ¿Qué es lo primero que le llamó la atención, en cuanto a la señora? 5. ¿Cómo era la señora? 6. ¿Observó el narrador todos los detalles de la apariencia de la señora la primera vez que la vio? 7. ¿Qué vio el narrador por el boquete que había limpiado en la ventana? 8. ¿Qué observó a la noche siguiente? ¿Cómo sabía que era la señora? 9. Describa Ud. la escena de la calle céntrica, dos días después. 10. ¿Vio a la señora pocas o varias veces después de verla en la calle céntrica? Describa Ud. algunas de las ocasiones en que la vio. 11. En estas ocasiones, ¿le impresionó ella físicamente como una persona elegante o más bien ordinaria? 12. Describa Ud. cómo empieza a influir la señora en la mente del narrador. 13. ¿Cómo sabemos que el hombre llega a sentirse obsesionado por ella? 14. Describa Ud. la plaza en que se encontró con la señora. 15. ¿Por qué se sentía inquieto por la conducta de la señora en la plaza? 16. ¿Qué pasó después del encuentro en la plaza? 17. ¿Cuándo desapareció su imagen de la mente del narrador? ¿La olvidó? 18. ¿Cómo supo que la señora se estaba muriendo? ¿Qué hizo? 19. ¿Qué vio en el diario al día siguiente? ¿Qué llegó a saber de ella por el diario? 20. ¿Cuál es ahora su reacción frente a los recuerdos de la señora?

II. Preguntas analíticas

1. En varios cuentos y novelas modernos los autores utilizan la lluvia en sentido metafórico. Puede sugerir la idea de que es difícil ver dentro de otra persona, de que siempre nos hallamos separados de los demás. En este sentido, la lluvia puede representar o evocar la impresión del aislamiento existencial. ¿Qué impresión produce la lluvia en este cuento de Donoso? 2. En la siguiente descripción: *La hilera de casas bajas se prolongaba a lo largo de la acera: ventana, puerta, ventana, puerta, dos ventanas...,* ¿cuál parece ser el propósito del autor? 3. ¿Qué llegamos a saber del narrador del cuento? ¿de la señora? ¿Por qué no nos presenta Donoso más hechos concretos sobre ellos? 4. ¿Qué importancia tiene la imaginación en el cuento? 5. En cierto sentido la repetición niega la individualidad. Frecuentemente en la ciudad nos fijamos en tipos—el policía, la vieja, el niño, etc.—y no en el individuo,

que pierde su cualidad de ser único, de individuo. ¿Nos revela Donoso algo de esto en su cuento? ¿Dónde?   6. Los hispanoamericanos suelen usar el transporte público para divertirse, además de emplearlo para llegar a su trabajo. Comente Ud. lo que parece significar el tranvía para el narrador y cómo percibe éste su ciudad.

III. Práctica de vocabulario

A. Elegir la palabra que no corresponde al grupo.

1. ramas, árboles, tela, matorrales, jardín
2. saltar, correr, alejarse, pasearse, negarse
3. silla, butaca, mueble, alfombra, huelga
4. compra, empleado, mercado, trueno, cliente
5. abrigo, vestido, sábana, impermeable, corbata

B. Completar con la palabra apropiada.

almuerzo	paraguas	butaca	mercado
abrigo	parientes	pileta	tranvía
esquinas	desayuno	muebles	me aburra

1. Cuando hace frío en el invierno llevo el _____ .
2. Todos los días vamos al _____ para comprar comestibles.
3. Donde se cruzan dos caminos hay cuatro _____ .
4. Las sillas, las lámparas y los sofás son _____ .
5. Se puede nadar en un río, en un lago, en un océano o en una _____ .
6. La comida que se come al mediodía es el _____ .
7. Mis tíos, mis primos y mis abuelos son _____ míos.
8. Para protegerse de la lluvia, la señora tiene un _____ en la mano.
9. Si la película es mala y ya la he visto antes, es muy probable que _____ .
10. Para viajar dentro de una ciudad hispanoamericana se puede tomar un _____ en vez de un automóvil.

C. Definir las palabras siguientes.

1. impermeable	4. negarse	7. barrio
2. equivocarse	5. desayuno	8. pileta
3. pariente	6. butaca	

D. Escribir un párrafo, utilizando las palabras siguientes.

lluvia	esquina	barrio	asiento	mercado
impermeable	tranvía	acera	pasearse	vidriera

El arte internacional
de la metrópoli

Se desarrolla en el siglo XX un arte metropolitano, abierto a las nuevas promociones europeas, enterado tanto de los temas autóctonos como de los internacionales, y consciente de las actitudes y preocupaciones del habitante de los grandes centros urbanos occidentales. Es un arte que cruza las fronteras, y los artistas viajan mucho, llegando a conocerse y a intercambiar ideas y conceptos, siempre en busca de una expresión propia. Aquí presentamos tres figuras que se destacan en ese arte cosmopolita: Joaquín Torres García (1874–1949); Roberto Antonio Sebastián Matta Echaurren (1912–); y Alejandro Obregón (1920–).

Aunque nació y murió en Montevideo, Uruguay, Torres García pasó muchos años en el extranjero. En su juventud se mudó con su familia a un pueblo pequeño cerca de Barcelona, y, en los años siguientes, pintó muchos cuadros y murales al estilo neoclásico catalán. En 1920 viajó a Nueva York, donde pensaba fabricar juguetes—trenes, barcos, edificios—de madera. Al fallar esa empresa, volvió a viajar, primero a Italia y luego a París, donde, influenciado por Picasso y Mondrian, desarrolló el estilo que le daría fama mundial. El artista se refería a su estilo como a uno de «constructivismo universal». Para él, decir estructura era también decir abstracción: geometría, ritmo, proporción, líneas, planos, la idea del objeto. Las formas geométricas—el círculo, el triángulo, el cuadrado —sugieren orden, la unidad perfecta, el mundo de la razón. La sencillez de sus obras refleja la consciencia del artista de la escultura primitiva, de los diseños de los tejidos peruanos o de las líneas de las antiguas murallas incaicas. También se puede notar en sus pinturas la relación que tienen con los juguetes de madera que había fabricado cuando estuvo en Nueva York y la que tienen con la tipografía y la arquitectura, artes que influyen mucho en este tipo de pintura. Aclamado como maestro al regresar a Montevideo en 1934, propuso Torres García la creación de un nuevo arte americano, primitivo, fuerte y concreto, pero basado en principios abstractos. Sin embargo, los signos o símbolos de tal arte habían de ser tangibles y específicos, reconocibles por todos. Aplicando estos criterios a la obra del artista uruguayo, podemos apreciar la fusión de estilo moderno y símbolos concretos pero universales que caracteriza su obra.

La vida interior del hombre—el reino de la subconsciencia—recibe su máxima expresión pictórica en la obra de Roberto Sebastián Antonio Matta Echaurren, conocido pintor surrealista. Nacido en Santiago de Chile, Matta estudió arquitectura en la Universidad Nacional de Chile antes de viajar a París en 1934 para trabajar con el famoso arquitecto Le Corbusier. Pero como siempre le había interesado más la pintura, pronto abandonó la arquitectura y se dedicó al arte pictórico. En París y en Nueva York llegó a conocer a los surrealistas más famosos—Breton, Dalí, Duchamp, Tanguy—y desarrolló un estilo de tipo surrealista aunque muy personal. En general, sus pinturas de esa época son metafísicas y herméticas. Al observarlas, se nota la preocupación de Matta por el espacio—un espacio interno, personal, sin horizonte fijo—y por ciertos símbolos obscuros que parecen flotar en ese ambiente misterioso. En 1948 Matta abandonó Nueva York y volvió a Europa, donde vive desde entonces. La gran época del surrealismo había llegado a su fin y aunque su influencia todavía puede percibirse en las últimas obras del artista, su estilo es más objetivo y hay más preocupación por el «mensaje» de la pintura. Es un tipo de «sociología surrealista», menos abstracto, con formas más reconocibles. Aunque la vida y la obra de Matta son típicas del artista internacionalista, también personifican al nuevo hispanoamericano urbano, cuyos gustos e intereses cosmopolitas traspasan las fronteras de su patria.

La generación siguiente a la de Matta produce un arte en el que se alcanza la unión, ya buscada por Torres García, de temas y propósitos autóctonos y métodos internacionales. El que da ímpetu y forma al nuevo arte es el pintor colombiano Alejandro Obregón. Nacido en Barcelona, de padre colombiano y madre española, estudió Obregón en la Escuela de Bellas Artes de Boston y también en París. La mayor parte de su vida, sin embargo, la ha pasado en Colombia, donde su influencia ha sido enorme en la creación de un ambiente artístico abierto a todos los aspectos de la realidad contemporánea y a todos los métodos del modernismo internacional. Logra Obregón resucitar el interés por el escenario americano, percibido ahora de un modo nuevo y poético. Los valores expresados en su obra son más míticos que históricos, simbólicos en vez de «tropicales». A partir de 1957, el pintor se expresa en ciclos temáticos que resumen los problemas y los valores del hispanoamericano moderno: los cóndores; los estudiantes u otras víctimas que murieron en actos heroicos o defendiendo una causa social; los volcanes; la vegetación de los Andes y de las zonas tropicales de la costa; la violencia; la vida marina; Ícaro; paisajes para ángeles; sortilegios. También se percibe en su obra la influencia de la luz de Barranquilla (adonde se mudó con su familia cuando él tenía seis años), donde el sol, el mar, la montaña y los animales se hacen sentir con gran fuerza. «Recuerdo de Venecia» es una obra típica de su producción anterior a 1959, en la que siempre se encuentra una base cubista y un vocabulario de formas y símbolos escogidos con mucho cuidado: flechas, gallos, palomas, peces y águilas.

Torres García, Joaquín. *The Port*. 1942. Oil on cardboard, 31⅜″ × 39⅞″. Collection, The Museum of Modern Art, New York. Inter-American Fund.

El puerto

El puerto es una obra típica de Torres García, tanto por su abstracción como por la universalidad de sus símbolos. ¿Cuántas formas geométricas pueden identificarse en el cuadro? ¿Cuántos objetos puede Ud. nombrar? ¿Son antiguos algunos de los símbolos? ¿Cuáles? ¿Qué puede significar el sol con cara de hombre? ¿Cómo se refleja aquí el interés del pintor por los juguetes?

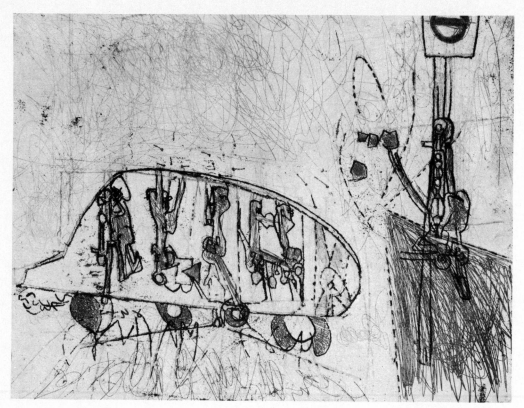

Matta (Sebastián Antonio Matta Echaurren). *The Bus*, from the portfolio *Scénes familières*. (1962). Etching, printed in color. Plate: 12^{15}/$_{16}$" × 17". Sheet: 19^{3}/$_{4}$" × 25^{5}/$_{8}$". Collection, The Museum of Modern Art, New York. Inter-American Fund.

El autobús

El autobús, tema de esta aguafuerte de Matta, tipifica la vida de la metrópoli. Las regulaciones del tráfico rigen el movimiento del hombre, que también se halla encerrado dentro del espacio limitado del vehículo. Aunque las formas son reconocibles, todavía se percibe cierta cualidad de sueño, ambiente preferido por los surrealistas.

Obregón, Alejandro. *Souvenir of Venice.* (1953) Oil on canvas, 51¼″ × 38⅛″. Collection, The Museum of Modern Art, New York. Inter-American Fund.

Recuerdo de Venecia

En Venecia, como en Barranquilla, se siente la presencia del mar, hecho que puede explicar el interés del pintor por la antigua ciudad europea. ¿Qué formas geométricas aparecen en el cuadro? ¿Qué clase de pájaros se encuentran en el primer plano? ¿Pertenecen ellos a este hemisferio?

Para comentar

1. ¿Cuál representa mejor la vida del hombre en la metrópoli: el cuento de Donoso o el aguafuerte de Matta? ¿Por qué?
2. ¿Cómo influyen la memoria y la subconsciencia en las obras de arte que hemos estudiado en esta unidad?
3. Compare Ud. el vocabulario de formas y símbolos de «El puerto» de Torres García con los de «Recuerdo de Venecia» de Obregón.
4. Comente Ud. la descripción de la vida urbana que se ha presentado en esta unidad.

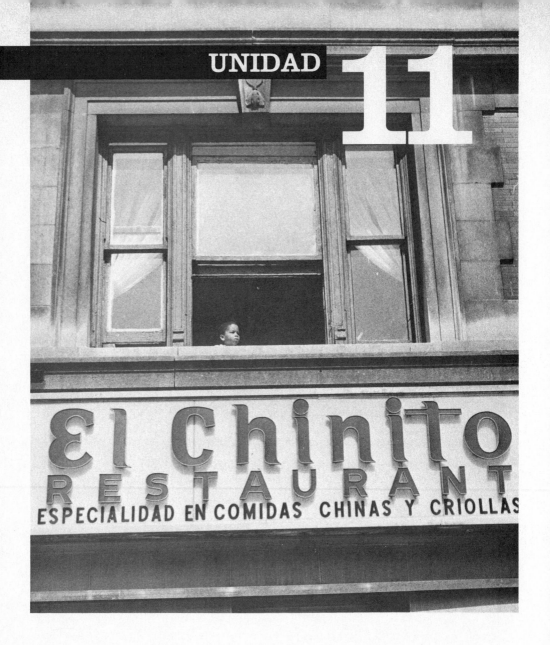

El Chinito
RESTAURANT
ESPECIALIDAD EN COMIDAS CHINAS Y CRIOLLAS

Los Estados Unidos
y lo hispánico

En 1980 había aproximadamente 14.6 millones de personas de origen hispánico en los Estados Unidos. El 60.6% de esa población era de origen mexicano, el 14.5% de origen puertorriqueño y el 6.6% de origen cubano. Aunque mucho menos que los de origen mexicano, el número de puertorriqueños y cubanos en los Estados Unidos indica la relación especial entre los Estados Unidos y Puerto Rico y Cuba. Mientras Puerto Rico, establecido en 1952 como Estado Libre Asociado, está hoy día íntimamente asociado con los Estados Unidos, Cuba, por el contrario, se ha desasociado totalmente de este país a partir de 1959, con el triunfo de la revolución cubana.

En las últimas décadas, por razones económicas o políticas, muchos puertorriqueños y cubanos han inmigrado a los Estados Unidos. Los puertorriqueños se concentraron especialmente en Nueva York donde, a pesar de sus esperanzas de mejorar económicamente, muchos siguen en medio de la pobreza. Por el contrario, la mayoría de los cubanos que han dejado Cuba después de 1959, por provenir generalmente de la clase media y tener una educación relativamente buena, han sabido aprovechar las oportunidades que se les han presentado. Aunque se les encuentra hoy día en todas partes de los Estados Unidos, una gran mayoría vive en Miami, donde sus muchas contribuciones han transformado la ciudad.

Las obras literarias y pictóricas escogidas para esta unidad representan sólo unos pocos momentos de la rica y fecunda historia cultural de las dos islas. La situación del puertorriqueño en Nueva York—su pobreza y su nostalgia por su isla tropical—es tema muy desarrollado en novelas y cuentos de varios escritores puertorriqueños. Entre ellos se destaca Pedro Juan Soto, autor de *Spiks*, colección de cuentos que reflejan la miseria y soledad que han caracterizado la vida en los barrios pobres. Nostalgia similar se encuentra en las poesías del gran héroe cubano, José Martí, que a fines del siglo XIX pasó muchos años de destierro en los Estados Unidos. En la última parte de la unidad se presentan algunos trabajos de tres pintores cubanos—Amelia Peláez, Wilfredo Lam y Mario Carreño—cuyas obras ejemplifican la síntesis de lo cosmopolita y lo autóctono que caracteriza el arte cubano moderno.

Vocabulario útil

Estudiar estas palabras antes de leer Versos sencillos y «*Garabatos*».

al cabo de   after, at the end of
alma   soul
almohada   pillow
alrededor de   around
amenazar   to threaten
cocina   kitchen
colcha   bedspread
cuarto de baño   bathroom
dar vueltas   to circle
dormitorio   bedroom
estrella   star

habitación   room
hacer caso de   to pay attention to
jamás   never
Navidad   Christmas
Nochebuena   Christmas Eve
pelota   ball
quitarse   to take off, remove
ramo   bough, branch
rayo   beam, flash of light
sótano   basement
ventana   window

Versos sencillos

José Martí nació en la Habana en 1853. Dos pasiones dominaron su vida: su vocación literaria y el amor por su patria. Participó en el movimiento de independencia cuando todavía era muy joven. Más tarde, por cuestiones políticas, fue condenado a seis años de prisión, condena que fue reducida al destierro después de ocho meses. Fue el joven Martí a España, donde escribió artículos en contra del gobierno colonial. Después vivió en México y Guatemala, donde se dedicó al periodismo. En 1878 el gobierno español le permitió regresar a Cuba, pero luego fue acusado de actividades subversivas y tuvo que salir otra vez. Martí pasó los últimos años de su vida en los Estados Unidos, donde organizó el partido revolucionario cubano. En 1895 volvió a Cuba para participar en la liberación de su patria y allí murió en una batalla del mismo año. Hoy día está considerado como el héroe más grande que ha producido Cuba.

Como cronista, orador, ensayista y poeta, Martí hizo de la literatura una parte íntima de su vida. Se le recuerda especialmente como gran patriota y poeta. Los dos poemas que se han escogido para esta antología son de *Versos sencillos* (1891). En ellos Martí nos presenta una serie de símbolos por los que llegamos a conocer la parte más íntima y profunda del poeta.

❖ ❖ ❖

I

Yo soy un hombre sincero
De donde crece la palma,
Y antes de morirme quiero
Echar mis versos del alma.

                        echar   *to pour out, release*

5   Yo vengo de todas partes,
Y hacia todas partes voy.
Arte soy entre las artes,
En los montes, monte soy.[1]

Yo sé los nombres extraños
10 De las yerbas y las flores,   yerbas   *herbs, grasses*
Y de mortales engaños,
Y de sublimes dolores.

Yo he visto en la noche oscura
Llover sobre mi cabeza
Los rayos de lumbre pura · lumbre *light*
De la divina belleza.

5   Alas nacer vi en los hombros · alas *wings*
De las mujeres hermosas,
Y salir de los escombros, · escombros *ashes*
Volando las mariposas.

He visto vivir a un hombre
10 Con el puñal al costado, · puñal *knife, knife*
Sin decir jamás el nombre · *wound*
De aquélla que lo ha matado. · costado *side*

Rápida como un reflejo, · reflejo *reflection*
Dos veces vi el alma, dos:
15 Cuando murió el pobre viejo,
Cuando ella me dijo adiós.

Temblé una vez—en la reja, · en la reja *at the grating,*
A la entrada de la viña,— · *grill work*
Cuando la bárbara abeja · abeja *bee*
20 Picó en la frente a mi niña. · picó *stung*

Gocé una vez, de tal suerte · gocé *I rejoiced*
Que gocé cual nunca:²—cuando
La sentencia de mi muerte
Leyó el alcaide llorando. · alcaide *jailer, warden*

25   Oigo un suspiro a través · suspiro *sigh*
De las tierras y la mar,
Y no es un suspiro,—es
Que mi hijo va a despertar.

Si dicen que del joyero
30 Tome la joya mejor,
Tomo a un amigo sincero
Y pongo a un lado el amor.

Yo he visto al águila herida
Volar al azul sereno, · guarida *hiding place,*
35 Y morir en su guarida · *den*
La víbora del veneno. · víbora *viper*
· veneno *poison*

Yo sé bien que cuando el mundo
Cede, lívido, al descanso,
Sobre el silencio profundo
Murmura el arroyo manso.

5   Yo he puesto la mano osada,
De horror y júbilo yerta,
Sobre la estrella apagada
Que cayó frente a mi puerta.

Oculto en mi pecho bravo
10 La pena que me lo hiere:
El hijo de un pueblo esclavo[3]
Vive por él, calla y muere.

Todo es hermoso y constante,
Todo es música y razón,
15 Y todo, como el diamante,
Antes que luz es carbón.

Yo sé que el necio se entierra
Con gran lujo y con gran llanto,
Y que no hay fruta en la tierra
20 Como la del camposanto.

Callo, y entiendo, y me quito
La pompa del rimador:
Cuelgo de un árbol marchito
Mi muceta de doctor.

cede *yields*
lívido *livid, bruised*

manso *meek, gentle*

osada *bold*
yerta *rigid, stiff*
apagada *extinguished, dead*

oculto *I hide*
hiere *wounds*

el necio se entierra *the fool buries himself*
llanto *mourning, weeping*
camposanto *cemetery*

pompa del rimador *pomp of the rhyme-maker*
cuelgo *I hang*
muceta de doctor *doctor's hood*

25 # XXV

Yo pienso, cuando me alegro
Como un escolar sencillo,
En el canario amarillo,—
Que tiene el ojo tan negro.

30 Yo quiero, cuando me muera,
Sin patria, pero sin amo,
Tener en mi losa un ramo
De flores,—y una bandera.

losa *gravestone*

Garabatos

Pedro Juan Soto (1928–) es de una generación de escritores puertorriqueños cuyas obras se caracterizan por la protesta social. Se preocupan por la condición económica y política tanto de los puertorriqueños que viven en la isla como de los que se han radicado en Nueva York, donde hay más de un millón de puertorriqueños. Sus obras reflejan el descontento que existe en Puerto Rico como resultado de la pobreza y del estado legal de la isla como Estado Libre Asociado. Los temas principales de esta generación incluyen: la vida en la isla bajo el dominio de los Estados Unidos, la imposición del inglés en las escuelas, las experiencias en la guerra de Corea y la vida del puertorriqueño en Nueva York, una vida caracterizada por el crimen, la violencia, la soledad y la desesperanza.

Soto ha compartido muchas de las experiencias de su generación. Vino a Nueva York de Puerto Rico para cursar estudios universitarios y conocer el ambiente en que vivían más de un millón de puertorriqueños. Al graduarse de la universidad, hizo su servicio militar en el ejército de los Estados Unidos en Corea, experiencia que incorporaría—junto con su vida en Nueva York—como tema principal o lateral en sus cuentos y novelas. Además de ser escritor profesional, Soto es también educador (ha enseñado en la Universidad de Puerto Rico).

El cuento de Soto aquí incluido, «Garabatos», forma parte de su antología *Spiks*. De ese cuento dice el escritor:

...La idea me vino, muy a medias, mientras escuchaba a un querido amigo— pintor reconocido ahora, estudiante de pintura en octubre de 1953—quejarse de la aparente insensibilidad de su esposa frente a sus creaciones artísticas. Sus cuitas eran similares a las mías, puesto que más de un pariente me consideraba ocupado en «cosas de vago» cada vez que me sorprendía escribiendo. Después de cinco semanas de trabajo intenso, me di por satisfecho en cuanto a «Garabatos». La simbología escogida me parece obvia ahora, sin embargo. El estrato económico del puertorriqueño-neoyorquino está obviamente ilustrado por ese sótano donde malviven los personajes. Y dentro de ese sótano, la ubicación posible del arte es el cuarto de baño. Visión pesimista, dirá alguien. No la creo pesimista, sino realista.

1

El reloj marcaba las siete y él despertó por un instante. Ni su mujer estaba en la cama, ni sus hijos en el camastro. Sepultó la cabeza bajo la almohada para ensordecer el escándalo que venía desde la 5 cocina. No volvió a abrir los ojos hasta las diez, obligado ahora por las sacudidas de Graciela.

Aclaró la vista estregando los ojos chicos y removiendo las lagañas, sólo para distinguir el cuerpo ancho de su mujer plantado frente a la cama, en 10 aquella actitud desafiante. Oyó la voz estentórea de ella, que parecía brotar directamente del ombligo.

—¡Qué! ¿Tú piensah seguil echao toa tu vida? Parece que la mala barriga te ha dao a ti. Sin embalgo, yo calgo el muchacho.[1]

15 Todavía él no la miraba a la cara. Fijaba la vista en el vientre hinchado, en la pelota de carne que crecía diariamente y que amenazaba romper el cinturón de la bata.

—¡Acaba de levantalte, condenao! ¿O quiereh que 20 te eche agua?

Él vociferó a las piernas abiertas y a los brazos en jarras, al vientre amenazante, al rostro enojado:—¡Me levanto cuando me salga di adentro y no cuando uhté mande! ¡Adiós! ¿Qué se cree uhté?

25 Retornó la cabeza a las sábanas, oliendo las manchas de brillantina en la almohada y el sudor pasmado de la colcha.

A ella le dominó la masa inerte del hombre: la amenaza latente en los brazos quietos, la semejanza 30 del cuerpo al de un lagartijo enorme.

Ahogó los reproches en un morder de labios y caminó de nuevo hacia la cocina, dejando atrás la habitación donde chisporroteaba, sobre el ropero, la vela ofrecida a San Lázaro. Dejando atrás la palma 35 bendita del último Domingo de Ramos y las estampas religiosas que colgaban de la pared.

Era un sótano donde vivían. Pero aunque lo sostuviera la miseria, era un techo sobre sus cabezas. Aunque sobre ese techo patearan y barrieran otros

---

Glosses (margin):

camastro *cot*
sepultó *he buried*
ensordecer *close out, muffle*
escándalo *racket, noise*
las... Graciela *Graciela's shaking*
aclaró *he cleared*
estregando *rubbing*
lagañas *blearedness*
desafiante *defiant*
estentórea *loud*
brotar *burst, originate*
ombligo *navel*
barriga *belly*

calgo (cargo) *carry*

vientre *belly, womb*

bata *bathrobe*

vociferó *shouted*
en jarras *akimbo*
enojado *angry*

manchas *stains*
el sudor pasmado *the stale sweat*

semejanza *similarity*
lagartijo *lizard*
morder *biting*

chisporroteaba *was sputtering*
ropero *wardrobe*
vela *candle*
Domingo de Ramos *Palm Sunday*
estampas *prints*
sostuviera *supported*
patearan y barrieran *stamped and swept*

inquilinos, aunque por las rendijas lloviera basura, | rendijas *cracks*
ella agradecía a sus santos tener donde vivir. Pero | basura *garbage*
Rosendo seguía sin empleo. Ni los santos lograban
emplearlo. Siempre en las nubes, atento más a su
5 propio desvarío que a su familia. | desvarío *madness, whim*

   Sintió que iba a llorar. Ahora lloraba con tanta
facilidad. Pensando: *Dios Santo si yo no hago más*
que parir y parir como una perra y este hombre no se | parir *give birth*
preocupa por buscar trabajo porque prefiere que el
10 *gobierno nos mantenga por correo mientras él se la* | se la pasa *spends his time*
pasa por ahí mirando a los cuatro vientos como Juan
Bobo y diciendo que quiere ser pintor. | Juan Bobo *Crazy John*

   Detuvo el llanto apretando los dientes, cerrando | apretando *clenching, gritting*
la salida de las quejas que pugnaban por hacerse | quejas *complaints*
15 grito. Devolviendo llanto y quejas al pozo de los | pugnaban *struggled* / grito *scream*
nervios, donde aguardarían a que la histeria les | pozo *well* / aguardarían *they would wait*
abriera cauce y les transformara en insulto para el | les abriera cauce *would open a path for them*
marido, o nalgada para los hijos, o plegaria para la
Virgen del Socorro. | nalgada *spanking* / plegaria *supplication*
20 Se sentó a la mesa, viendo a sus hijos correr por la
cocina. Pensando en el árbol de Navidad que no
tendrían y los juguetes que mañana habrían de envi- | juguetes *toys*
diarles a los demás niños. *Porque esta noche es*
Nochebuena y mañana es Navidad.

25   —¡Ahora yo te dihparo y tú te caeh muelto! | te dihparo (te disparo) *I'll shoot you*
   Los niños jugaban bajo la mesa.
   —Neneh, no hagan tanto ruido, bendito...
   —¡Yo soy Chen Otry!—dijo el mayor. | Chen Otry *Gene Autry*
   —¡Y yo Palón Casidi! | Palón Casidi *Hopalong Cassidy*
30   —Neneh, que tengo dolol de cabeza, por Dioh...
   —¡Tú no ereh Palón na! ¡Tú ereh el pillo y yo te | pillo *bad guy*
mato.
   —¡No! ¡Maaamiii!
   Graciela torció el cuerpo y metió la cabeza bajo la | torció *twisted* / metió *put*
35 mesa para verlos forcejear. | forcejear *wrestle*
   —¡Muchachos, salgan de ahí! ¡Maldita sea mi
vida! ¡ROSENDO ACABA DE LEVANTALTE! | acaba de levantalte (levantarte) *hurry and get up*
   Los chiquillos corrían nuevamente por la habita-
ción; gritando y riendo uno, llorando otro.
40   —¡ROSENDO!

2

Rosendo bebía el café sin hacer caso de los insultos de la mujer.

—¿Qué piensah hacer hoy, buhcal trabajo o seguil por ahí, de bodega en bodega y de bar en bar, dibu-
5 jando a to esoh vagoh?

Él bebía el café del desayuno, mordiéndose los labios distraídamente, fumando entre sorbo y sorbo su último cigarrillo. Ella daba vueltas alrededor de la mesa, pasándose la mano por encima del vientre
10 para detener los movimientos del feto.

—Seguramente iráh a la teltulia de loh caricortaoh a jugar alguna peseta prehtá, creyéndote que el maná va a cael del cielo hoy.

—Déjame quieto, mujer...
15 —¡Sí, siempre eh lo mihmo: ¡déjame quieto! Mañana eh Crihmah y esoh muchachoh se van a quedal sin jugueteh.

—El día de Reyeh en enero...[2]

—A Niu Yol no vienen loh Reyeh. ¡A Niu Yol viene
20 Santa Cloh!

—Bueno, cuando venga el que sea, ya veremoh.

—¡Ave María Purísima, qué padre! ¡Dioh mío! ¡No te preocupan na máh que tuh garabatoh! ¡El altihta! ¡Un hombre viejo como tú!
25 Se levantó de la mesa y fue al dormitorio, hastiado de oír a la mujer. Miró por la única ventana. Toda la nieve caída tres días antes estaba sucia. Los auto-móviles habían aplastado y ennegrecido la del asfalto. La de las aceras había sido hollada y orinada por
30 hombres y perros. Los días eran más fríos ahora porque la nieve estaba allí, hostilmente presente, envilecida, acomodada en la miseria. Desprovista de toda la inocencia que trajo el primer día.

Era una calle lóbrega, bajo un aire pesado, en un
35 día grandiosamente opaco.

Rosendo se acercó al ropero para sacar de una gaveta un envoltorio de papeles. Sentándose en el alféizar, comenzó a examinarlos. Allí estaban todas las bolsas del papel que él había recogido para rom-
40 perlas y dibujar. Dibujaba de noche, mientras la

bodega *store*
dibujando *sketching*
vagoh (vagos) *bums*

distraídamente
 distractedly
sorbo y sorbo *one sip
 and another*

teltulia (tertulia) *party,
 gathering*
caricortaoh (caricortados)
 good-for-nothings
prehtá (prestada)
 borrowed
maná *manna*
déjame quieto *let me
 alone*

Niu Yol *New York*
Santa Cloh *Santa Claus*

garabatos *scribblings*

hastiado *tired*

aplastado *flattened*
ennegrecido *blackened*
asfalto *pavement*
hollada *trampled*
orinada *urinated on*

envilecida *vilified*
acomodada en *at home
 with*
desprovista de *stripped
 of*
lóbrega *gloomy, murky*

gaveta *drawer*
envoltorio *bundle*
alféizar *window sill*
bolsas *bags*

mujer y los hijos dormían. Dibujaba de memoria los rostros borrachos, los rostros angustiados de la gente de Harlem: todo lo visto y compartido en sus andanzas del día.

5   Graciela decía que él estaba en la segunda infancia. Si él se ausentaba de la mujer quejumbrosa y de los niños llorosos, explorando en la Babia imprecisa de sus trazos a lápiz, la mujer rezongaba y se mofaba.

    Mañana era Navidad y ella se preocupaba porque 10 los niños no tendrían juguetes. No sabía que esta tarde él cobraría diez dólares por un rótulo hecho ayer para el bar de la esquina. Él guardaba esa sorpresa para Graciela. Como también guardaba la sorpresa del regalo de ella.

15   Para Graciela él pintaría un cuadro. Un cuadro que resumiría aquel vivir juntos, en medio de carencias y frustraciones. Un cuadro con un parecido melancólico a aquellas fotografías tomadas en las fiestas patronales de Bayamón. Las fotografías del tiempo del noviazgo, 20 que formaban parte del álbum de recuerdos de la familia. En ellas, ambos aparecían recostados contra un taburete alto, en cuyo frente se leía «Nuestro Amor» o «Siempre Juntos». Detrás estaba el telón con las palmeras y el mar y una luna de papel dorado.

25   A Graciela le agradaría, seguramente, saber que en la memoria de él no había muerto nada. Quizás después no se mofaría más de sus esfuerzos.

    Por falta de materiales, tendría que hacerlo en una pared y con carbón. Pero sería suyo, de sus manos, 30 hecho para ella.

3

A la caldera del edificio iba a parar toda la madera vieja e inservible que el superintendente traía de todos los pisos. De allí sacó Rosendo el carbón 35 que necesitaba. Luego anduvo por el sótano buscando una pared. En el dormitorio no podía ser. Graciela no permitiría que él descolgara sus estampas y sus ramos.

Glosario

compartido *shared*
andanzas *wanderings*

quejumbrosa *grumbling*
Babia *absent-mindedness*
trazos a lápiz *pencil drawings*
rezongaba *grumbled*
se mofaba *sneered*
cobraría *would collect*
rótulo *sign*
guardaba *was saving*

resumiría *would summarize*
carencias *deprivations*
parecido *similarity*
fiestas patronales *saint's day parties*
noviazgo *engagement*
recostados *leaning*
taburete *stool*
en cuyo frente *in front of which*
telón *backdrop*
dorado *golden*

carbón *charcoal*

caldera *boiler*
iba a parar *wound up*

descolgara *take down*

La cocina estaba demasiado resquebrajada y mugrienta.

—Si necesitan ir al cuarto de baño—dijo a su mujer—, aguántesen o usen la ehcupidera. Tengo
5 que arreglar unoh tuboh.

Cerró la puerta y limpió la pared de clavos y telarañas. Bosquejó su idea: un hombre a caballo, desnudo y musculoso, que se inclinaba para abrazar a una mujer desnuda también, envuelta en una
10 melena negra que servía de origen a la noche.

Meticulosamente, pacientemente, retocó, repetidas veces los rasgos que no le satisfacían. Al cabo de unas horas, decidió salir a la calle a cobrar sus diez dólares, a comprar un árbol de Navidad y juguetes
15 para sus hijos. De paso, traería tizas de colores del «candy store». Este cuadro tendría mar y palmeras y luna. Y colores, muchos colores. Mañana era Navidad.

Graciela iba y venía por el sótano, corrigiendo a
20 los hijos, guardando ropa lavada, atendiendo a las hornillas encendidas.

Él vistió su abrigo remendado.

—Voy a buhcal un árbol pa loh muchachoh. Don Pedro me debe dieh pesoh.
25 Ella le sonrió, dando gracias a los santos por el milagro de los diez dólares.

4

Regresó de noche al sótano, oloroso a whisky y a cerveza. Los niños se habían dormido ya. Acomodó
30 el árbol en un rincón de la cocina y rodeó el tronco con juguetes.

Comió el arroz con frituras, sin tener hambre, pendiente más de lo que haría luego. De rato en rato, miraba a Graciela, buscando en los labios de
35 ella la sonrisa que no llegaba.

Retiró la taza quebrada que contuvo el café, puso las tizas sobre la mesa, y buscó en los bolsillos el cigarrillo que no tenía.

---

resquebrajada *cracked*
mugrienta *grimy, filthy*

aguántesen
(aguántense) *hold it*
ehcupidera (escupidera)
chamber pot
tuboh (tubos) *pipes*
clavos *nails*
telarañas *cobwebs*
bosquejó *he sketched*
se inclinaba *leaned
down*
melena *mane*

de paso *on the way*
tizas *chalk*

guardando *putting
away*
hornillas encendidas
*lighted burners (of a
stove)*
remendado *patched*

oloroso a *smelling of*

frituras *fritters*
pendiente *absorbed*
de... rato *from time to
time*

retiró *removed*
quebrada *chipped*

—Esoh muñecoh loh borré.

Él olvidó el cigarrillo.

—¿Ahora te dio por pintal suciedadeh?

Él dejó caer la sonrisa en el abismo de su realidad.

—Ya ni velgüenza tieneh...

Su sangre se hizo agua fría.

—... obligando a tus hijoh a fijalse en porqueríah, en indecenciah... Loh borré y si acabó y no quiero que vuelva sucedel.

Quiso abofetearla pero los deseos se le paralizaron en algún punto del organismo, sin llegar a los brazos, sin hacerse furia descontrolada en los puños.

Al incorporarse de la silla, sintió que todo él se vaciaba por los pies. Todo él había sido estrujado por un trapo de piso y las manos de ella le habían exprimido fuera del mundo.

Fue al cuarto de baño. No quedaba nada suyo. Sólo los clavos, torcidos y mohosos, devueltos a su lugar. Sólo las arañas vueltas a hilar.

Aquella pared no era más que la lápida ancha y clara de sus sueños.

Spiks, 1956

muñecoh (muñecos) *drawings*

suciedadeh (suciedades) *filth*

velgüenza (vergüenza) *shame*

vuelva sucedel (vuelva a suceder) *happen again*
abofetearla *strike her*
puños *fists*

al incorporarse *upon rising*
se vaciaba *was draining out*
estrujado *wrung out, wiped out*
trapo de piso *rag for washing the floor*
exprimido *squeezed*
torcidos *twisted*
mohosos *rusty*
arañas... hilar *spiders, spinning again*

Notas culturales

Versos sencillos

1 *Arte soy entre las artes, / En los montes, monte soy.* Estos versos pueden interpretarse libremente así: «Entre la gente astuta, soy astuto; entre la gente sincera, soy sincero.»

2 *... de tal suerte / Que gocé cual nunca.* Significa: «Como nunca he gozado antes.»

3 *Hijo de un pueblo esclavo:* Referencia al hecho de que en aquella época Cuba estaba en poder de España.

«Garabatos»

1 Soto, en los diálogos del cuento, imita el lenguaje popular de los puertorriqueños. La mayoría de los cambios fonéticos son cambios del valor de las
consonantes:

A La *s* al final de una sílaba o de una palabra tiende a desaparecer:

piensah	*piensas*	Cloh	*Clos*
quiereh	*quieres*	veremoh	*veremos*
uhté	*usted*	máh	*más*
dihparo	*disparo*	tuh	*tus*
caeh	*caes*	garabatoh	*garabatos*
neneh	*nenes*	altihta	*artista*
Dioh	*Dios*	ehcupidera	*escupidera*
ereh	*eres*	unoh	*unos*
buhcal	*buscar*	tuboh	*tubos*
esoh	*esos*	buhcal	*buscar*
vagoh	*vagos*	dieh	*diez*
iráh	*irás*	pesoh	*pesos*
loh	*los*	muñecoh	*muñecos*
eh	*es*	suciedadeh	*suciedades*
mihmo	*mismo*	tieneh	*tienes*
Crihmah	*Crismas*	hijoh	*hijos*
muchachoh	*muchachos*	porqueríah	*porquerías*
jugueteh	*juguetes*	indecenciah	*indecencias*
Reyeh	*Reyes*		

B Se sustituye a veces la *r* por la *l*:

seguil	*seguir*	dolol	*dolor*	pintal	*pintar*
embalgo	*embargo*	teltulia	*tertulia*	velgüenza	*vergüenza*
calgo	*cargo*	cael	*caer*	fijalse	*fijarse*
levantalte	*levantarte*	quedal	*quedar*	sucedel	*suceder*
muelto	*muerto*	Niu Yol	*Niu Yor(k)*		

C La *d* final y la *d* intervocálica desaparecen:

echao	*echado*	condenao	*condenado*	caricortaoh	*caricortados*
toa	*toda*	na	*nada*	prehtá	*prestada*
dao	*dado*	to	*todos*		

D Otros cambios son menos frecuentes en el texto:

di	*de*	pa	*para*
aguántesen	*aguántense*	si	*se*

2 Aunque es costumbre en los Estados Unidos presentar los regalos el 25 de diciembre, en los países hispánicos se dan los regalos tradicionalmente el 6 de enero, Día de los Reyes Magos.

Práctica

I. Preguntas

Versos sencillos

1. ¿Qué idea tiene el poeta al escribir estos versos? 2. ¿Qué experiencias ha tenido que le hicieron sufrir? 3. ¿Cuál es la mejor joya que ofrece la vida? 4. ¿Cómo sabemos que Cuba todavía no gozaba de la independencia cuando se escribió este poema? 5. En el verso que comienza «Yo pienso, cuando me alegro», ¿qué representan las cosas que el poeta quiere tener en su losa?

«Garabatos»

6. ¿Cómo despertó Graciela a su marido? 7. ¿Se despertó él en seguida? 8. ¿En qué condiciones físicas estaba Graciela? 9. ¿Qué cosas religiosas había en el dormitorio? 10. ¿En qué parte del edificio vivían? 11. ¿Cómo era su apartamento? 12. ¿Qué empleo tenía Rosendo? 13. ¿Cómo se mantenían ellos? 14. ¿Cómo se manifestaban de vez en cuando las preocupaciones de Graciela? 15. ¿En qué día tuvo lugar la acción del cuento? 16. Según Graciela, ¿cómo pasaría Rosendo el día? 17. ¿Qué es lo que podía verse desde la ventana? 18. ¿Qué hacía Rosendo de noche, mientras los otros dormían? 19. ¿Qué es lo que no sabía Graciela? 20. ¿Qué cuadro pintó Rosendo? 21. ¿Por qué pensaba Rosendo que el cuadro le gustaría a Graciela? 22. ¿Dónde pintó el cuadro? ¿Por qué? 23. ¿Cómo reaccionó Graciela frente al regalo de Rosendo? 24. ¿Qué emociones sentía Rosendo al escuchar lo que le dijo su mujer? 25. ¿Qué significó para Rosendo la destrucción de su cuadro?

II. Preguntas analíticas

1. Describa Ud. la casa de Rosendo y las condiciones en que vive la familia. 2. ¿Se puede decir que lo que se ve por la ventana de la casa tiene un valor simbólico, además de ser una realidad? Comente Ud. 3. ¿Cómo son los recuerdos que tiene Rosendo de Puerto Rico? 4. ¿En qué sentido puede decirse que este cuento nos presenta el desencuentro de dos personas? 5. Compare Ud. las actitudes de Rosendo con las de Martí en sus *Versos sencillos*. ¿Qué semejanzas hay?

III. Práctica de vocabulario

A. Elegir la palabra que no corresponde al grupo.

1. luna, sol, estrella, cielo, pelota
2. sótano, colcha, dormitorio, cocina, cuarto de baño
3. odiar, atacar, amenazar, quitarse, mofar
4. santo, ventana, Dios, alma, cura
5. nadie, ninguno, nube, jamás, nunca

B. Completar con la palabra apropiada.

prestarle atención	dedos	al cabo de
alma	ramas	debajo de
sótano	una pelota	una estrella
la Navidad	la cocina	amenazarlo
alrededor de	la ventana	

1. Para llegar adonde estaba el Niño Jesús, los Reyes siguieron _____ .
2. Normalmente preparamos la comida en _____ .
3. Para ver lo que pasaba fuera de la casa, Juan se acercó a _____ .
4. Muchas casas modernas no tienen _____ .
5. Para entender lo que dice el profesor, hay que _____ .
6. Muchos ateos no creen en la existencia del _____ .
7. Un árbol no tiene brazos; tiene _____ .
8. _____ la casa había un jardín muy hermoso.
9. _____ cinco años todavía no había terminado sus estudios.
10. Muchas familias se hacen regalos en _____ .

C. Usar en una frase original.

1. alma
2. cocina
3. debajo de
4. alrededor de
5. almohada
6. estrella
7. dar vueltas
8. habitación
9. Nochebuena
10. rayo

D. En el cuento de Soto, vemos el desencuentro de dos personas. En este caso, es la mujer que, abrumada por la situación en que se encuentra, parece haber perdido sus ilusiones.

Claro es que la situación podría resultar al revés: frecuentemente, la mujer es la que defiende sus aspiraciones frente a la incomprensión o la indiferencia de su marido o de la sociedad.

Prepare Ud. un diálogo en el que se presenta ese problema de la mujer, y preséntelo a la clase.

El arte moderno cubano

A principios del siglo XX, el arte cubano fue de poca originalidad y de marcada tendencia tradicionalista; sin embargo, en la década del 20 aparecieron algunos innovadores que buscaron liberarse de los temas y estilos de la generación previa. Incorporaron al arte cubano los más variados estilos europeos: el surrealismo, el cubismo, el expresionismo, etc. En el caso del arte representativo, muchos motivos son netamente cubanos: el gallo, los animales campestres, el paisaje tropical y especialmente el tema afrocubano. Dentro de este esquema general se encuentra un individualismo muy hispánico, como se puede observar en la obra de los tres artistas que se incluyen aquí: Amelia Peláez (1897–1968), Wilfredo Lam (1902–) y Mario Carreño (1913–).

Amelia Peláez inició sus estudios de arte en la Academia de San Alejandro en La Habana, pero el deseo de conocer mejor las nuevas técnicas del arte moderno la llevó primero a Nueva York y después a Francia, donde pasó siete años estudiando y buscando una expresión propia. Al volver a Cuba Peláez presentó una exposición de su obra. Luego se dedicó a pintar objetos domésticos y es aquí donde descubrió su propio estilo. Los motivos decorativos que se mezclan en sus cuadros—plantas, rejas, vidrios de colores, etc.—prestan un aspecto barroco a sus pinturas, vinculándola a una tradición muy arraigada en la cultura hispánica. Aunque también se ha interesado por el arte abstracto, lo que caracteriza su obra y la ha llevado a los mejores museos del mundo es su expresión de la tradición criolla de los pueblos provincianos.

Wilfredo Lam, hijo de un chino y de una negra, nació en un pueblo interior de Cuba. Su padre, hombre culto y amante de la educación, lo alentó siempre en su carrera de pintor. De su madre aprendió los bailes, canciones y ritos afrocubanos que llegarían a tener una influencia enorme en su obra futura. Lam fue becado por su ciudad natal y fue a Madrid, donde había de pasar unos quince años y llegaría a familiarizarse con la tradición artística europea de la época. Pero sólo años más tarde llegaría a interesarse seriamente por lo que él llamó la *cosa negra*. En unas máscaras y esculturas negras que vio por primera vez en Madrid, descubrió Lam otra tradición, suya por derecho de la sangre, y este encuentro le dio mayor conciencia de su persona, de los medios que eran suyos. Al estallar la Guerra Civil Española en 1936 Lam fue primero a Barcelona y después a París, donde intimó con Picasso y con los surrealistas, y absorbió técnicas e ideas que habían de influir mucho en su evolución posterior. Picasso se interesó mucho por el cubano, y compartió su entusiasmo por el arte africano. Con la llegada de la Segunda Guerra Mundial a Francia, volvió Lam a Cuba, donde en la década del 40 pintó obras de inspiración afrocubana. Tal vez la más importante de esas pinturas es *La Manigua (La Jungla)*, obra neoprimitiva de enorme vitalidad. En ésta el pintor nos presenta las fuerzas irracionales de la subconsciencia por medio de imágenes surrealistas en las que se mezclan formas semi-humanas con las de una vegetación exuberante.

Como Peláez y Lam, Mario Carreño también estudió en la Academia de San Alejandro antes de viajar a Europa. Como Lam, vivió primero en Madrid (1932–1935) y después en París, con una breve estadía en México. Al estallar la Segunda Guerra Mundial, Carreño volvió a Cuba, y después estuvo en los Estados Unidos, como profesor de pintura en la New School for Social Research en Nueva York. Hoy día sigue viviendo en el extranjero. La obra de Carreño se divide entre obras representativas de puro tema cubano y obras abstractas. En el cuadro *Tornado* capta Carreño la violencia de los desastres naturales en un estilo caracterizado por la energía y la vitalidad.

En las obras de Peláez, Lam y Carreño vemos una síntesis de lo moderno y lo tradicional, de lo cosmopolita y lo autóctono y de las varias tradiciones culturales donde se halla el genio del artista hispanoamericano contemporáneo.

Mario Carreño, *Tornado*. 1941. Oil on canvas, 31″ × 41″. Collection, The Museum of Modern Art, New York. Inter-American Fund.

Tornado

¿Cuántos objetos puede Ud. identificar en este cuadro? ¿En qué sentido es realista la pintura? ¿Se podría interpretarla también como pintura surrealista? ¿Hay elementos abstractos? ¿Cuáles son?

Peláez del Casal, Amelia. *Fishes.* 1943. Oil on canvas, 45½″ × 35⅛″. Collection, The Museum of Modern Art, New York. Inter-American Fund.

Pescados

Además de los pescados, ¿qué otros objetos puede Ud. identificar en el cuadro? ¿Hay elementos barrocos en «Pescados»? ¿Cómo es la perspectiva en la pintura?

Lam, Wilfredo. *The Jungle.* 1943. Gouache on paper mounted on canvas, 7′10¼″ × 7′6½″.
Collection, The Museum of Modern Art, New York. Inter-American Fund.

La manigua (la jungla)

Las leyes de la perspectiva indican que los objetos alejados se ven más pequeños
que los cercanos y que las líneas paralelas parecen converger hacia un punto
situado en el infinito (punto de fuga). En *La manigua*, de Wilfredo Lam, el
pintor parece rechazar ese concepto de la composición; cada parte del cuadro
tiene tanta importancia como las otras. En las formas humanas del cuadro no es
difícil distinguir tanto la influencia de las máscaras africanas como la de Picasso
en su época de *Guernica*. El cuadro en su totalidad puede interpretarse por lo
menos en dos niveles: como representación de las danzas negras (del culto de
vudú), presenciadas por el artista, o como representación de las fuerzas poderosas de la subsconsciencia del hombre moderno.

Para comentar

1. ¿Cuáles son los principales motivos tropicales representados en los cuadros que hemos visto?
2. Específicamente, ¿qué técnicas modernas han utilizado los pintores en estos cuadros?
3. ¿Cuál es la mejor pintura, para Ud.? ¿Por qué?
4. Comente Ud. el simbolismo usado en una de las obras literarias y en una de las pinturas estudiadas en esta unidad.
5. Compare Ud. las preocupaciones del cubano y del puertorriqueño con aquéllas con que Ud. ya se ha familiarizado como resultado de haber estudiado estos ejemplos de literatura y arte.

La presencia hispánica en los Estados Unidos

Hoy día el 5,5% de la población de los Estados Unidos, más de 12 millones de habitantes, habla español. En algunas regiones este porcentaje es mucho más grande: en el Suroeste, por ejemplo, llega al 10% y en las ciudades de Nueva York y Miami el porcentaje de puertorriqueños y cubanos, respectivamente, es bastante alto.

Como son diversas las razones por las cuales estos inmigrantes o descendientes de inmigrantes hispanos viven hoy en los Estados Unidos, también es diversa la actitud que adoptan frente a la cultura norteamericana. Algunos, como los cubanos que buscaron refugio en este país después de la revolución de 1959, aceptan la cultura estadounidense. Otros, que se ven incorporados a la fuerza, la rechazan y tienden a defender su cultura original. Tal es el caso de muchos descendientes de puertorriqueños y mexicanos. La actitud de estos últimos, especialmente la de muchos jóvenes de hoy, es el resultado lógico de un proceso histórico que se basó más en la fuerza que en la elección y que produjo y sigue produciendo antagonismos entre hispanos y anglosajones.

Existen hoy movimientos para mejorar la condición del hispano en el Suroeste y están íntimamente vinculados con otros movimientos de bienestar social y económico que surgieron después de la Segunda Guerra Mundial. Sin embargo, había poca actividad organizada entre los hispanos hasta 1965 cuando, bajo la dirección práctica y espiritual de César Estrada Chávez, se proclamó el Plan de Delano en California. El Plan, que reflejaba la solidaridad espiritual e idealista de los campesinos y que se llamó La Causa, rápidamente ganó el apoyo de los habitantes urbanos. Además de Chávez, surgieron otros líderes carismáticos como Reies López Tijerina en Nuevo México y Rodolfo (Corky) Gonzales en Colorado. Tijerina se dedicó a tratar de recobrar las tierras confiscadas a los hispanos por los anglosajones después de 1848, fecha del Tratado de Guadalupe Hidalgo. Fundó la Alianza Federal de los Pueblos Libres, movimiento que ya no existe hoy, pero cuyo ejemplo ha inspirado a varios abogados que siguen trabajando a favor de los derechos de los habitantes de la región. En la metrópoli, la actividad de Corky Gonzales ha sido extraordinaria, tanto en la política como en sus esfuerzos para mejorar la condición de los pobres urbanos. Fundó La Raza Unida, partido político que fomenta los intereses de los chicanos y creó La Crusada para la Justicia con el fin de preservar su cultura.

Toda esta actividad de carácter político, económico y social también ha despertado un vivo interés por las raíces de la cultura hispana. Resultado de ese interés es el reconocimiento del valor de una rica tradición de artes populares, tanto en la literatura como en las artes plásticas. Aquí presentamos dos aspectos del arte popular: la poesía popular del pueblo hispano del suroeste de los Estados Unidos y el arte de los santeros de Nuevo México.

Vocabulario útil

Estudiar estas palabras antes de leer «La poesía tradicional del Suroeste».

acertar   to succeed, to hit the mark
apreciado, -a   esteemed
corto, -a   short
cuenta: dar cuenta   to give or pay an account
despedirse   to say good-bye
entusiasmado, -a   enthusiastic
errar   to fail, to miss the target
escalera   stairway
halagar   to flatter

lástima   pity
lindo, -a   pretty
mantequilla   butter
ocioso, -a   idle
plazo   time (limit, fixed date)
pronunciar   to pronounce
santo   saint
sombra   shadow
vaivén *m*   fluctuation, inconstancy
voz *f*   voice

La poesía popular del Suroeste

Como nota el distinguido folklorista y profesor Arthur L. Campa en su libro *Hispanic Culture in the Southwest* (University of Oklahoma Press, Norman, 1979), el cantar siempre era importante en la cultura española. Por eso, al llegar los españoles al suroeste de nuestro país trajeron consigo una gran cantidad de canciones. De Texas a California fundaron pueblos y allí siguieron cantando las canciones viejas y componiendo canciones nuevas. Muchas de las canciones antiguas, así como las que componían las generaciones posteriores, han sobrevivido y todavía se cantan. De esta manera se ha creado un repertorio de música y poesía que refleja todos los aspectos de la vida de los hispanos del Suroeste: sus amores y sus sufrimientos; sus actitudes religiosas y filosóficas; sus problemas sociales, políticos y económicos; sus historias personales. En breve, se incluye todo lo que tiene importancia en la vida diaria de la gente.

En el sentido más profundo, esta poesía es popular—es del pueblo. Tanto los compositores como los cantores antiguos generalmente eran anónimos: no sabemos sus nombres. A veces lo que se cantaba celebraba algún episodio local y servía más o menos como una historia del pueblo. Pero la gran mayoría de las composiciones se creaban para ocasiones especiales como las fiestas, las bodas, los funerales, los cumpleaños. Generalmente los versos eran octosilábicos, continuando una vieja tradición española, y se usaba la rima.

Los poemas que se incluyen aquí se compusieron entre 1832 y 1966, lo cual sugiere que esa rica tradición todavía es una parte vital de la cultura hispana del Suroeste.

Como lo expresó Rodolfo Gonzales en su poema *Yo soy Joaquín,*

Los corridos dicen los cuentos
   de vida y muerte,
      de tradición
leyendas viejas y nuevas
   de alegría
      de pasión y pesar
   de la gente—que soy yo.

Los corridos, poemas narrativos, pasaron de Andalucía a México en el siglo XVIII y de allí se los llevaron al suroeste de los Estados Unidos. Aquí presentamos dos ejemplos: el corrido más antiguo que se ha encontrado en Nuevo México («El condenado a muerte») y un corrido moderno de protesta social («El corrido de César Chávez»).

EL CONDENADO A MUERTE[1]

Miércoles veinte de julio
De ochocientos treinta y dos;
Me llevan para el sepulcro
Para darle cuenta a Dios.
5 Me llevan pa' la capilla
Bajando por escalones
Quebrando los corazones
De los padres de familia.
Un sacerdote me auxilia,
10 Tropa me va acompañando
Los cornetas van tocando.
Ya sin remedio ninguno
Me llevan para el sepulcro
Miércoles veinte de julio.
15 En fin yo voy a llegar
A donde voy a morir
Me tengo que despedir
Con mi voz muy lastimosa.
Adiós, mi querida esposa,
20 Encomiéndame a los Santos
Con tiernas voces y llantos
Que paresca un mar profundo.
Pidiendo misericordia
Me despido de este mundo.
25 Al fin yo voy a llegar
A donde voy a expirar;
Tengan lástima de mí
No me hagan por Dios penar.
Yo indelincuente fui,
30 Pago vida sin razón.
Yo a todos pido perdón
Y a Jesús con tierna voz.
Disparen armas a un tiempo
Para darle cuenta a Dios;
35 Ya se me llegó mi plazo
De ochocientos treinta y dos.

pa = para *to*
capilla *chapel*

cornetas *buglers*

encomiéndame
  commend me
tiernas *tender* / llantos
  weeping
misericordia *mercy*

penar *suffer*

disparen *shoot*

EL CORRIDO DE CÉSAR CHÁVEZ[2]

En un día siete de marzo,
Jueves Santo en la mañana,
Salió César de Delano
Componiendo una campaña.

Componiendo una campaña *Gathering a campaign*

5 Compañeros campesinos
Este va a ser un ejemplo
Esta marcha la llevamos
Hasta mero Sacramento.

Hasta mero *Right up to*

Cuando llegamos a Fresno
10 Toda la gente gritaba,
«¡Y qué viva César Chávez
Y la gente que llevaba!»

que llevaba *that he took with him*

Nos despedimos de Fresno;
Nos despedimos con fe
15 Para llegar muy contentos
Hasta el pueblo de Merced.
Ya vamos llegando a Stockton,
Ya mero la luz se fue;

Ya mero... fue *Now the light was almost gone*

Pero mi gente gritaba,
20 «¡Sigan con bastante fe!»
Cuando llegamos a Stockton
Los mariachis nos cantaban.
«¡Y qué viva César Chávez
Y la Virgen que llevaba!»

25 Contratistas esquiroles,

Contratistas esquiroles *Scab contractors*

Esta va a ser una historia;
Ustedes van al infierno,
Nosotros a la gloria.
Ese señor César Chávez,
30 El es un hombre cabal;

hombre cabal *real man*

Quería verse cara a cara
Con el gobernador Brown.
Oiga, señor César Chávez,
Su nombre que se pronuncia
35 En su pecho usted merece
La Virgen de Guadalupe.

La música de la décima era difícil y por eso las décimas no eran muy populares entre los jóvenes. Sin embargo, la décima sobrevivió como poesía popular. Empieza la décima con un cuarteto y después hay cuatro estrofas de diez versos cada una. El último verso de cada estrofa repite uno de los versos del cuarteto. Los temas de las décimas que se han encontrado en Nuevo México varían, pero muchos son líricos o filosóficos, como se puede notar en las décimas siguientes.

APRENDER, FLORES, DE MÍ

Aprender, flores, de mí[3]
Lo que va de ayer a hoy;
Ayer maravilla fui
Hoy sombra de mí no soy.

5   La rueda de mi fortuna
Se volteó tan de improviso,
Tan inesperado y preciso
Fue el golpe que me pegó,
Que nada puedo hacer yo
10 Sino es lamentar mi suerte.
Y reclamando a la muerte
Les digo hoy con frenesí:
—Ni vivan tan orgullosos,
Aprender, flores, de mí.

15   De todo el mundo fui amigo
Y me vi muy apreciado.
Cuando yo era afortunado
Todos, todos me halagaban.
Recuerdo que me rogaban
20 Los que ahora apenas me ven,
Y mirando tal vaivén
Dándoles consejo estoy,
De que hay una gran distancia
Lo que hubo de ayer a hoy.

25   Dios con su gran poder
Lo hizo todo de la nada,
Y la muerte entusiasmada
Se hace dos mil ilusiones,
Y juega dos mil traiciones
30 Sin saber lo que va a hacer.
Y al fin viene a perecer
Víctima de un gran frenesí
Pues yo siendo hoy desdichado
Ayer maravilla fui.

35   Bien desengañado estoy,
Que este mundo es escalera

(glosses, right column:)

Lo que... hoy   *How far yesterday is from today*
maravilla   *wonder, marvel*

Se volteó... improviso   *Took such a sudden turn*

Sino es   *Except*

con frenesí   *urgently*

halagaban   *praised*
rogaban   *begged*
apenas   *scarcely*

Lo que... hoy   *Between what was yesterday and (what exists) today*

perecer   *perish*

desdichado   *unhappy*

desengañado   *disillusioned*

Que uno acierta y otro yerra.
En esta rica importuna
Viva el que pierde su suerte.
Yo lloraré hasta la muerte
5 La situación en que estoy,
Que ayer siendo maravilla
Hoy sombra de mí no soy.

Que uno... yerra *On which one succeeds and another fails*
importuna *inopportune state*

ESTANDO DE OCIOSO UN DÍA

Estando de ocioso un día
10 *Esto me quedé pensando:*
—*Mientras que el tiempo se pasa*
También yo me voy pasando.[4]

¡Qué largo es un año entero!
Dije para mí solito.
15 Un mes poco más cortito,
Y es más corta una semana.
Un día es cosa de menos,
Y un minuto ya sabemos
Cuán pronto se pasaría.
20 Esto me puse a pensar
Estando de ocioso un día.
Enero y febrero pasan,
Y siguen marzo y abril.
Mayo tiene que seguir
25 Como junio su carrera,
Julio y agosto no esperan
Como septiembre y octubre.
Noviembre como es costumbre
A diciembre va llamando.
30 Un día por pasatiempo
Esto me quedé pensando.
Era un domingo en la tarde
Cuando me puse a pensar
Si tendría que pasar
35 Lunes y martes llorando,
Y el miércoles preparando
Para el jueves diversión.
Y el viernes con precaución

Estando de ocioso *Being idle*
Esto... pensando *I kept on thinking this*

Dije... solito *I said just to myself*

cosa de menos *a smaller thing*

Cuán... pasaría *How soon it would pass*

De estar el sábado en casa,
Porque algo tendré que hacer
Mientras el tiempo se pasa.
    Cuando acabé de pensar
5 Un sobresalto sentí,
Y luego me decidí
A buscar quién me quisiera.
Sea linda o sea fea,
El cuento es hallar alguna
10 Que aunque es poca mi fortuna
No debo estar esperando,
Porque si el tiempo se pasa
También yo me voy pasando.

acabé de pensar *I had finished thinking*
sobresalto *shock, fright*

El cuento es *The important thing is*

La canción era tal vez la forma lírica más popular que se usaba en el Suroeste. Su temática varía enormemente y su forma, también. Aquí incluimos una canción humorística que es típica del género.

LOS POCHIS DE CALIFORNIA

15 Los pochis[5] de California
No saben comer tortilla
Porque sólo en la mesa
Usan pan con mantequilla.
    Me casé con una pochi
20 Para aprender el inglés
Y a los tres días de casado
Yo ya le decía *yes.*

a los... casado *three days after getting married*

Notas culturales

1 Este corrido es el más antiguo que se conoce en Nuevo México. El autor no explica por qué lo van a ejecutar e insiste que es inocente.

2 Este corrido se refiere a la marcha que tuvo lugar en marzo de 1966, de Delano a Sacramento, California.

3 Este verso refleja un poema famoso del poeta español Luis de Góngora (1561–1627). Es probable que Góngora usara un poema popular como base de su poema «Aprended, flores, de mí».

4   El concepto de que la vida es muy breve y de que pronto uno se morirá es muy antiguo. Su expresión más famosa en la literatura española se encuentra en las *Coplas* de Jorge Manrique (1440–1478). Empieza el poema así:

Recuerde el alma dormida,	Recuerde *Awaken*
Avive el seso y despierte	Avive el seso *Alert your*
Contemplando	*judgment* (fig. *Be alert*)
Cómo se pasa la vida,	
Cómo se viene la muerte	
Tan callando...	Tan callando *So silently*

5   Los pochis es el nombre que se usa para describir a los californianos, ya que hablan tan mal el español.

Práctica

I. Preguntas

1. Según Rodolfo Gonzales, ¿cuáles son algunos temas de los corridos? 2. En el corrido «El condenado a muerte», ¿quiénes acompañan al condenado? 3. ¿De quién se despide el condenado? 4. Según el condenado, ¿era inocente o culpable del crimen? 5. ¿Qué favor les pide el condenado a los que lo van a matar? 6. En «El corrido de César Chávez», ¿cómo recibió la gente de Fresno a los que participaban en la marcha? 7. ¿Qué piensan los manifestantes de los contratistas? 8. ¿Qué piensan de César Chávez? 9. ¿Por qué no eran muy populares las décimas entre los jóvenes? 10. En la décima «Aprender, flores, de mí», ¿cómo cambió la fortuna de la persona que habla? 11. Al cambiar su fortuna, ¿cómo cambiaron sus amigos? 12. ¿Cuál es la conclusión de la persona? 13. En «Estando de ocioso un día», ¿qué piensa el narrador del tiempo? 14. Al llegar a esa conclusión, ¿qué decide hacer? 15. En la canción «Los pochis de California», ¿cómo se nos indica que los «pochis» han perdido contacto con sus raíces hispanas?

II. Preguntas analíticas

1. Describa Ud. en sus propias palabras la actitud del condenado frente a la muerte. 2. ¿Cómo describiría Ud. la actitud de los que participan en la marcha entre Delano y Sacramento? 3. ¿Por qué se compara la fortuna del hombre con las flores en la décima «Aprender, flores, de mí»?

4. Describa Ud. en sus propias palabras el tema de «Estando de ocioso un día». (¿Cómo nos presenta el poeta el tema?) 5. ¿Cuál de los poemas le gustó más a Ud.? ¿Por qué?

III. Práctica de vocabulario

A. Elegir la palabra que no corresponde al grupo.

1. largo, inmenso, grande, corto, infinito
2. feo, lindo, grotesco, monstruoso, horrible
3. entusiasmado, negativo, contrario, hostil, opuesto
4. saludar, llegar, despedirse, venir, recibir
5. acertar, fallar, errar, equivocarse, faltar

B. Completar con la palabra apropiada.

mantequilla	pronunciar	despedirse
lástima	escalera	vaivén
sombra	plazo	corta
ociosa	santo	errar

1. Ellos salieron después de _____ .
2. Por la mañana como pan tostado con _____ .
3. Para subir al segundo piso hay que usar la _____ .
4. En la oscuridad normalmente las personas no tienen _____ .
5. Esa novela no es larga; es _____ .
6. Es una persona _____ : no trabaja nunca.
7. No sé _____ esa palabra.
8. Es una _____ que hayas perdido tu dinero.
9. Ese hombre es bonísimo; es un _____ .
10. Él cambia sus ideas constantemente y es difícil entender el _____ de su pensamiento.

C. Usar en una frase original.

1. despedirse	4. lindo	7. sombra
2. lástima	5. mantequilla	8. voz
3. entusiasmado	6. pronunciar	

D. Describir en pocas palabras uno de los temas siguientes:

1. Lo que ve y lo que piensa el hombre que está condenado a muerte.
2. Una conversación imaginaria entre un hispano de Nuevo México y una «pochi».

Santos y santeros

Durante los siglos XVIII y XIX, la religión era muy importante para los pueblos del norte de Nuevo México y del sur de Colorado, como lo demostraron las artes populares de la región. No sólo las iglesias, sino muchas casas particulares tenían santos patrones, y muchos ríos, montañas y sierras recibieron nombres religiosos. Se crearon muchas obras artísticas en honor de santos, representándolos en forma realista, siguiendo una larga tradición española. Así lo divino se representaba por medio de lo real, y lo simbólico era comprensible cuando se le daba expresión física.

A causa de la falta de sacerdotes, debido en parte a la escasa población, a comienzos del siglo XIX se formaron en esta parte del país confraternidades religiosas, como, por ejemplo, la Sociedad de Nuestro Padre Jesús Nazareno (luego llamada Los Hermanos Penitentes de la Tercera Orden de San Francisco). Era función de los *penitentes* mantener la fe, ayudar a los necesitados— a las viudas y a los huérfanos, por ejemplo—confortar a los moribundos y enterrarlos después de muertos. En cada pueblo se estableció una *morada* o casa en la que se reunía la confraternidad para servicios religiosos. Allí se guardaban los objetos que se empleaban en los servicios y procesiones de la confraternidad. Entre los objetos creados por los artistas y artesanos del pueblo para la morada siempre había pinturas o esculturas de imágenes religiosas que los creyentes llamaban *santos*. La creación de tales imágenes no era original de estas regiones sino que continuaba una costumbre tradicional española. Las funciones de los santos también eran tradicionales: algunos servían de santo patrón a un pueblo; otros satisfacían necesidades especiales del creyente. Para el pueblo, el término *santo* incluía pinturas y esculturas de imágenes religiosas. Para referirse solamente a las esculturas, que frecuentemente eran talladas en madera, se empleaba la palabra *bulto*. Los bultos más comunes eran los que se usaban durante las procesiones y ceremonias de Semana Santa: representaciones de la Pasión de Cristo, la figura de la Dolorosa y varias figuras de la Muerte.

Como obras de arte, los bultos son la expresión más extraordinaria del arte popular que se ha producido dentro de las fronteras de los Estados Unidos. Técnicamente es impresionante la ingeniosidad del santero, que los fabricaba del material que tenía a mano en su pueblo aislado. Con frecuencia, él mismo cortaba los árboles para sus bultos y preparaba muchos de sus colores con los minerales y las plantas de la región. Aunque el tamaño de los bultos variaba mucho, los que representaban a Cristo y que frecuentemente se empleaban en la Semana Santa eran del tamaño de un hombre y tenían los brazos movibles, para poder ser usados en la representación de varios momentos de la Pasión.

Después de 1900 los santos fueron reemplazados por las esculturas y pinturas que se fabricaban en el este de los Estados Unidos y que se hicieron populares en aquella época. Sin embargo, la tradición no desapareció totalmente. Los santeros modernos de Nuevo México, como George López (1900–), de Córdova, y Patrocinio Barela (1908–1964), de Taos, ya no pintan sus bultos ni los crean exclusivamente para el uso de la morada o iglesia de su pueblo. Pero todavía se siente en sus obras la devoción y el ascetismo que irradian los bultos antiguos y que caracterizaban a la gente que los creó.

Courtesy of the Denver Art Museum, Denver, Colorado

Adán y Eva

Esta obra, de George López (1900–), se compone de tres partes: las figuras de Adán y Eva, el Diablo en forma de culebra en el árbol y el cerco con su follaje. A López se le debe el renacer del arte del santero, arte al que se dedicaban sus antepasados y por el que también se interesan sus parientes, muchos de los cuales continúan la tradición hoy día. ¿Qué es lo que Eva le ofrece a Adán?

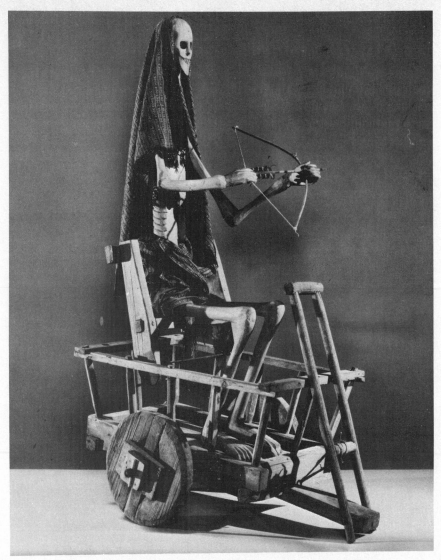

Courtesy of the Anne Evans Collection, Denver Art Museum, Denver, Colorado

Carreta de la muerte

Tallada por José Inez Herrera en El Rito, Nuevo México, a fines del siglo XIX, la figura de doña Sebastiana (la Muerte) mira maliciosamente al espectador. El arco y la flecha sustituyen a la guadaña que se ha utilizado mucho en las representaciones europeas de la muerte, y reflejan la amenaza constante de las tribus de indios. La carreta de la muerte simbolizaba el triunfo de la muerte después de la Crucifixión y antes de la Resurrección y también sugería la vanidad de todas las cosas mundanas, concepto este muy medieval. ¿Qué impresión produce esta figura en el espectador? ¿En qué sentido es realista la figura?

Courtesy of the Denver Art Museum, Denver, Colorado

Cristo atado a la columna

Esta escultura de Cristo por un santero anónimo del siglo XIX representa el sufrimiento de Cristo de una manera directa y realista. El bulto es articulado, de modo que es posible moverle los hombros y los codos. Se ha realzado el realismo al utilizar el tronco de un pino para la columna. La elongación de la figura, rasgo típico de los bultos, le da mayor dignidad y majestuosidad. ¿Qué pintor español también elongaba las figuras en sus pinturas?

Para comentar

1. ¿Qué es lo que uno debe saber para apreciar el arte de los santeros?
2. Con frecuencia el revolucionario moderno percibe a Cristo como una persona revolucionaria, actitud que parece reflejar las preocupaciones y sentimientos de ese tipo de persona. ¿Cómo lo percibió El Greco? ¿Cuál fue la percepción de los santeros de Nuevo México?
3. ¿Qué actitudes del hispano del Suroeste se reflejan en su literatura y arte?
4. ¿Qué comparaciones y contrastes se pueden hacer entre el arte y la literatura de los hispanos del Suroeste y los de los negros de los Estados Unidos?

Vocabulario

This vocabulary does not include articles, possessive adjectives or pronouns. The gender of nouns is listed except for masculine nouns ending in **-o** and feminine nouns ending in **-a, -dad, -tad, -tud,** or **-ión.** Adverbs ending in **-mente** are not listed if the adjectives from which they are derived are included.

Abbreviations

adj	adjective	*m*	masculine
adv	adverb	*n*	noun
conj	conjunction	*pl*	plural
f	feminine	*prep*	preposition
fig	figurative		

A

abajo   below, down; bottom
abandonar   to abandon
abeja   bee
abertura   opening
abierto,-a   open; opened
abismo   abyss, gulf, chasm
abofetear   to slap; to insult
abogado,-a   lawyer
abrasivo *n*   abrasive
abrazado,-a   embracing, hugging
abrazar   to embrace
abrigo   overcoat
abril *m*   April
abrir   to open; **abrir cauce**   to open a
   path
abrumado,-a   crushed, overwhelmed
absorber   to absorb
abstracción   abstraction
abuelo,-a   grandfather, grandmother
abultado,-a   bulky, massive, big;
   lengthy
abundancia   abundance
abundar   to abound; **abundar en**   to
   be full of
aburrido,-a   bored
aburrir   to bore; **aburrirse**   to
   become bored, to get bored
abuso   abuse
acá   here
acabar   to end, finish; **acabar de**   to
   have just; **acabar por**   to end by,
   to finally...; **acabarse**   to run
   out, to be exhausted
academia   academy
acalambrado,-a   with cramps
acariciar   to caress
acaso   perhaps
acatado,-a   respected, revered,
   obeyed
acceder   to acceed, give in
acción   action
aceitunado,-a   olive-colored
acelerada *fig*   "speed" trip

acelerar   to speed up, accelerate
aceptación   acceptation, acceptance
aceptar   to accept
acera   sidewalk
acerbo,-a   harsh, acid
acerca (de)   about, regarding
acercarse (a)   to draw near,
   approach
acero   steel, blade
acertar (a)   to succeed in; to be able
   to decide
aclamar   to acclaim
aclarar   to clarify; to dawn; to reveal
acomodado,-a   comfortable, well-to-
   do; *fig* at home with
acomodar   to place, put
acompañar   to accompany, go along
acongojado,-a   grieved, afflicted
aconsejar   to advise
acontecer   to happen
acontecimiento   event
acordarse (de)   to remember
acordeón *m*   accordion
acostarse   to lie down, go to bed
acribillar   to pierce, perforate
acta *m*   legal document, declaration
actitud   attitude
actividad   activity
actuación   action, behavior
actual   current, present,
   contemporary
actuar   to act
acudir   to go, come, come up; to have
   recourse, seek help from
acueducto   aqueduct
acuerdo   agreement; **de acuerdo
   con**   in agreement with; **estar de
   acuerdo**   to agree
acumulación   accumulation
acurrucado,-a   curled up
acusado,-a   accused
achaque *m*   failing; tribulation
Adán   Adam
adelante   ahead; **de ahí en
   adelante**   from then on

adelanto   advancement, progress

además   moreover, besides; **además de**   in addition to

adentrarse   to enter

adentro   within, inside

adinerado,-a   wealthy

adiós   goodbye

adivinación   divination

adivinar   to foretell, divine

adivinasus (**adivinanzas**)   prophecies, fortune tellings

adivino   soothsayer, fortune teller

adjetivo   adjective

administrador,-ra   administrator

admiración   admiration

admirador,-ra   admirer

admirar   to admire; to cause surprise

adoctrinar   to indoctrinate

adolecer   to get sick

adolescente *adj*   adolescent

adoquinar   to pave

adorador,-ra   worshiper

adorar   to adore, worship

adorno   adornment, decoration

adquisición   acquisition

adverbio   adverb

advertencia   warning, notice

afectación   affectation

afeitar   to shave

afición   fondness, inclination

aficionado,-a   fond of

afirmación   affirmation

afirmar   to affirm

afligidísimo,-a   very afflicted, very upset

aforrar   to line

afortunado,-a   fortunate

africano,-a   African

afrocubano,-a   Afro-Cuban

afrontar   to confront, face

afuera   outside

agacharse   to stoop, squat, bend over

agencia   agency

agente *m or f*   agent

agitado,-a   agitated; exciting, stirring

agitar   to wave

aglomeración   agglomeration

agónico,-a   in agony; agonizing

agonizante *adj*   dying

agonizar   to be dying

agosto   August

agradable   pleasant

agradar   to please, be pleasing to

agradecer   to thank for, be grateful for

agrario,-a   agrarian

agraz: **en agraz**   quite short

agregar   to add

agresividad   aggressiveness

agrícola   agricultural

agricultor,-ra   agriculturist, farmer

agricultura   agriculture

agua   water

aguacero   heavy shower

aguafuerte *f*   etching

aguantar   to endure, "stand"

aguardar   to wait for

agudo,-a   sharp, penetrating

águila   eagle

agujero   hole

ahí   there; **de ahí en adelante**   from then on; **por ahí**   over there

ahito,-a   stuffed, full; disgusted

ahogado,-a   drowned

ahogar   to smother; to quench

ahumado,-a   smoky, smoke-filled

aindiado,-a   Indian-looking

aire *m*   air; **al aire libre**   open air

aislamiento   isolation

aislar   to isolate

ajedrez *m*   chess

ajeno,-a   another's, foreign

ajustar   to adjust; to fit

ala   wing

alabar   to praise

alambrado   wire fence

alambre *m*   wire; **alambre de alumbrado**   power line

alardear (**de**)   to brag (about being)

alargar   to lengthen, increase

alarmar   to alarm
alba   dawn
alberca   tank, pool
alborotado,-a   turbulent, excited, stirred up
alcahueta   procurer, go-between
alcaide *m*   jailor, warden
alcanzar   to achieve, overtake, reach
aledaño,-a (a)   bordering, adjacent to
alegar   to allege, affirm
alegoría   allegory
alegrarse (de)   to be glad (of)
alegre   happy, joyous
alegría   joy, gaiety
alejado,-a   distant
alejar   to remove to a distance; to go (far) away
alejarse   to move away, recede
alemán,-na   German
Alemania   Germany
alentar   to encourage
alféizar *m*   window sill
alfombra   carpet
algo   something; somewhat
alguien   someone
alguno,-a   some, any
alianza   alliance
alienado,-a   alienated
alimentación   nutrition
alimentar   to feed, nourish
alimento   food
alisarse   to smooth
alistar   to prepare
aliviar   to alleviate, relieve
alivio   alleviation, mitigation
alma   soul
almacén *m*   store, grocery store; bar
almohada   pillow
almuerzo   lunch
alrededor (de)   around
alternativa   alternative
alteza   highness
altihta (artista) *m or f*   artist
altiplano   plateau, tableland
alto,-a   high, tall; en voz alta

aloud; en alto   on high; las altas horas   the late hours; hacer alto   to stop; pasar por alto   to overlook
altura   height
alucinógeno,-a   hallucinogenic
aludir   to allude, refer
alumbrado   light, power
alusión   allusion
alzar   to raise
allá   there; más allá   further over; más allá de   beyond
allí   there
ama   mistress of the house; ama de casa   housewife
amable   likeable, amiable, nice
amainado,-a   lessened, subsided
amanecer   to dawn; *m n*   dawn
amaneramiento   mannerism
amar   to love
amarillo,-a   yellow
ambición   ambition
ambicioso,-a   ambitious
ambiente *m*   atmosphere; environment
ámbito   limits, area
ambos,-as   both
ambulante   ambulant; vendedor ambulante   travelling salesman
amenaza   threat
amenazante   threatening
amenazar   to threaten
ametralladora   machine gun
amistad   friendship
amo   master
amontonadero   enormous pile, hoard
amontonado,-a   piled up
amor *m*   love; amores   love affair
amoroso,-a *adj*   love
amparado,-a   sheltered, protected
amparar   to protect
amparo   protection, shelter; support
ampollado,-a   blistered
analfabetismo   illiteracy
analfabeto,-a   illiterate

análisis *m* analysis
analítico,-a analytical
analizar to analyze
anciano,-a old
ancho,-a broad, wide
andaluz,-za Andalusian
andanza wandering; event
andar to go; go around; to walk; to be; ¡anda! come on now! **andar a caballo** to ride horseback
anécdota anecdote
anegado,-a drowned, flooded
anglo,-a Anglo (-Saxon)
anglosajón,-na Anglo-Saxon
ángulo angle
angustia anguish
angustiado,-a sorrowful
anhelar to desire, wish
anhelo desire, wish
anillo ring
ánima soul
animación animation
animado,-a lively, animated
ánimo spirit; **hacerse el ánimo de** to be willing to
aniquilado,-a annihilated
anoche last night
anodino,-a anodyne
anónimo,-a anonymous
ansia desire, anxiety
ante before; to; confronted with, in the presence of
antebrazo forearm
antecedente *m* antecedent
antepasado ancestor
anterior previous; before
antes before, first
anticipar to anticipate
antigüedad antiquity
antiguo,-a ancient, old
antojarse to fancy, take a notion to; to occur to one
antología anthology
antropología anthropology
antropomorfo,-a anthropomorphic

anudar to tie, knot
anular to annul, make void, cancel
anunciar to announce
anuncio announcement
añadir to add
añejo,-a old, aged, stale
año year; **cumplir... años** to reach one's ... birthday; **hace años** years ago; **tener... años** to be ... years old
apacible peaceful
apagado,-a extinguished, dead
apagar to turn off; **apagarse** to become mute, become silent
apaleado,-a beaten
aparato apparatus
aparecer to appear, show up
aparente apparent
aparición appearance; ghost
apariencia appearance
apartado,-a out-of-the-way, distant, remote
apedrear to stone
apegado,-a attached
apellido surname, family name
apenas scarcely, hardly, only
aperitivo apéritif, drink
aplastar to crush, smash
aplaudir to applaud
aplauso applause
aplicado,-a hard-working, industrious
aplicarse to be applied
apogeo apogee, height
aposentamiento lodging
aposentar to house
aposento room
apostado,-a posted
apostrofar to apostrophize
apoyado,-a supported, leaning
apoyar to support; to lean down; **apoyarse** to lean; to support oneself
apoyo support
apreciación appreciation

apreciado,-a esteemed
apreciar to appreciate, to hold in esteem
aprehendido,-a apprehended
aprender to learn; **aprender de memoria** to memorize
aprendiz *m* apprentice
aprendizaje *m* apprenticeship
apresurarse to hurry
apretar to press down, weigh heavily; to be oppressive; to clench, squeeze; **apretarse** to press oneself
aprisa fast
aprobar to approve
aprontarse to get ready
apropiado,-a appropriate
aprovechar to take advantage of
aproximadamente approximately
aproximarse to approach, move near
apto,-a fit
apuración worry, trouble, misfortune
aquel,-lla that; **aquél, aquélla** the former; **aquello** that (neuter)
aquiescencia acquiescence
árabe Arab, Arabian
aragonés,-esa Aragonese
araña spider
árbol *m* tree
arca *m* ark
arcángel *m* archangel
arco bow; bridge (of the nose); arch
archivo archive
arder to burn
ardiente ardent
arduo,-a arduous
arena sand
arengar to harangue
argentino,-a Argentine
aridez *f* drought; aridity, barrenness
árido,-a arid, dry
aristocracia aristocracy
arma arm, weapon
armado,-a armed
armamento armament
armonía harmony

armonioso,-a harmonious
armonizar to harmonize
aro ring, plug
aromo acacia (flower)
arpa harp
arqueólogo archeologist
arquitecto architect
arquitectónico,-a architectural
arquitectura architecture
arraigado,-a rooted
arrancar to pull out, pull off
arrastrar to drag, drag away
arrebatar to carry off, snatch
arreglar to arrange
arriba up, upward; top
arribar to arrive
arrimado,-a sheltered
arrogante arrogant, proud
arrojar to throw
arrollar to sweep away, carry along; to trample
arroyo brook, small stream
arroz *m* rice
arrugar to wrinkle
arruinar to ruin
artefacto artifact
arteria artery
artesano artisan
articulado,-a articulated
artículo article
artista *m or f* artist
asado,-a roasted
asaltar to assault, to occur
asalto assault
ascetismo asceticism
asegurar to assure, maintain; to make fast; to assert
asentar to sharpen, whet; to base
asentarse to seat oneself
asesinar to murder, kill
asesinato murder
asesino murderer
asfalto asphalt
así so, thus, therefore
asiento seat

asimétrico,-a asymmetrical
asimilación assimilation
asistir to attend
asociar to associate
asoleado,-a sunny
asolearse to dry in the sun
asomadita peep; **darse una**
  asomadita to take a peep
asomar to peep, take a look
asombrado,-a surprised
asombrar to surprise, astonish;
  asombrarse to be astonished at
asombro astonishment, surprise
asombroso,-a astonishing
áspero,-a rough
asqueroso,-a filthy, dirty, vile
astro star
astrología astrology
astronomía astronomy
astrónomo astronomer
astucia cunning, wit
astuto,-a cunning
asustado,-a frightened
asustarse to get frightened, become
  frightened
atacar to attack
ataque *m* attack
atar to tie
atarantado,-a foolish, dumbfounded
atardecer *m* dusk
atareado,-a busy
ataúd *m* coffin, casket
atención attention; **prestar**
  atención to pay attention
atender to attend
ateneo athenaeum
atento,-a attentive
ateo,-a atheist
atestiguar to bear witness
atónito,-a astonished, amazed
atorarse to choke, be choked
atormentado,-a tormented
atracción attraction
atractivo,-a attractive
atraer to attract

atrapar to catch
atrás behind
atravesar to cross
atreverse (a) to dare to
atrevido,-a bold, daring
atribuir to attribute
atributo attribute
aturdido,-a rattled, confused
aumentar to increase
aumento increase
aun even
aún yet, still
aunque although, though; even if
aurora dawn
ausentarse to absent oneself
ausente absent
austeridad austerity
austero,-a austere
autobiográfico,-a autobiographic
autobús *m* bus
autóctono,-a autochthonous,
  aboriginal, native
autodeterminación self-
  determination
automóvil *m* automobile
autonomía autonomy
autónomo,-a autonomous
autor,-ra author, authoress
autoridad authority
autosuficiente self-sufficient
auxiliar to help, assist
auxilio help
avanzado,-a advanced
avanzar to advance
avaricia avarice
ave *f* bird
avenida avenue
aventura adventure
aventurar to venture
averiguar to inquire about
avión *m* airplane
aviso warning
ayer yesterday
ayuda help, assistance
ayudante assistant, aide

ayudar   to help, assist
ayuntamiento   municipal government
ayuntarse   to join together
azadón *m*   hoe
azar *m*   risk, chance, hazard,
   probability of chance
azotar   to whip
azote *m*   whip
azotea   flat roof
azteca   Aztec
azúcar *m*   sugar
azul   blue
azulejo   tile

B

Babia: estar en   to be daydreaming,
   have one's mind somewhere else
badana   dressed sheepskin, leather
   strap
bailar   to dance
bailarina   ballerina
baile *m*   dance
bajar   to lower, go down; to become
   less; **bajarse**   to get off
bajel *m*   ship, vessel
bajo,-a *adj*   low, soft; *prep*   beneath,
   under; **en voz baja**   in a whisper
bajorrelieve *m*   bas-relief
bala   bullet
balacera   volley
balazo   bullet wound, shot
balcón *m*   balcony
baldosa   tile
banco   bank; bench
bandera   flag
baño   bath
barba   beard
bárbaro,-a   barbarous
barbero   barber
barbilla   point of the chin
barco   ship
barra   rod, bar
barraca   hut, cabin

barranca   ravine, gorge
barrer   to sweep
barrido,-a   swept up
barriga   belly
barrio   district of a city, quarter
barro   mud, clay
barroco,-a   baroque
basarse (en)   to be based (on)
base *f*   basis
bastante   enough, quite
bastar   to be enough, to be adequate
bastón *m*   cane, staff
basura   garbage
bata   dressing gown, robe
batalla   battle
batir   to beat, whip
baúl *m*   chest, trunk
bayoneta   bayonet
beber   to drink
bebida   drink
becado,-a   granted a scholarship
becerro   calf
béisbol *m*   baseball
belleza   beauty
bello,-a   beautiful
bellota   acorn
bendición   blessing
bendito,-a   blessed
beneficio   welfare office; benefit
benévolo   benevolent
besar   to kiss
beso   kiss
Biblia   Bible
bíblico,-a   Biblical
biblioteca   library
bien   well; very; **más bien**   rather
bienaventurado,-a   blessed
bienestar *m*   well-being
bienvenido   welcome
billete *m*   ticket; banknote
blando,-a   soft
blindado,-a   armored
bloque *m*   block
bobo   fool; *adj*   silly

boca   mouth; **a boca de jarro**   point-blank

boda   wedding

bodega   wine cellar; liquor store

boicot *m*   boycott

bola   ball

boliviano,-a   Bolivian

bolsa   bag

bolsillo   pocket

bolsón *m*   shopping bag

bonachón,-na   good-natured, kind

bonaerense *adj*   of Buenos Aires

bondad   goodness

bonito,-a   pretty

boquera   corner of the mouth

boquete *m*   opening; spot

borde *m*   edge

borracho,-a   drunken

borrar   to erase

borrosamente   vaguely, murkily

bosque *m*   woods

bosquejar   to sketch

bostezar   to yawn

bota   boot, shoe

bote *m*   can, jar; boat

botica   drugstore, pharmacy

boxeador *m*   boxer

boxeo   boxing

bracero   field hand, day laborer

bramar   to bellow

bravo,-a   brave, manly; ill-tempered, ferocious

brazo   arm

breve   short, brief

bribón *m*   rascal, scoundrel

brigada   brigade

brillantina   brillantine

brillar   to shine

brillo   brilliance, brightness, lustre

brincar   to leap

brinco   leap; **pegar el brinco**   to leap

brisa   breeze

británica   British

brocha   brush

brotar   to gush, issue, produce; to germinate, bud

bruja   witch

brujería   witchcraft

brujo   wizard, sorcerer

buey *m*   ox

buhcal (buscar)   to look for

buho   owl

bulto   bulk; statue

burgués,-a   bourgeois

burguesía   bourgeoisie

burlador *m*   trickster, mocker

burlarse (de)   to make fun (of), mock

burocracia   bureaucracy

buscar   to seek, look for

búsqueda   search

butaca   armchair, seat

buzón *m*   letter box, letter drop

C

caballero   gentleman

caballo   horse; **a caballo**   on horseback

cabaña   hut, cottage, cabin

cabello   hair

caber   to fit; **caber en suerte**   to fall to the lot of; **no me cabe duda**   I have no doubt

cabeza   head

cabo   extremity, tip; **al cabo de**   after; **llevar a cabo**   to carry out

cacha   leaf of the blade of a razor; handle

cada   each, every; **cada cual**   each, every one, everybody

cadáver *m*   corpse, cadaver

cadete *m*   cadet

caeh (caes)   (you) fall

cael (caer)   to fall

caer   to fall; **caerle mal**   to be unbecoming

café *m*   café; coffee; *adj*   brown

caja   box
cajón *m*   box, chest
calado,-a   fixed
calavera   skull
calceta   stocking; **hacer calceta**   to knit
calcular   to calculate
caldera   broiler
calendario   calendar
calgo (cargo)   (I) carry
calibre *m*   caliber
calidad   quality
caliente   hot
calificado,-a   qualified, classified
calmar   to calm
calor *m*   heat; **hacer calor**   to be hot
calvinista *n and adj*   Calvinist(ic)
callado,-a   quiet
callar   to silence, be silent; **callarse**   to be silent, shut up
calle *f*   street; **calle abajo**   down the street
callejero,-a *adj*   street
callejuela   small street, lane
cama   bed
cámara   chamber, camera
camastro   cot, miserable bed
cambiar   to change
cambio   change; **en cambio**   on the other hand
caminar   to walk; to travel; to go
camino   road, path; **camino de**   on the way to, in the direction of
camisa   shirt
campamento   encampment, camp
campanilla   bell
campesino   peasant
campestre   rural, rustic
campo   country, countryside, field
camposanto   cemetery
cana *m*   cop, policeman
canario   canary
canción   song
canoa   canoe
cansado,-a   tired

cansarse   to get tired, tire oneself
cantante *m or f*   singer
cantar   to sing
cantera   quarry
cantidad   quantity
cantor,-a   singer
canturrear   to hum
caña   sugar cane
caño   pipe, conduit
caos *m*   chaos
caótico,-a   chaotic
capa   cape; layer, level
capacidad   capacity
capataz *m*   overseer, foreman
capaz   capable
capilla   chapel
capitalito   small amount of money
capitán *m*   captain
capítulo   chapter
capricho   caprice, whim
captar   to capture
cara   face
carabela   caravel, sailing vessel
carabinero   carabineer, guard
carácter *m*   character
característico,-a   characteristic
caracterizar   to characterize
carbón *m*   coal, carbon, charcoal
cárcel *f*   jail
carecer   to lack
carencia   lack, deprivation, deficiency
carente (de)   lacking (in)
cargo   position, post
carguero   pack horse; cargo boat
caricatura   caricature
caricia   caress
caricortaoh (caricortados)   "tough guys"
cariño   affection
carismático,-a   charismatic
carne *f*   meat, flesh
carrera   career, course, race **dar carrera**   to drive; to chase
carreta   cart, wagon
carro   cart

carta letter
cartel *m* sign, placard
cartera purse, bag
cartero mailman
cartón *m* pasteboard, cardboard
cartucho roll
casamiento marriage
casar to marry; **casarse** to get married
cascabel *m* bell
cáscara peel
cascarrabias irritable
casco shell; main house
casi almost
Cásidi Cassidy
caso case; **hacer caso de** to pay attention to
castellano Castilian, Spanish
castigar to punish
castigo punishment
Castilla Castile
castillo castle
casualidad coincidence
casuarina Australian pine
catear to search
catedral *f* cathedral
catedrático,-a professor
catolicismo Catholicism
católico,-a Catholic
cauce *m* bed of a river; **abrir cauce** to open a path
caucho rubber
causa cause; **a causa de** because of
causar to cause
cautelosamente cautiously
cavador *m* digger
caverna cavern
cavidad cavity
cayado shepherd's crook
caza game; hunting
cazador *m* hunter
cazar to hunt
cebada barley, fodder
cebolla onion
ceder to cede, yield

ceja eyebrow
cejar to slacken, let up
cejijunto,-a having eyebrows that meet
celda cell
celebrar to celebrate, hold
célebre famous
celeste sky-blue, celestial
cementerio cementery
cena supper
ceniza ash
centavo cent
centenar hundred
céntrico,-a downtown, central
cepillo hairbrush
cera wax
cerámica ceramic
cerca (de) near; about
cerca *n* fence; wall
cercado,-a surrounded
cercano,-a near
cerco fence, wall
ceremonia ceremony
cero zero
cerrado,-a thick, closed
cerrar to close, turn off; **cerrar con llave** to lock
cerro hill
certeza certainty
cerveza beer; **fabricador de cerveza** brewer
cesar to cease
césped *m* grass
cicatrizar to heal
ciclo cycle
ciego,-a blind
cielo sky, heaven
ciencia science
cien(to) hundred; **por ciento** per cent
científico,-a scientific; *n m or f* scientist
cierto,-a certain, a certain; **por cierto** to be sure
ciervo stag

cifra   number, figure
cigarrillo   cigarette
cigarro   cigar
cimbrarse   to vibrate, shake, tremble
cimiento   foundation
cincel *m*   chisel
cincuentona   "fifty-ish"
cine *m*   movies, movie theater
cinta   ribbon
cintura   waist
cinturón *m*   belt
circo   circus
círculo   circle
circundar   to surround, circle
circunstancia   circumstance
circunvecino,-a   surrounding
cirio   candle
citar   to quote, cite
ciudad   city
ciudadanía   citizenship
ciudadano,-a   citizen
civilización   civilization
civilizado,-a   civilized
civilizador,-ra   civilizing
clamoroso,-a   clamorous, noisy
clandestino,-a   clandestine
claridad   clarity
claro,-a   clear
clase *f*   class, kind
clásico,-a   classic
clasificar   to classify
clausurar   to close
clavar   to nail; to fix
clave *f*   key
clavo   nail, hook
cliente *m or f*   client, customer
clima *m*   climate
Cloh (Clos)   Claus
CNH (Consejo Nacional de Huelga)   National Strike Council
cobarde *m*   coward
cobardía   cowardice
cobija   cover, blanket
cobrar   to collect
cocina   kitchen

cocinar   to cook
cocinera   cook
coche *m*   car; coach
códice *m*   codex, old manuscript
codo   elbow
cofradía   confraternity, brotherhood
coger   to pick up, seize, grasp, take, catch onto
coincidir   to coincide
colaboración   collaboration
colaborar   to collaborate
colcha   bedspread, quilt
colección   collection
colecta   collection
colegio   school (high school)
cólera   anger, wrath
colgar   to hang
colmar   to heap, fill
colocar   to put, place
colombiano,-a   Colombian
Colón   Columbus
colonia   colony
colorado,-a   red; **ponerse colorado,-a**   to blush
coloso   colossus
comandancia   command post, frontier command
comandante *m*   commander
combatir   combat
combinación   combination
combinar   to combine
comedia   play; **paso de comedia**   short one-act play
comedor *m*   dining room
comentar   to comment
comentario   commentary
comenzar   to begin
comer   to eat; **comerse**   to eat up; **dar de comer**   to give food to
comerciante *m*   businessman, merchant
comercio   business, commerce
comestibles *m pl*   food, foodstuffs
cometer   to commit
comida   meal, food

comienzo beginning; **al comienzo** at (in) the beginning

comisaría commissary, police station

comisión commission

como how, as, like, about; **¿cómo?** what? how? why? what did you say?; **¿cómo no?** why not?; **¡cómo no!** of course, naturally

cómodo,-a comfortable

compañero,-a companion, mate, friend

comparación comparison

comparar to compare

compartir to share

compasión compassion

compatriota *m or f* compatriot

competencia competition

complacencia complacency

complacido,-a with pleasure, with satisfaction

complejidad complexity

complejo,-a complex; *n m* complex

completar to complete

componer to compose; **componerse** to consist

composición composition

compositor,-a composer

compra purchase; **hacer compras** to go shopping

comprador,-a buyer

comprar to buy

comprender to understand

comprensión comprehension

comprobar to verify, confirm

compuesto,-a composed

común common

comunicación communication

comunicar to communicate

comunidad community

comunión communion

comunismo communism

con with, by; **con tal que** provided that; **con que** so, then, so then; **con todo** nevertheless

concebir to conceive

concentración concentration

concentrar to concentrate

concernir to concern

conciencia conscience, consciousness

concierto concert

concluir to conclude, end, finish

concretar to manifest; to express concretely

concreto,-a concrete

concurrente *m* one in attendance, spectator

concurso contest

conde *m* count

condenado,-a condemned, damned

condenao (condenado) damned one

condición condition

conducir to lead

conducto: por conducto de through

confeccionar to make, confect

conferencia conference

conferir to confer

confesar to confess

confesión confession

confianza confidence

confirmar to confirm

confiscado,-a confiscated

conformar to conform; **conformarse con** to resign oneself to

confraternidad confraternity, brotherhood

confrontación confrontation

confrontar to confront

confundir to confuse

confuso,-a confused

congregarse to gather

conjetura conjecture

conjunto whole, aggregate; collection; **de conjunto** whole, complete

conmemorar to commemorate

conocer to know; to meet; **dar a conocer** to make known
conocimiento knowledge
conque so; *n m* anything with which, the wherewithal
conquista conquest
conquistador *m* conqueror
conquistar to conquer
consciente conscious
consecuencia consequence
conseguir to obtain, attain, get
consejero adviser
consejo counsel, advice; council; **celebrar consejo** to hold a council
consentir to consent
conservar to conserve
considerar to consider
consistencia firmness, solidity, substance
consistir (en) to consist (of)
consolar to console
consolidar to consolidate
constar to be evident; **me consta** I recall, I know; **constar en** to be recorded in
constatar to verify, confirm
constitución constitution
constituir to constitute
construcción construction, building, edifice
constructivismo constructivism
construir to construct
consuelo consolation
consulta consultation, conference
consultar to consult, confer
consumo consumption
contabilidad bookkeeping, accounting
contaminación contamination; pollution
contar to tell; to count
contemplar to contemplate
contemporáneo,-a contemporary

contener to contain
contenido content
contento,-a happy, content
contestación answer
contestar to answer
contienda struggle, dispute
continente *m* continent
contingente *m* contingent, share
continuación continuation; **a continuación** below
continuar to continue
continuo,-a continuous
contorno outline
contra against
contradicción contradiction
contradictorio,-a contradictory
contrahecho forged; (Anat) hunchbacked, deformed
contrario,-a contrary, opposite; **al contrario** on the contrary; **por lo contrario** on the contrary
contrarreforma Counter-Reformation
contrarrestar to stop, counter
contraseña countersign
contrastar to contrast
contribución contribution
contribuir to contribute
controlar to control
convencional conventional
convenir to agree; to be suitable; **conviene que** it is best, it is convenient
convento convent, monastery
converger to converge
conversación conversation
conversar to converse
convertir to convert; **convertirse en** to change into, become
convivencia co-existence
convivir to live together
conyugal conjugal
copa top of a tree
copado,-a blocked off
copiar to copy

copioso,-a   copious

coraje *m*   courage, bravery; anger; **le dio coraje**   made him mad

corazón *m*   heart

corbata   necktie

corderita   lamb

Corea   Korea

corneta *m*   bugler

coronación   coronation

corporación   corporation

corredizo,-a   slippery; **tierra corrediza**   quicksand

corredor *m*   corridor

corregir   to correct

correo   post office

correr   to run; to spread

correspondencia   correspondence

corresponder   to belong, match

corresponsal *m*   correspondent

corretear   to rove, ramble, race around

corrida (**de toros**)   bullfight

corrido   type of popular song

corriente   current, ordinary; *n f*   current, air; **más de lo corriente**   more than usual

corromper   to corrupt

corrupción   corruption

cortar   to cut, to cut off; **cortar por lo sano** *fig*   to take quick action

corte *f*   court; *n m*   cutting

cortejo   cortege, procession

cortesano,-a   courtier

cortina   curtain

corto,-a   short

cosa   thing

cosecha   harvest

cosmología   cosmology

cosmopolita *adj*   cosmopolitan

cosquilleante   tickling; upsetting

cosquilleo   tickling sensation

costado   side

costar   to cost

costilla   rib

costrado,-a   streaked, caked

costumbre *f*   custom; **de costumbre**   usual, usually

cotidiano,-a   daily

cráneo   skull, cranium

creación   creation

creador,-a   creator

crear   to create

crecer   to grow; **va como palo de ocote, crece y crece**   keeps right on growing like a pine tree

crecido,-a   large

creciente *f*   flood, swell of waters

credencial *f*   credential

creencia   belief

creer   to believe; **ya lo creo**   I should say so

crespo,-a   curly

Creta   Crete

cretino,-a   fool, idiot

creyente *m or f*   believer; **creyente a puño cerrado**   a firm believer

criada   maid

criado   servant

criar   to raise, bring up

criatura   creature, child, created one

Crihmah (**Crismas**)   Christmas

crimen *m*   crime

criollo,-a   native, creole

cristal *m*   crystal, glass

cristalería   glassware

cristianismo   Cristianity

cristiano,-a   Christian

Cristo   Christ

crítica   criticism

criticar   to criticize

crítico   critic

crónica   chronicle

cronista *m or f*   chronicler

cronología   chronology

cronológico,-a   chronological

croquis *m*   sketch

crucificar   to crucify

crucifijo   crucifix

crueldad cruelty
crujir to creak
cruz *f* cross
cruzada crusade
cruzar to cross; to intermingle
cuaderno notebook
cuadra block
cuadrado,-a square
cuadrilátero quadrilateral; ring (boxing)
cuadro painting, picture
cuajar *fig* to hide
cual which, such as, as, what; **cada cual** each one; **lo cual** which
cualidad quality
cualquier,-ra any, some one, whichsoever, whosoever; **un cualquiera** a nobody
cuando when; **cuando menos** at least; **de vez en cuando** from time to time
cuanto,-a how much, how long; **unas cuantas** a few; **cuantos** all those who
cuarto,-a fourth; *n m* room, a fourth
cuatrocientos,-as four hundred
cubano,-a Cuban
cúbico,-a cubic
cubierta deck
cubismo cubism
cubista cubist
cubo bucket
cubrir to cover
cuchara spoon
cuchilla mountain, mountain ridge
cuchillo knife
cuello neck; collar
cuenta account; **darse cuenta de** to realize; **de su cuenta** on her own; **hagan de cuenta** just imagine
cuentista *m or f* storyteller, short story writer
cuento story; **sacar a cuento** to drag in, mention

cuerno horn
cuerpo body, main part, corps
cuesta slope; **a cuestas** on one's shoulders
cueva cave
cuidado care; **con cuidado** carefully; **tener cuidado** to be careful
cuidadoso,-a careful
cuidar (de) to take care (of)
cuita care, concern, trouble
cuitado poor wretch
culebra snake
culminación culmination
culpable guilty
cultivar to cultivate
cultivo culture; growing
culto,-a cultured; *n m* cult
cultura culture
cumpleaños *m* birthday
cumplir to keep (a promise), fulfill; to perform; **cumplir...años** to reach one's . . . birthday
cura *m* priest
curación cure
curandero medicine man
curar to cure
curato parish
curiosear to poke around, take a look at
curioso,-a curious
cursar to circulate; to study; to run
curso course
curtiduría tannery
curtir to tan (hides)
curva curve
cuyo,-a whose

CH

chacra farm
chal *m* shawl
chapaleo splatter, splash
charco puddle, pool

charlar   to chat
chico,-a   small; **chica**   girlfriend
chiflido   shrill whistling sound
chileno,-a   Chilean
chillar   to screech
chino,-a   Chinese
chis (¡ah chis!)   sneezing sound
chisporrotear   to sputter
chiste *m*   joke
chochear   to dote; to become senile
chocho,-a   doddering
choque *m*   collision, clash
chorrete *m*   trickle, stream
chorro   jet, stream, spurt

D

dádiva   gift, contribution
danza   dance
danzar   to dance; to whirl
dañar   to harm
dañino,-a   destructive
dao (dado)   given
dar   to give; **dar con**   to encounter,
   find; **dar de comer**   to give
   food to; **dar en**   to strike; **dar los**
   primeros pasos   to take the first
   steps; **dar vuelta**   to turn around;
   darse a conocer   to make oneself
   known; **darse cuenta de**   to realize;
   darse por   to consider oneself;
   darse una asomadita   to take a
   peep; **les dio por**   they took a fancy
   to; **que se dan en el campo**   which
   are found in the country
darwinismo   Darwinism
dato   datum
debajo   beneath; **debajo de**
   beneath, under
deber   to owe, ought, must; *n*
   m duty; **debido a que**   due to the
   fact that
débil   weak
debilidad   weakness

debilitado,-a   weakened
década   decade
decadencia   decadence
decaer   to decay
decidir   to decide
decir   to say, tell; **es decir**   that is to
   say; **querer decir**   to mean
declarar   to declare
decoración   decoration
decorar   to decorate
decrecer   to diminish
dedicar   to dedicate
dedo   finger; **al dedillo**   perfectly;
   dedo gordo   thumb
defender   to defend
defensa   defense
definición   definition
definido,-a   definite
definir   to define
defraudar   to cheat, defraud; to
   disappoint
degollar   to slit a throat
deificación   deification
dejar   to let, allow, permit; to leave;
   dejar de   to stop, cease
delante (de)   before, in front of
deleitar   to delight
deleite *m*   delight
deletrear   to spell
demás   other
demasiado,-a   too, too much
Demócrata   Democratic
demonio   devil
demorar   to delay, hold up;
   demorarse   to dally
demostración   demonstration
demostrativo,-a   demonstrative
dentro (de)   within, inside of
denuncia   denunciation
dependencia   outbuilding, quarters
depender (de)   to depend (on)
deporte *m*   sport
depositar   to deposit
derecha   right
derecho   right, law; *adj* straight

derivado,-a derived
derramamiento shedding
derramar to shed; to scatter
derrumbar to tumble down, fall down, knock down
desafiante defiant
desafiar to challenge
desafío challenge, duel
desagradable unpleasant
desagradar to displease
desaliento discouragement, dejection
desalojar to empty out, evacuate
desangrarse to bleed
desanimarse to get discouraged
desaparecer to disappear
desaprobar to disapprove
desarrollar to develop
desarrollo development
desasociado,-a disassociated
desastre *m* disaster
desastroso,-a disastrous
desayuno breakfast
desbandada disbandment, disorder. flight
desbaratar to destroy, break into pieces
desbordarse to overflow, flood
descalzo,-a barefoot(ed)
descanso rest
descargar to ease, lighten; to clear
descendencia descendants
descender to descend
descendiente *m or f* descendant
descolgar to take down
desconfiar (de) to distrust
desconocer to be unacquainted with
desconocido,-a unfamiliar, unknown
descontrolado,-a uncontrolled
descortés rude, discourteous
describir to describe
descripción description
descubierto,-a discovered
descubrir to discover;
   descubrirse to take off one's hat
desde from, since

desdichado,-a wretched, unhappy
desear to desire, want
desechar to reject
desencadenar to break loose, break out
desencuentro lack of contact, lack of encounter
desengañado,-a disillusioned
deseo desire
deseoso,-a desirous
desesperación despair, desperation
desesperado,-a desperate
desesperanza despair, hopelessness
desfilar to parade, march
desflorado,-a tarnished, violated
desgarrado,-a rending
desgracia disgrace, disfavor, misfortune
desgraciado,-a unfortunate, unhappy
deshacer to undo, destroy;
   deshacerse to fall apart
deshilachado,-a ravelled, threadbare
deshojado,-a stripped of leaves
deshumanización dehumanization
deshumanizado,-a dehumanized
desierto desert
designar to designate
desigual *adj* irregular
desigualdad inequality
desilusión disillusion
desilusionar to disillusion
desinteresado,-a disinterested
desligar to disassociate
deslizarse to slip, glide
deslumbrar to dazzle
desmayo fainting spell
desmejorar to decline, become worse; *fig* to get more and more edgy
desnudo,-a naked, nude
desolado,-a desolate
desorbitado,-a out of focus
desorientación disorientation, confusion
despacio slowly

despachar to dispatch, send, dismiss; to gulp down

despacho store; office

despavorido,-a terrified

despecho anger, despair, scorn

despedazar to cut or tear to pieces

despedida farewell

despedirse to say goodbye

despegar to pull off

despertar to awaken;
  despertarse to wake up

despliegue *m* deployment

desplomarse to collapse, topple over

despojado,-a despoiled, stripped

despreciado,-a scorned, despised

desprecio scorn, contempt

desprovisto,-a (**de**) lacking in

después after, afterwards; **después de** after

destacarse to stand out

destierro exile

destinado,-a destined

destino destiny

destreza skill

destrozar to destroy

destrucción destruction

destructivo,-a destructive

destructor,-a destructive

destruir to destroy

desvanecerse to disappear

desvarío whim, caprice

detallado,-a detailed

detalle *m* detail

detallista addicted to details

detención detention, arrest

detener(se) to stop

detenido,-a arrested

determinado,-a determined, specific, a certain

detrás (**de**) behind

deudo relative

devoción devotion

devolver to return

devorador,-ra devourer

devorar to devour

DF (**Distrito Federal**) Federal District

día *m* day; **al día siguiente, al otro día** on the next day; **de día** by day; **hoy en día, hoy día** nowadays

diablo devil

diabólico,-a devilish

dialecto dialect

diálogo dialogue

diamante *m* diamond

diario,-a daily; *n m* newspaper; **de a diario** from everyday life

dibujante *m or f* cartoonist

dibujar to sketch

dibujo sketch

diciembre *m* December

dictador *m* dictator

dieh (**diez**) ten

diente *m* tooth; **entre dientes** muttering

diestra right hand

dieta diet

diez: de a diez ten-cent coin

diferencia difference

diferenciar to differentiate

diferente different

difícil difficult

dificultad difficulty

dificultar to make difficult

dignidad dignity

digno,-a worthy

dihparao (**disparado**) shot

diligencia diligence; business, errand

diluvio flood, deluge

diminutivo,-a diminutive

diminuto,-a tiny

dinámico,-a dynamic

dinamismo dynamism

dinero money

Dioh (**Dios**) God

dios god

diosa goddess

diplomacia diplomacy

dirección direction; address

directivo,-a   governing
dirigir   to direct, send; **dirigir la palabra**   to speak, to address someone; **dirigirse**   to go
discernir   to discern
disciplina   discipline; *pl*   scourge
discurso   speech
discutible   disputable, questionable
discutir   to discuss, to argue
diseño   design
disfrazar   to disguise
disimular   to dissimulate
disiparse   to dissipate
disminuir   to reduce, lessen
disparar   to shoot
disparate *m*   nonsense, absurdity
disparo   shot
dispensar   to excuse
disperso,-a   scattered
disponerse (a)   to get ready to
disposición   disposition
distancia   distance
distinguir   to distinguish
distintivo,-a   distinctive
distinto,-a   different
distorsionado,-a   distorted
distraer   to distract
distrito   district
diverso,-a   diverse, different
divertirse   to enjoy oneself, have a good time
dividir   to divide
divinidad   divinity
divino,-a   divine
divisar   to perceive
divorciarse   to get divorced
divulgar   to divulge, make known
doble   double; *n m*   double
doctrina   doctrine
dólar *m*   dollar
doler   to hurt
dolol (**dolor**)   pain, ache
dolor *m*   pain, ache; grief
dolora   type of poem written by Campoamor

dolorosa   Mater Dolorosa, Sorrowing Mary
domar   to tame
domesticar   to domesticate
domicilio   domicile, residence
dominar   to dominate
domingo   Sunday
dominio   domination
don   title for a gentleman, used only with given or Christian name
donar   to grant
donde   where; **¿a dónde?** (to) where? whereto?; **¿de dónde?** where from?; **¿en dónde?** where?
doña   title for a lady, used only with given or Christian name
dorado,-a   gilded, golden
dormido,-a   asleep
dormir   to sleep; **dormirse**   to fall asleep
dormitorio   bedroom
dorso   back
dos: los dos   both
drama *m*   drama
dramatizar   to dramatize
dramaturgo   dramatist
duda   doubt; **sin duda**   certainly, doubtless
dudar   to doubt
duelo   duel; sorrow
dueño   master, owner
dulce   sweet; *n m*   candy
duque   duke
durante   during
durar   to last
duro,-a   hard

E

eco   echo
economía   economy
económico,-a   economic
echao (**echado**)   thrown

echar to throw, throw out, cast;
  echar a to begin to; **echar a**
  perder to ruin
edad *f* age
edénico,-a pertaining to Eden
edición edition
edificio building, structure
editorial publishing; *n f* publishing
  house
educación education
educado,-a educated
educador *m* educator
educativo,-a educational
efectivo element, unit
efecto effect
efectuarse to take place
eficacia efficacy, efficiency
eficaz efficient
egoísta *adj* selfish
ehcupidera (escupidera) chamber
  pot
eje *m* axis
ejecución execution
ejemplar *m* copy
ejemplificar to exemplify
ejemplo example
ejercer to exercise
ejercicio exercise
ejercitarse to practice
ejército army
elección election
electricista electrician
elegir to choose
elevado,-a high, lofty, grand
elevar to raise
elocución elocution
elogiar to praise
elongación elongation
elongar to elongate
elusivo,-a elusive
emaciado,-a emaciated
embalgo (embargo): sin
  embalgo nevertheless
embalsamado,-a embalmed
embargo: sin embargo nevertheless

embravecido,-a enraged
embrutecer to brutalize
embustero cheat, trickster
emigrar to emigrate
emoción emotion
emocional emotional
empapado,-a soaked
empeñarse (en) to persist (in)
emperador *m* emperor
empezar to begin
empleado employee
emplear to employ
empleo job, work
empotrado,-a mounted
emprender to undertake, engage in
empresa enterprise, undertaking
empujar to push, shove
empuñar to grip, clutch
enamorado,-a lover, sweetheart;
  adj in love; **estar enamorado,-a**
  de to be in love with
enamorarse (de) to fall in love
  (with)
encabezar to head, lead
encajar to fit, join
encaminarse to move, head toward
encanto charm, delight, glamour
encarcelamiento imprisonment
encarcelar to imprison
encarnado,-a red
encender to light
encerrar to enclose
encerrarse to lock oneself up, close
  oneself up
encima above; **por encima de**
  above, over
encomendar to commend
encontrar to find; **encontrarse** to
  find oneself, be; to meet
encorvado,-a bent, crooked
encuentro encounter
encuerado,-a naked
endurecido,-a hard, obdurate
enemigo enemy
energía energy

enérgico,-a   energetic
enero   January
énfasis *m*   emphasis
enfermedad   sickness
enfermo,-a   sick
enfrentar   to confront
enfrente   opposite, in front
enganchado,-a   trapped
engañar   to deceive
engaño   deceit
engendrar   to create, engender
engolfar   to engulf; **engolfarse**   to be absorbed, be engrossed, be involved with
enguantado,-a   wearing gloves
enjabonar   to soap
enjuto,-a   lean
enmohecido,-a   rusty
ennegrecer   to blacken
ennoblecer   to ennoble
enojar   to anger; **enojarse**   to become (get) angry
enojo   anger, wrath
enorme   enormous
enredarse   to become tangled
enriquecerse   to become rich
enroscarse   to curl, twist
ensangrentado,-a   bloody
ensangrentar   to bloody
ensayar   to try
ensayista *m or f*   essayist
ensayo   essay
enseñanza   teaching
enseñar   to teach
enseres *m pl*   implements, household goods
ensordecer   to deafen
ensuciar   to dirty
entalladura   sculpture, carving
entender   to understand
entendimiento   understanding; mind
enterado,-a   informed
enterarse   to find out
entero,-a   entire, whole
enterrar   to bury

entierro   burial
entonces   then
entornar   to half-close, set ajar
entrada   entrance
entraña   entrail
entrar   to enter
entre   among, between; **entre tanto**   meanwhile
entrecejo   space between the eyebrows; **se le plegó el entrecejo**   he frowned
entrega   delivery
entregar   to deliver, hand over, surrender
entremés *m*   one-act farce
entrenado,-a   trained
entretenerse   to entertain oneself
entreverado,-a   intermingled; bogged down
entrevista   interview
entrometido,-a   meddlesome
entusiasmado,-a   enthusiastic
entusiasmo   enthusiasm
envanecerse   to become vain
envejecer   to grow old, make old
envés *m*   back
enviar   to send
envidiable   enviable
envidiar   to envy
envilecido,-a   debased, degraded
envoltorio   bundle
envolver   to wrap
enzarzarse   to squabble, wrangle
épico,-a   epic
epigrama *m*   epigram
episodio   episode
época   epoch
equilibrio   equilibrium
equipar   to compare
equipo   equipment
equivalente   equivalent
equivocarse   to make a mistake
ereh (**eres**)   (you) are
erigir   to erect, raise
erótico,-a   erotic

esbelto,-a slender
escalera stairway
escalofrío chill
escalón *m* stair
escalonado,-a gradual
escándalo commotion, tumult
escapar to escape
escarapela cockade, badge
escarchado,-a frosted, freezing
escarlata scarlet
escarmentar to be taught by
   experience, learn a lesson
escarpado,-a steep
escaso,-a meager
escena scene
escenario setting, stage
escepticismo skepticism
esclarecido,-a illustrious
esclavitud slavery
esclavo slave
escoger to choose
escolar *adj* school;
   escolar *m* student
escombro rubbish
esconder to hide
escopeta shotgun
escribir to write
escrito,-a written
escritor *m* writer
escritura writing
escuchar to listen (to)
escuela school
escultor *m* sculptor
escultórico,-a sculptural
escultura sculpture
escultural sculptural
escupir to spit
esencia essence
esencial essential
esfuerzo effort
esmeralda emerald
esmerarse to take pains with
esmero careful attention; **con**
   esmero painstakingly

eso that; **eso que** in spite of the fact
   that; **por eso** therefore, for that
   reason, on that account
esoh (esos) those
Esopo Aesop
espacio space
espacioso,-a slow, deliberate
espada sword
espalda back, shoulders
espantar to frighten
espanto fright
España Spain
español,-la Spanish, Spaniard
españolismo love for Spanish things
esparcir to scatter
especial special
especialidad speciality
especializado,-a specialized
especie *f* species, kind
específico,-a specific
espectáculo spectacle
espectador *m* spectator
espejo mirror
esperanza hope
esperanzoso,-a desirous, hoping for
esperar to hope, expect, wait, await
espeso,-a dense, thick
espiar to spy
espina thorn
espiral spiral
espíritu *m* spirit
espiritual spiritual
espiritualidad spirituality
espléndido,-a splendid
esporádicamente sporadically
esposa wife
espuma foam
esqueleto skeleton
esquema scheme, plan
esquina corner
estabilidad stability
establecer to establish
estación season; station
estadía stay

estadista *m* statesman
estado state
estadounidense (estadunidense)
 adj and n (citizen) of the United
 States
estallar to break out
estampa print
estampilla (postage) stamp
estancia ranch
estanciero rancher
estanque *m* pool
estantigua phantom, hobgoblin
estar to be; **estar de acuerdo** to
 agree; **estar para** to be about to;
 estar por to be for; to favor
estatua statue
este *m* east
estentóreo,-a stentorian
estereotipo stereotype
estético,-a aesthetic
estilo style; **por el estilo** that way
estimado,-a esteemed
estímulo stimulus
estoicismo stoicism
estopa tow, burlap
estornudar to sneeze
estornudo sneeze
estranjero (extranjero) foreigner
estrato stratum
estrecho,-a close
estregar to rub
estrella star
estrellar to smash
estremecer to make tremble
estructura structure
estructural structural
estruendo roar, din
estrujar to press, squeeze; to bruise;
 to wring out
estudiantil *adj* student
estudiar to study
estudio study
estupefacto,-a stupefied
estupidez stupidity
estúpido,-a stupid

etapa stage
eterno,-a eternal
ética ethics
etimología etymology
etimológicamente etymologically
etiqueta label
Europa Europe
europeo,-a European
evaluación evaluation
evangelio gospel
evidencia evidence
evitar to avoid
evocación evocation
evocar to evoke
evolución evolution
evolucionista evolutionary
exacto,-a exact
exaltado,-a extremist
exaltar to exalt
examen *m* examination
examinar to examine
excelente excellent
excesivo,-a excessive
exceso excess
exclamar to exclaim
excluir to exclude
exclusivamente exclusively
excremento excrement
excursión excursion, trip
exigir to demand
exiguo,-a small, scanty
existencia existence
existencial existential
existencialista existentialist
existir to exist
éxito success
exorcizar to exorcise
expectativa expectation
experiencia experience
experimentación experimentation
experimentar to experience
explanada platform, esplanade
explicación explanation
explicar to explain
exploración exploration

explorar   to explore
explotación   exploitation
explotador *m*   exploiter
exponente *m*   exponent
exponerse   to expose oneself
exposición   exposition, show
expresar   to express
expresión   expression
expresionismo   expressionism
expresionista   expressionist
éxtasis *m*   ecstasy
extender   to extend
extenso,-a   extensive
extenuado,-a,   emaciated
extinguido,-a   extinguished
extraer   to extract
extramuros *adv*   outside (a town);
  de extramuros   from outside
extranjero,-a   foreign; *n*   foreigner
extrañar   to miss; **no es de**
  extrañar   it is not surprising
extrañeza   surprise, wonderment
extraño,-a   strange
extraordinario,-a   extraordinary
extremo,-a   extreme

F

fábrica   factory; structure
fabricación   making, fabrication;
  make
fabricante *m*   manufacturer, maker
fabricar   to make, fabricate
fábula   fable
fabular   to make up
facción   surface; feature
fácil   easy
facilidad   facility, ease
facultad   faculty
fachada   façade
faena   labor, task
faja   band, sash, girdle
falsedad   falseness
falso,-a   false

falta   lack; **hacer falta**   to need
faltar   to be lacking; **falta poco**   it
  won't be long
fallar   to fail
fama   fame, reputation
familia   family
familiarizarse   to familiarize oneself
famoso,-a   famous
fanatismo   fanaticism
fantasía   fantasy
fantasma *m*   ghost
fantástico,-a   fantastic
farol *m*   lamp, street light, lantern
fascinante   fascinating
fascinar   to fascinate
fase *f*   phase
fastidiar   to annoy, bother
fatalismo   fatalism
fatalista   fatalist
fatiga   fatigue, anxiety
favor *m*   favor; **a (en) favor de**   in
  favor of; **por favor**   please
favorecer   to favor
faz *f*   face
fe *f*   faith; **a la fe**   by my faith
fealdad   ugliness
fecundidad   fertility
fecundo,-a   fecund, fertile
fecha   date
feliz   happy
femenino,-a   feminine
fenómeno   phenomenon
feo,-a   ugly
ferocidad   ferocity
feroz   ferocious
ferrocarril *m*   railroad
ferrocarrilero   railroad worker
fértil   fertile
festín *m*   feast, banquet
festivo,-a   festive, gay
feto   fetus
feudalismo   feudalism
ficción   fiction
fiel *adj*   faithful
fierecilla   shrew

fiesta   party, celebration
figura   figure
fijalse (**fijarse**)   to notice
fijar   to fix; **fijarse** (**en**)   to notice;
fijarse   to stick
fila   line
filo   edge
filosofía   philosophy
filosófico,-a   philosophic
filósofo   philosopher
fin *m*   end; **al fin**   at last; **a fin de
que**   so that, in order that; **a fines
de**   at the end of; **en fin**   finally;
por fin   finally
final *m*   end, ending
finca   farm
fincar   to pin; to wager
fingir   to feign, pretend
fino,-a   fine
firma   signature
firmamento   firmament
firme   firm; **estar en lo firme**   to be
sure, be positive
físico,-a   physical
flaco,-a   thin, skinny, weak
flaqueza   weakness
flecha   arrow
flor *f*   flower
florecer   to flourish
florecimiento   flowering
flotar   to float
fogonazo   powder flash
follaje *m*   foliage
folleto   pamphlet, booklet
fomentar   to foment, encourage
fondo   back, bottom, background,
depths
fontana   fountain
forastero,-a   stranger
forcejear   to struggle
forma   form, shape
formación   formation
formar   to form
formativo,-a   formative
foro   back (of a stage)

fortaleza   fort
forzar   to force
forzoso,-a   necessary
fotografía   photograph; photography
fotografiado,-a   photographed
fotográfico,-a   photographic
fotógrafo   photographer
fracasar   to fail
fragante   fragrant
frágil   fragile
fragor *m*   noise, clamor
francamente   frankly
francés,-a   French
Francia   France
francotirador *m*   sharp shooter
frase *f*   sentence, phrase
fratricida   fratricidal
fray   friar
frazada   blanket
frecuencia   frequency; **con
frecuencia**   frequently
frecuente   frequent
frenesí *m*   frenzy, madness
frente *f*   forehead; **frente** *adv*   in
front, opposite; **en frente de**   in
front of; **frente a**   opposite,
fig   in the face of
fresco,-a   fresh, cool
frijol *m*   bean
frío,-a   cold; **hace frío**   it is cold
fritura   fritter
frondoso,-a   leafy
frontera   border
frotar   to rub
fruición   enjoyment, delight
frustración   frustration
fruto,-a   fruit; **fruto**   is used in a
figurative sense only
fuego   fire; **abrir fuego**   to open fire
fuente *f*   source; fountain
fuera   out, outside
fuerte   strong
fuerza   force, strength; **a fuerza
de**   by the strength of; **a la
fuerza**   by force

fuga flight, escape; **punto de fuga** vanishing point
Fulano So-and-so
fumar to smoke
función function, performance
funcional functional
funcionario functionary, official
funda holster
fundador *m* founder
fundar to found
fundir to fuse, unite
furia fury
furioso,-a furious
furtivamente slyly, furtively
fusilamiento shooting, execution
fusilar to shoot
fútbol *m* football

G

gafas *f pl* glasses
galán *m* gallant, lover
galería gallery, corridor
galopar to gallop
galope *m* gallop
galpón *m* shed
gallardo,-a brave, gallant
gallina hen
gallo rooster
gama doe
gana desire; **dar la gana** to feel like; **de buena gana** willingly; **de mala gana** unwillingly; **tener ganas** to feel like
ganado cattle, live stock
ganar to win, earn
garabato scribble
garabatoh (garabatos) scribbles
garganta throat
garra claw
garrote *m* garrote, club
garrucha pulley
gasfíter *m* plumber
gastado,-a worn, worn out

gastar to spend
gastarse to waste away; *fig* to grow dim
gasto expenditure
gato,-a cat
gaucho man of the Argentine pampa
gaullista Gaullist
gaveta drawer
gemelo,-a twin
genealogía genealogy
generación generation
general general; **por lo general** generally
generalizarse to become general
género kind, genre; **género humano** mankind
generoso,-a generous
genio genius
gente *f* people
gentilmente exquisitely
genuino,-a genuine
geometría geometry
geométrico,-a geometric
germen *m* source
gesto facial expression; gesture
gigante *m* giant
gigantesco,-a gigantic
gigantón *m* big giant
gimnasio gymnasium
Ginebra Geneva; **ginebra** gin
glifo glyph
globo globe; balloon
gloria glory
glorificar to glorify
glotón gluttonous
gobernación government
gobernar to govern
gobierno government
Gólgota Golgotha
golondrina swallow
goloso,-a having a sweet tooth
golpe *m* blow; stroke; **daba golpecitos** he tapped; **de golpe** suddenly
golpear to strike, hit

gordo,-a fat; **dedo gordo** thumb
gorrión *m* sparrow
gorro cap
gota drop
gotera leak
gozar (**de**) to enjoy
grabado engraving
gracias thanks
graduarse to graduate
granadero grenadier
grandeza greatness
grandiosamente magnificently, grandly
granizo hail, hailstorm
grano kernel
granuja *m* rogue
grasiento,-a greasy, oily
gratitud gratitude
gratuito,-a free
Grecia Greece
griego,-a Greek
gringo,-a Anglo-Saxon; foreign
gris gray
gritar to shout, cry out, scream
grito shout, scream; **a gritos** "buckets"
grosero,-a coarse, crude
grúa derrick
grueso,-a thick; *n m* thickness
grumo curd, cluster, blob
gruñir to grunt
grupo group
gruta cavern, grotto
guadaña scythe
guante *m* glove
guarda *m* guard
guardar to keep, reserve
guarida den, lair
guatemalteco,-a Guatemalan
guerra war
guerrero warrior
guerrillero,-a guerrilla
guía *m or f* guide
guiso stew
guitarra guitar

guitarreada guitar contest
gula gluttony
gusano worm
gustar to be pleasing; to like; **gustarle a uno** to like
gusto taste, pleasure

H

haber to have; **haber de** to have (to), must; **hay** there is, there are; **hay que** one must
habilidad skill, ability
habitación room, habitation
habitacional *m* housing development
habitante *m* inhabitant
habitar to inhabit, dwell
hablar to speak
hacendado landholder, rancher
hacer to do, make; **hace buen tiempo** the weather is good; **hace frío** it is cold; **hacer calceta** to knit; **hacer caso de** to pay attention to; **hacer de cuenta** to pretend; **hacer falta** to be lacking; to be missing; **hacer una mala jugada** to play a dirty trick; **hacer una reverencia** to bow
hacia *prep* toward; about
hacienda ranch, farm; herd
hada fairy
halagar to flatter
hallar to find
hallazgo discovery
hambre *f* hunger; **tener hambre** to be hungry
hambriento,-a hungry
harmonizar to harmonize
harto,-a sufficient, full; *fig* tired, fed up
hasta until, even
hastiado,-a cloyed, sated; *fig* tired
hazaña deed, feat
hebilla buckle

hecho   done, made; *n m*   fact, deed
hediondo,-a   stinking
helado,-a   frozen
helicóptero   helicopter
hemisferio   hemisphere
henchir   to fill
hender   to go through
herencia   inheritance; heritage
herida   wound
herir   to wound
hermana   sister
hermandad   brotherhood
hermano   brother
hermético,-a   hermetic
hermoso,-a   beautiful
hermosura   beauty
héroe   *m*   hero
herramienta   tool
hierba   weed; herb
hierro   iron
hija   daughter
hijo   son
hijoh (hijos)   children
hilar   to spin
hilera   row, line
hilo   thread
hincado,-a   kneeling
hinchar   to swell
hipo   hiccough; sob
hipocresía   hypocrisy
hispánico,-a   Hispanic
hispano,-a   Hispanic, Spanish
Hispanoamérica   Spanish America
hispanoamericano,-a   Spanish
   American
histeria   hysteria
historia   history
historiador   *m*   historian
hogar   *m*   home
hoguera   fire, bonfire
hoja   leaf, blade; page
hojear   to leaf through
hola   hello, hi
holandés,-a   Dutch
hollar   to trample

hombre   *m*   man; husband
hombro   shoulder
homenaje   *m*   homage
Homero   Homer
homogeneidad   homogeneity
hondo,-a   deep
honrado,-a   honorable, of high rank
honrar   to honor
hora   hour; **a altas horas de la**
   noche   late at night; **a toda**
   hora   at all hours
horadar   to bore, pry
horda   horde
horizonte   *m*   horizon
hornilla   oven, stove
horóscopo   horoscope
horrendo,-a   horrendous, hideous
horripilante   horrifying
horrorizado,-a   horrified
hospicio   hospice, hospital, asylum
hospitalario,-a   *adj*   hospitable
hostil   hostile
hoy   today; **hoy día**   nowadays
hoyo   hole, excavation
huelga   strike
huella   track, trace
huerta   vegetable garden
huertano   gardener, orchardman
hueso   bone
huésped   *m or f*   guest
huesudo,-a   bony, big-boned
huevo   egg
huir   to flee, run away
humanidad   humanity
humanista   *m or f*   humanist
humano,-a   human; **ser**
   humano   human being
humedad   humidity
humedecer   to moisten, dampen;
   humedecerse   to become wet,
   become moist
humilde   humble
humillación   humiliation
humorada   humorous poem
   (Campoamor)

humorístico,-a humorous
hundimiento sinking
huracán *m* hurricane
hurgar to stir, poke into, dig around into
hurtar to steal

I

Ícaro Icarus
ícono icon
idealista idealistic
identidad identity
identificación identification
identificar to identify
ideología ideology
idioma *m* language
iglesia church
ignorar not to know, to be ignorant of
igual equal; **por igual** equally
igualdad equality
ilimitado,-a unlimited
ilusión illusion, *fig* hope
ilustrar to illustrate
ilustrativo,-a illustrative
imagen *f* image
imaginación imagination
imaginar to imagine
imaginario,-a imaginary
imborrable indelible
imitar to imitate
impaciente impatient
impedir to prevent, hinder
imperar to prevail
imperio empire
impermeable *m* raincoat
ímpetu *m* impetus
impetuoso,-a impetuous
imponente imposing
imponer to impose
importancia importance
importar to be important, matter
importe *m* cost, price

imposición imposition
impreciso,-a imprecise
impresión impression
impresionante impressive
impresionar to impress
impresionista impressionist
impreso print
improvisador *m* improvisor
improviso,-a unexpected; **de improviso** unexpectedly
inactividad inactivity
inanimado,-a inanimate
incaico,-a Incan
incertidumbre *f* uncertainty
incierto,-a uncertain
incinerador *m* incinerator
incitar to incite
inclinar to incline; **inclinarse** to stoop, bend over, bow
incluir to include
inclusive including
incoherencia incoherence
incoherente incoherent
incomodar to disturb, trouble, inconvenience
incómodo,-a uncomfortable
incomprensible incomprehensible
incomprensión incomprehension, lack of comprehension
inconcluso,-a unfinished
incongruencia incongruence
inconsciencia unconsciousness
incontenible unrestrainable
incorporación incorporation
incorporar to incorporate; **incorporarse** to sit up, get up; to join
increíble incredible
inculpar to blame, accuse
indagar to investigate
indecenciah (**indecencias**) indecencies
independencia independence
independiente independent
indicar to indicate

indicio   indication
indiferencia   indifference
indiferente   indifferent
indígena   indigenous, native (Indian)
indignación   indignation
indignado,-a   angry, indignant
indignidad   indignity
indilincuente   innocent
indio,-a   Indian
indiscriminadamente
   indiscriminately
individualidad   individuality
individualizar   to individualize
individuo   individual
indócil   unruly
indomable   indomitable
indudablemente   undoubtedly
inequívoco,-a   unequivocal,
   unmistakable
inerte   inert
inesperado,-a   unexpected
inexorablemente   inexorably
infancia   infancy
infatigable   untiring
inferior   inferior, lower
infierno   hell
infinito,-a   infinite; *n m*   infinite
inflar   to inflate
influencia   influence
influenciar   to influence
influir   to influence
influyente   influential
información   information
informar   to inform
informe *m*   report
ingeniería   engineering
ingeniero   engineer
ingenio   (mechanical) apparatus
ingeniosidad   ingenuity
ingenuidad   candor
ingerencia   meddling, interference
Inglaterra   England
inglés,-a   English; *n m*   English
   (language)
ingratitud   ingratitude

ingrato,-a   ingrate, ungrateful
iniciar   to begin, initiate
ininterrumpidamente
   uninterruptedly
injusticia   injustice
inmediatamente   immediately
immensidad   immensity
inmenso,-a   immense
inmigración   immigration
inmigrante *m or f*   immigrant
inmigrar   to immigrate
inmortalidad   immortality
inmortalizar   to immortalize
inmovilidad   immobility
inmueble *m*   immovable (real)
   property
innecesario   unnecessary
innovación   innovation
innovador *m*   innovator
inocencia   innocence
inocente   innocent
inolvidable   unforgettable
inquieto,-a   restless, uneasy
inquilino   tenant
Inquisición   Inquisition
inscribir   to enroll, register
inseguridad   insecurity
insensibilidad   hard-heartedness,
   insensitivity
inservible   useless
insistir   to insist
insolencia   insolence
inspiración   inspiration
inspirar   to inspire
instalar   to install
instantáneamente   instantaneously
instante *m*   instant; **al instante**
   instantly, at once
institución   institution
instrucción   instruction
instruir   to instruct
integración   integration
integrar   to integrate, to be included
   in
intelectual   intellectual

inteligencia   intelligence
inteligente   intelligent
intención   intention; **con intención**   slyly
intensidad   intensity
intento   attempt
intercalado,-a   inserted, interpolated
intercambiar   to exchange
interceptar   to intercept
interés *m*   interest
interesante   interesting
interesar   to interest; **interesarse por**   to be interested in
interferencia   interference
internacional   international
internarse   to go far in
interno,-a   interior, internal
interpretación   interpretation
interpretar   to interpret
interrogar   to question
interrumpido,-a   interrupted
intervención   intervention, operation
intervenir   to intervene, take control of
intimidad   intimacy
intimidar   to intimidate
íntimo,-a   intimate
intolerancia   intolerance
intrahistoria   intrahistory
intransigente   intransigent
introducción   introduction
intuición   intuition
inundación   flood
inútil   useless
invadir   to invade
invasor *m*   invader
inventar   to invent
inventario   inventory
inversión   investment
investigación   investigation
investigar   to investigate
invierno   winter
invitar   to invite
invocador,-ra   invoker

invocar   to invoke
IPN (Instituto Politécnico Nacional)   National Polytechnical Institute
ir   to go; **irse**   to go away
iracundo,-a   angry
iráh (irás)   (you) will go
irlandés,-a   Irish, Irishman
ironía   irony
irónico,-a   ironical
irracional   irrational
irradiar   to radiate
irreverencia   irreverence
isla   island
isleta   small island
Italia   Italy
italiano,-a   Italian
izquierdo,-a   left; **a la izquierda**   on the left

J

jabalí *m*   wild boar
jabón *m*   soap, lather
jadear   to pant
jadeo   panting
jamás *adv*   never, ever
jarabe *m*   popular dance
jardín *m*   garden
jarra   jar; **en jarras**   akimbo
jarro   jug; **a boca de jarro**   point-blank; **olía a jarro nuevo**   smelled like a new clay jug
jaula   cage
jefe *m*   chief, boss
jeroglífico   hieroglyph
jilguero   linnet, goldfinch
jilotear   to form ears (corn)
jinete *m*   horseman
jornalero   day laborer
joven   young
joya   jewel
joyero   jeweler

júbilo joy
juego game, gambling game; **juego de manos** slight of hand
jueves *m* Thursday
juez *m* judge
jugador *m* player; gambler
jugar to play; to gamble
jugo juice
juguete *m* toy
jugueteh (**juguetes**) toys
juicio judgment
julio July
jungla jungle
junio June
juntar to join, connect, unite; **juntarse** to join; to copulate; to assemble
junto,-a united, joined, together; **junto a** beside; **junto con** together with; **junto** *adv* near
juntura joining
jurar to swear
jurisprudencia jurisprudence, law
justicia justice
justificar to justify
justo,-a exact, very
juvenil juvenile
juventud youth

K

kepis *m* kepi, a military cap

L

labio lip
labrador *m* farmer, peasant
labrar to carve; to make; to cut; to work (stone)
lacrimógeno,-a *adj* tear-producing
lado side; **por otro lado** on the other hand; **por todos lados** on all sides

ladrar to bark
ladrillo brick
ladrón *m* thief
lagaña bleariness
lagartijo lizard
lago lake
lágrima tear
laguna lake, lagoon
lamentación lamentation
lamentar to lament
lámpara lamp, light
langosta locust
lanzar to emit, throw, hurl; to vomit
lápida tablet, gravestone
lápiz *m* pencil
lapso lapse, time
largar to leave; **largarse** to go away
largo,-a long; **a lo largo de** through, throughout, along; **largamente** for a long time
lástima pity
lastimarse to wound oneself, hurt oneself
lastimoso,-a pitiful, sad
latido beating, throb
latino,-a Latin
latinoamericano,-a Latin American
latir to beat
lavar to wash; **lavarse** to wash, wash up
leal loyal
lector *m* reader
lectura reading
lecho bed
leer to read
legua league
lejano,-a distant
lejos far; **a lo lejos** in the distance
lengua tongue
lenguaje *m* language
lente *m or f* lense; magnifying glass
lento,-a slow
leña firewood
león *m* lion
lesionar to wound, injure

letra letter; **al pie de la letra** literally

letrero sign

levantalte (levantarte) to get you up

levantar to lift, raise; **levantarse** to get up

leve *adj* light

ley *f* law

leyenda legend

liberación lfberation

liberar to free, liberate

libertad liberty

librar to free

libre free

librepensador *m* freethinker

libro book

licenciado lawyer

líder *m* leader

liebre *f* hare (rabbit)

liga league

ligero,-a slight, light

limitación limitation

limitar to limit

limón *m* lemon

limonero lemon tree

limpiar to clean; **limpiar de hierba** to weed

limpieza cleaning

limpio,-a clean

linaje *m* kind, species

linchamiento lynching

lindar (con) to border (on)

lindo,-a pretty

línea line

liquen *m* lichen

líquido,-a liquid

lírico,-a lyric

lisonjear to flatter

lista list

listo,-a ready

literario,-a literary

literatura literature

liviano,-a light

lívido,-a livid

lobo wolf

lóbrego,-a gloomy

loco,-a crazy

locura madness

lodo mud

lógico,-a logical

lograr to succeed (in), achieve

loh (los) the; them

longevidad longevity

losa flagstone, grave, gravestone

losar to pave

lucero bright star

lucha struggle

luchar to struggle

luego then, afterwards, next, later; **luego de** after; **tan luego que** as soon as

lugar *m* place; **tener lugar** to take place

lujo luxury; **de lujo** deluxe

lujoso,-a luxurious

lujurioso,-a lustful

lumbre *f* fire, light

luminoso,-a luminous

luna moon

luto mourning; **de luto** in mourning

luz *f* light; **salir a luz** to come out, appear, be published; **luz de bengala** flare

LL

llaga wound

llama flame

llamar to call; **llamarse** to be called, be named

llano,-a level, flat

llano plain

llanto weeping

llanura plain

llave *f* key; **cerrar con llave** to lock

llegada arrival
llegar to arrive; **llegar a**
  (**conocer**) to come to (know);
  llegar a saber to find out
llenar to fill
lleno,-a (**de**) filled (with), full
llevar to carry, take; to wear; to lead;
  to lift; **llevarse** to carry away
llorar to cry, weep
lloroso,-a tearful
llover to rain
lluvia rain

M

machismo "maleness"
madera wood
madre *f* mother
madrugada dawn
madurar to ripen
maestro,-a master; *n* master,
  teacher
magia magic
mágico,-a magic
magnavoz *m Mex.* loudspeaker
magnífico,-a magnificent
mago magician, wizard; **los Reyes**
  Magos the Magi
magullar to mangle
mah (**más**) more
maíz *m* corn
maizal *m* cornfield
majestad majesty
majestuosidad majesty
majestuoso,-a majestic
mal *adv* badly, wrongly; *n m* evil,
  harm, wrong; **de mal en peor** from
  bad to worse; **menos mal** just as
  well
maldecir to curse
maldito,-a cursed
maleza underbrush
malhumorado,-a ill-humored
maliciosamente maliciously

malo bad, evil
malón *m* sudden attack by Indians
maltrecho,-a badly off, battered
malvado,-a wicked
malvivir to live badly
mamarracho grotesque figure
mampostería masonry
maná *m* manna
mancebo youth, young man
mancillado,-a soiled
mancha spot, stain
manchado,-a spotted
manchar to stain
mandar to send; to command
mando command
manejar to drive, handle
manera manner, way
manerista *adj* Mannerist
manguera hose
manifestación manifestation,
  demonstration
manifestante *m* demonstrator
manifestar to manifest
manifiesto manifest
manigua jungle
mano *f* hand
manojo handful, bunch
manso,-a gentle
manta sign
mantener to maintain, to hold;
  mantenerse to live (on)
mantenimiento food
mantequilla butter
manuscrito manuscript
manzana Adam's apple
mañana tomorrow; morning; **el día**
  de mañana tomorrow; **por la**
  mañana in the morning; **todas las**
  mañanas every morning
máquina machine
maquinalmente mechanically
mar *m or f* sea
maravilla wonder, marvel
maravilloso,-a marvellous, wonderful

marcado,-a marked

marcar to strike; to show (time); to mark

marcial *adj* martial

marco framework

marcha march

marchito,-a withered

marea tide

margen *m* margin

mariachi *m Mex.* street singer

marido husband

marino,-a marine

mariposa butterfly

mármol *m* sculpture, marble

maroma cable, rope

marrullero trickster, wheedler

martes *m* Tuesday

martillazo blow with a hammer

martillo hammer

mártir *m* martyr

marzo March

mas *conj* but, yet

más more, most; **más allá** beyond; **más bien** rather; **más que nada** more than anything; **más tarde** later; **más vale que** it is better that; **nada más** only, just that

masa dough, mass

masacre *f* massacre

máscara mask

mata plant

matadero slaughterhouse

matanza slaughter, massacre

matar to kill

matemáticas mathematics

matemático mathematician

materia matter; **en materia de** as regards, in the matter of; **rendir una materia** to take a course

maternidad maternity

materno,-a maternal

matiz *m* shade

matorral *m* thicket

matraca wooden rattle

matrimonio matrimony

máximo,-a maximum

maya *adj* Mayan

mayo May

mayor greater, larger; older, adult

mayoría majority

mayormente especially, any, very many

mazazo blow with a club

mazorca ear (of corn)

mecanismo mechanism

mechón *m* lock (of hair)

mediante by means of, through

medicina medicine

médico doctor

medida measure; **a medida que** as, according as

medio,-a mid, middle, mean; thirty (time-telling); **a medias** obscurely; **de en medio** middle; **en medio de** in the middle of, amid; **por medio de** through

mediocridad mediocrity

mediodía *m* noon

medir to measure

meditar to meditate

mediterráneo,-a Mediterranean

mejicano,-a Mexican

mejilla cheek

mejor better, best; **a lo mejor** perhaps, maybe

mejoramiento improvement

mejorar to improve

melancolía melancholy

melancólico,-a *adj* melancholy

melena loose hair

memoria memory; **hacer memoria** to search one's memory; **saber de memoria** to know by heart

mencionar to mention

mendigo beggar

menester *m* duty, task

menina young lady in waiting

menor least, less, youngest; minor

menos less, least; **cuando menos** at least; **menos mal** just as well; **por lo menos** at least
menospreciar to scorn, despise
mensaje *m* message
mente *f* mind
mentir to lie
menudo,-a small
mercader *m* merchant
mercadería merchandise
mercado market
merecer to deserve
mero,-a mere
mes *m* month
mesa table, desk; **poner la mesa** to set the table
Mesías *m* Messiah
mestizo,-a half-breed, mixed blood
meta goal
metafísico,-a metaphysical; *n f* metaphysics
metáfora metaphor
metafórico,-a metaphoric
meter to put in, introduce
meticulosamente meticulously
metódico,-a methodical
método method
metrópoli *f* metropolis
metropolitano,-a metropolitan
mexicano,-a Mexican
mezcla mixture; mortar
mezclar to mix
mezquita mosque
microcósmico,-a microcosmic
miedo fear; **dar miedo** to create fear; **tener miedo** to be afraid
miel *f* honey
miembro member
mientras while
miércoles *m* Wednesday
miga crumb
mihmo (**mismo**) same
mil thousand
milagro miracle
milímetro millimeter

militar *adj* military
milpa *Mex.* cultivated land, system of cultivation
milla mile
millón *m* million
millonario millionaire
mimar to spoil, indulge
mina mine
minero miner
minoría minority
minotauro minotaur
minuciosamente precisely, thoroughly
mirada glance, look
mirador *m* window, observation point
mirar to look, look at
mirón *m* spectator, by-stander
misa mass
miseria misery, poverty
misericordia pity
misión mission
mismo,-a same, very; self (**ella misma** she herself); **ahora mismo** right now
misterio mystery
misterioso,-a mysterious
misticismo mysticism
místico mystic(al)
mitad *f* half; **en mitad de** in the middle of
mítico,-a mythical
mitin *m* rally
mito myth
mitología mythology
mocedad youth
mochica Peruvian Indian group
modelar to model
modelo model
modernismo modernism
modificación modification
modificar to modify
modo way, means, manner; **de modo que** so that; **de todos modos** at any rate

mofar to mock, jeer; **mofarse de** to make fun of, jeer at

mohoso,-a rusty

mojar to wet; **mojarse** to get wet

molestar to bother; **no se molestan** don't take the trouble

monarca *m* monarch

moneda coin

mono monkey

monólogo monologue

monstruo monster

monstruoso,-a monstrous

montaña mountain

montañero,-a *adj* mountain

monte *m* mountain

montón *m* pile

morada dwelling

morado,-a purple

moraleja moral

mordaz biting, sarcastic

morder to bite; **morderse** to bite (one's tongue, etc.)

moreno,-a brown, dark

morir to die; **morirse** to die

moro Moor

mortaja shroud

mortificación mortification, humiliation

mortificar to mortify; **mortificarse** to get upset

mosaico mosaic

mostrar to show

motivar to motivate

motivo motive, motif

mover to move; **moverse** to move (oneself)

movible movable

móvil changeable

movilidad mobility

movimiento movement

mozo young man; **buen mozo** good-looking

muceta hood

muchacha girl

muchacho boy

muchachoh (**muchachos**) children

mucho,-a much, a great deal; long (time); *pl* many; *adv* much, very much, a great deal

mudanza move

mudarse to move

mudo,-a mute, silent

mueble *m* piece of furniture

muelto (**muerto**) dead

muerte *f* death

muerto,-a dead

muestra sample, model, copy, trace

mugriento,-a filthy

mujer *f* woman; wife

multiplicar to multiply

multitud multitude

mundano,-a worldly

mundial *adj* world, world-wide

mundo world; **correr mucho mundo** to travel a lot

muñecoh (**muñecos**) *fig* figures

muralismo muralism

muralista muralist

muralla wall

murciélago bat

murmurar to murmur

muro wall

músculo muscle

musculoso,-a muscular

museo museum

musgo moss

música music

músico,-a musician

musulmán Moor, Mussulman

mutilación mutilation

mutilante mutilating

mutilar to mutilate

muy very

N

nacer to be born

nación nation

nacional national

nacionalismo nationalism

nada *adj* nothing; *adv* nothing,
 not at all

nadar to swim

nadie no one, nobody, none

nalgada spanking

naranjo orange tree

nariz *f* nose

narración narration

narrador *m* narrator

narrar to narrate

narrativo,-a narrative;
 n f narrative, story

natal *adj* natal, of birth

natural *m* native, nature

naturaleza nature

navaja razor, blade

Navidad Christmas

navideño,-a pertaining to Christmas

nazareno Nazarene

necesario,-a necessary

necesidad necessity

necesitar to need

necio,-a fool, silly

negar to refuse, deny

negativa refusal

negocio business

negro,-a black, dark

negrura blackness

neneh (**nenes**) children

neoclásico,-a neoclassic

neoprimitivo,-a neo-primitive

neoyorquino,-a *adj* New York

nervio nerve

nervioso,-a nervous

netamente purely

nicho niche

nido nest

nieve *f* snow

nihilismo nihilism

ninfa nymph

ninguno none, not any, not one

niña girl

niñera nurse maid

niñez *f* childhood

niño boy

nítido,-a clear, bright

Niu New

nivel *m* level

noche *f* night; **de noche** or **por la
 noche** at night; **esta noche**
 tonight

Nochebuena Christmas Eve

nomás just; **nomás por nomás** just
 like that

nombre *m* name

noreste *m* northeast

Normandía Normandy

norte *m* north

norteamericano,-a North American

nota note

notar to note

noticia news

novedad novelty, newness

novela novel

novelista *m or f* novelist

novelizar to novelize, make a
 novel of

novia bride

noviazgo engagement

noviembre *m* November

novio boyfriend, suitor, bridegroom

nube *f* cloud

nublazón *m* storm cloud

nuca nape (of neck)

nudo knot

nuevo,-a new; **de nuevo** again,
 once more

número number

numeroso,-a numerous

nunca never

nutrir to nourish, feed

O

obedecer to obey

obediente obedient

objetivo,-a objective; *n m* objective

objeto object

oblicuo,-a oblique
obligar to oblige
óbolo obolus; *fig* money, support,
   contribution
obra work, act; **obra**
   maestra masterpiece
obrar to work
obrero,-a working, of workers;
   n m or f worker
obsceno,-a obscene
observación observation
observar to observe
obsesionado,-a obsessed
obsesionarse (**por**) to be obsessed
   (**by**)
obstante: **no obstante** nevertheless
obtener to obtain
obvio,-a obvious
ocasión occasion
occidental western
occidente *m* west
océano ocean
ocioso,-a idle
ocote okote pine
octosilábico,-a octosyllabic
   (8 syllables)
octubre *m* October
ocultadora concealer
ocultar to hide
ocupación occupation
ocupado,-a busy, occupied
ocupar to occupy
ocurrencia occurrence; witticism;
   new idea
ocurrir to occur
odiar to hate
odio hatred
odisea odyssey
oeste *m* west
ofendido,-a offended
oficial official; *n m* official
oficina office
oficio trade, job occupation
ofrecer to offer
ofrenda offering

oír to hear
ojalá I wish; **ojalá y** I wish
ojear to glimpse
ojo eye
ola wave
oler to smell
olímpico,-a Olympic
olor odor, smell
oloroso,-a fragrant, smelling like
olvidar to forget
olvido forgetfulness, oblivion
ombligo navel
omitir to omit
opaco,-a opaque
operación operation, transaction,
   deal
opinar to be of the opinion
oponerse to oppose
oportunidad opportunity
oposición opposition
opresión oppression
optar to choose, opt
opuesto,-a opposed
orador *m* orator
oratorio,-a oratorical
orden *f* command; religious order;
   m order
ordenar to order, command
ordinario,-a ordinary
oreja ear
orfanato orphanage
orfebre *m* goldsmith, silversmith
organización organization
organizar to organize
órgano organ
orgullo pride
orgulloso,-a proud
oriental eastern, oriental
oriente *m* east
origen *m* origin
originalidad originality
originar to originate
orilla bank (of a river)
orinar to urinate
oriundo,-a native, coming from

ornamentación ornamentation
oro gold
ortodoxo,-a orthodox
osado,-a bold
oscilar to oscillate
oscurecer to grow dark
oscuridad darkness
oscuro,-a dark
otoño autumn
otro,-a other, another; **al otro
día** the next day; **el uno al
otro** each other; **otra vez** again;
por otra parte on the other hand;
unos a otros each other
Otry Autry
ovación ovation

P

paciente patient
pacificador,-a *n* peacemaker
pacífico,-a peaceful
padre *m* father *pl* parents
padrenuestro Lord's Prayer
pagano,-a pagan
pagar to pay (for)
página page
pago pay
país *m* country, region
paisaje *m* landscape
paisajista *adj* landscape
paja straw
pájaro bird
pala stick, paddle
palabra word
palacio palace
pálido,-a pale
palique *m* chitchat, small talk
palma palm
palmera palm (tree)
palo wood, stick
paloma dove
Palón Hopalong
palpar to touch

pampa plain
pan *m* bread
pantalón trousers, pants
panteón pantheon
pantomimo pantomimist
pañuelo handkerchief
Papa *m* Pope
papá *m* father, papa
papel *m* paper
par *m* pair; **a par del alma** deeply
para for, in order to; toward; so that,
to the end that; **de un lado para
otro** from one side to the other;
para siempre forever
parábola parable
parado,-a standing
paradoja paradox
paradójicamente paradoxically
paraguas *m* umbrella
paraíso paradise
paralelo,-a parallel
paralizar to paralyze
parar to stop; **pararse** to stand up
parca fate
parecer to seem, look; **al parecer**
apparently; *n m* opinion; **cambiar
de parecer** to change one's mind;
parecerse a to resemble
parecido resemblance
pared *f* wall
pareja pair, couple
pariente *m or f* relative
parir to give birth
parisiense *adj* Parisian
paro work stoppage
parque *m* park
párrafo paragraph
parroquiano,-a parishioner
parsimoniosamente economically
parte *f* part; **de parte de** on the
part of; **en gran parte** mostly;
en (a) todas partes everywhere;
por otra parte on the other hand;
por parte alguna anywhere
participación participation

participante *m or f* participant
participar   to participate
particular   particular, private
partidario   partisan
partido   party; district; township; game (match)
partir   to leave; to cut; **a partir de**   starting from; **partir de**   to be fired from
pasado   past
pasaje *m* passage
pasar   to pass; to spend; to happen; **pasa que**   it happens that; **¿qué pasa?**   what's the matter?; **pasar hambre**   to suffer hunger; **pasar por alto**   to overlook; **se la pasa**   he spends his time
pasear(se)   to stroll, walk, ride
paseo   walk, promenade
pasión   passion
pasmado,-a   stunned, astounded; chilled; stale
paso   curtain raiser; sketch; step, footstep; **dar los primeros pasos**   to take the first steps; **de paso**   in passing, on the way
pasta   cake paste
pastilla   pill
pasto   grass
pastor *m* shepherd
pastoril   pastoral
pastura   pasture
pata   foot (of an animal)
patata   potato
patear   to stamp
paternidad   paternity
patilla   side whiskers
patria   fatherland
patriota *m* patriot
patrocinado,-a   sponsored
patrón *m* patron, landlord, boss
patullado,-a   trampled; **patullada**   tramping feet
pausa   pause
pavo   turkey

payaso   clown
paz *f* peace
pecado   sin
pecador,-ra   sinful; *n m or f*   sinner
pecho   breast, chest
pedazo   piece; **hacer pedazos**   to tear to pieces
pedir   to ask for
pedrería   precious stones
pegar   to glue; to beat, to strike; **pegar el brinco**   to leap
peinarse   to comb one's hair
pelandrín (pelantrín) *m* farmer
pelear(se)   to fight
película   picture, movie, film
peligroso,-a   dangerous
pelo   hair
pelota   ball
peludo,-a   shaggy, hairy
peluquería   barber shop
pena   pain; **no valer la pena**   not to be worthwhile
penar   to suffer
pender   to hang
pendiente   hanging, pending; absorbed
penetración   penetration
penetrante   penetrating
penetrar   to penetrate
penitencial   penitential
penitente *m* penitent
penoso,-a   painful
pensador *m* thinker
pensamiento   thought
pensar   to think; to intend; **pensar en**   to think about
pensativo,-a   pensative
peña   rock, mountain
peón *m* day laborer
peor   worse, worst; **de mal en peor**   from bad to worse
pepita   nugget; pip, distemper in fowls
pequeño,-a   small, little, of tender age
percepción   perception

percibir to perceive
perder to lose; echar a perder to spoil, ruin
perdición perdition, ruin
pérdida loss
perdiz f partridge
perdonar to pardon
perdurable lasting, everlasting
perdurar to last long; remain
perecer to perish
peregrinación pilgrimage; wandering
peregrino,-a strange, odd
perezoso,-a lazy, idle
perfección perfection
perfeccionar to perfect
periódico newspaper
periodismo journalism
periodista m journalist
período period
perjuicio injury, damage
perla pearl
permanecer to stay, remain
permiso permission
permitir to permit
pero but, except, yet
perpetuo,-a perpetual
perplejo,-a perplexed
perro,-a dog
perseguir to pursue; to persecute
personaje m personage, character
personalidad personality
personificación personification
perspectiva perspective
pertenecer to belong
pertenencia belonging
pesadilla nightmare
pesado,-a heavy
pesadumbre f grief, affliction
pesar m sorrow, grief; a pesar de in spite of
pescado fish
pescador m fisherman
pescar to catch (fish), to fish
peseta peseta (monetary unit of Spain)

pesimismo pessimism
peso monetary unit
pesoh (pesos) pesos
pestaña eyelash
pétalo petal
pez m fish
piadoso,-a pious; merciful
picar to burn (sun); to sting
picaresco,-a rogue adj
pícaro rogue
pictórico,-a pictorial
pie m foot; al pie de la letra literally; ponerse de pie to stand up
piedra stone; piedra de moler grinding stone
piel f skin, hide
piensah (piensas) (you) intend
pierna leg
pieza room; piece
pileta swimming pool
pillo rascal, rogue, "bad guy"
pincel m brush
pino pine tree
pintal (pintar) to paint
pintar to paint
pintor m painter
pintoresco,-a picturesque
pintura painting
pinzas f pl pincers
piña pineapple
piramidal pyramidal
pirámide f pyramid
pirata m pirate
piruja prostitute
piso floor
pisoteado,-a trampled
pistola pistol
pitada drag, puff
pizarra slate, blackboard
placer m pleasure
plagiar to plagiarize
plancha sheet, plate
planeamiento planning
planetario planetarium

plano,-a level, smooth; *n m* level plane

plantado,-a planted

plata silver

plateresco,-a plateresque

platero silversmith

plática chat, talk, discussion

plato dish

platónico,-a Platonic

playa beach

plazo time (limit)

plegar to crease, fold

plegaria prayer, supplication

pleno,-a full

pliego sheet

pliegue fold, crease

pluma feather

población population

poblador *m* populator, settler

poblar to populate

pobre poor

pobreza poverty

poco,-a little, few, small; **al poco rato** in a short while; **falta poco** it won't be long; **poco a poco** little by little; **por poco** almost

poder to be able, can; **puede que** it is possible that; *n m* power

poderoso,-a powerful

podrido,-a rotten

poema *m* poem

poesía poetry, poem

poeta *m* poet

poético,-a poetic; *n f* poetics

poetisa poetess

policía *f* police; *m* policeman

policíaco,-a *adj* police

policial referring to detective stories

politécnico,-a polytechnic

político,-a political; *n f* politics; *n m* politician

politizar to politicize

polvo dust; snuff

pompa pomp

poner to put; **poner la mesa** to set the table; **ponerse** to put on; to become; **ponerse de pie** to stand up; **ponerse de rodillas** to kneel

popularidad popularity

populoso,-a populous

por by, for, through, toward; **estar por** to be in favor of; **por aquí** around here; **por el estilo** like that, of that sort; **por encima de** above; **por eso** therefore; **por favor** please; **por fin** finally; **por la tarde** in the afternoon; **por las dudas** just in case; **por lo contrario** on the contrary; **por lo general** generally; **por lo menos** at least; **por lo tanto** therefore; **por medio de** through; **por otra parte** on the other hand; **por parte alguna** anywhere; **por parte de** on the part of; **por poco** almost; **¿por qué?** why?; **por todos lados** from all sides; **por ventura** by chance

porcentaje *m* percentage

poro pore

porque because

porquería filth

porqueríah (porquerías) filth

portada portal

portar to carry; **portarse** to behave

porteño,-a *adj* of Buenos Aires

portón *m* inner front door

portugués,-sa Portuguese

pos: en pos de after, in pursuit of

posdata *f* postscript

poseer to possess

posesión possession

posguerra *adj* post-war

posibilidad possibility

posible possible

posición position

pósito public granary

posterior   later, lower
postular   to postulate
póstumamente   posthumously
pozo   well
práctica   practice
practicar   to practice, perform
práctico,-a   practical
prado   meadow; lawn
precio   price
precioso,-a   precious
precisamente   precisely
precisar   to need; to determine
preciso,-a   exact, accurate, precise
precolombino,-a   pre-Columbian
predecesor   predecessor
predicar   to preach
predilección   predilection
predilecto,-a   favorite
predominar   to predominate
prefacio   preface
preferir   to prefer
pregunta   question
preguntar   to ask (a question)
prehispánico,-a   pre-Hispanic
prehistórico,-a   prehistoric
prehtá (prestada)   borrowed
premio   prize
premonición   premonition
prensa   press
preocupación   preoccupation, concern
preocupado,-a   preoccupied, worried
preocupar   to worry; preocuparse
   (por)   to worry (about)
preparar   to prepare
preparatorio,-a   preparatory
presencia   presence
presenciado,-a   witnessed
presentación   presentation,
   introduction
presentar   to present, introduce
presentir   to foresee, anticipate
preservar   to preserve
presidencial   presidential
preso   prisoner

prestar   to lend; prestar atención   to
   pay attention
prestigio   prestige
prestigioso,-a   renowned
presumir   to presume
presupuesto   budget
pretextar   to give as a pretext
previo,-a   previous
primario,-a   primary
primavera   spring
primero,-a   first; el primero
   inferior   first grade;
   primero adv   first
primitivo,-a   primitive
primo   cousin
primogénito   first-born
príncipe m   prince
principiar   to begin
principio   principle; beginning; a
   principios de   at the beginning of;
   al principio   at first
prisa   haste; a toda prisa   quickly,
   hastily
prisión   prison
prisionero   prisoner
probar   to try, try out; to taste, sample
problema m   problem
procedencia   origin
proceder   to proceed
procesión   procession
proceso   process
proclamar   to proclaim
procreación   procreation
procurador m   attorney
producción   production
producir   to produce
producto   product
profecía   prophecy
profesional   professional
profeta m   prophet
profundidad   depth, profundity
profundizar   to deepen, go deep into
profundo,-a   profound, deep
profuso,-a   profuse

programado,-a programmed
progreso progress
prohibir to prohibit
prolijidad prolixity; **con
prolijidad** very carefully
prólogo prologue
prolongar to prolong
promesa promise
Prometeo Prometheus
prometer to promise
prominente prominent
promoción promotion; tendency
promover to promote
pronto quickly; **de pronto** suddenly
pronunciar to pronounce
propiciar to propitiate; to promote
propicio,-a favorable
propiedad property
propio,-a own, of one's own
proponer to propose
proporción proportion
propósito purpose
prosa prose
proseguir to continue
prosista *m or f* prose writer
prosperidad prosperity
próspero,-a prosperous
prostitución prostitution
prostituir to prostitute
prostituta prostitute
protagonista *m* protagonist
protección protection
protector,-a protective
proteger to protect
proteína protein
protestante *m* Protestant
prototipo prototype
provecho profit; **buen
provechito** may it benefit you,
prosit
provenir to arise (from), come from,
originate
provincia province
provinciano,-a provincial

provocador *m* provoker
provocar to provoke
próximo,-a next to, near;
próximo a about to
proyección projection
proyectar to plan
proyectil *m* projectile
proyecto project
proyector *m* projector
prueba proof
psicología psychology
psicológico,-a psychological
púa barb; **alambrado (alambre) de
púa** barbed wire
publicación publication
publicar to publish
publicidad ad
público,-a public; *n m* audience,
public
pudrir to rot
pueblero city man
pueblo town, people; working class
puente *m or f* bridge
puerta door, grate
puerto port
puertorriqueño,-a Puerto Rican
pues *adv* well, then
puesta setting
puesto position, post, place; **puesto
que** since
pugnar to struggle, fight
pulcritud neatness, tidiness
pulcro,-a neat, graceful
pulir to smooth, polish
pulmón *m* lung
pulsar to finger
punta tip
puntiagudo,-a sharp-pointed
puntillista pointillist
punto point; **a punto de** on the
point of; **al punto** immediately, at
once; **puntito** fleck; **punto de
fuga** vanishing point
puñadito small handful

puñal *m* dagger
puñetazo blow with first, punch
puño fist
pupila pupil
purificado,-a purified
purificador,-ra purifying
puro,-a pure

Q

que that, which, who, whom, than,
  when; **qué** what, what a, which,
  how; **¿por qué?** why?; **¿qué hay?**
  ¿qué pasa? what's the matter?;
  ¿qué tal? how goes it?
quebrado,-a chipped
quebrar to break
quedal (quedar) to be left
quedar to remain, have left;
  quedarle bien to come out well;
  quedarse to stay, remain
quedo,-a soft, quiet
quehacer *m* duty, work
queja complaint, moan
quejarse to complain
quejumbroso,-a grumbling
quemar to burn
quemazón *f* fire
querella fight, quarrel
querer to wish, want; **querer**
  decir to mean
quien who, whom, whoever, which,
  whichever
quiereh (quieres) do you want
quieto,-a quiet, silent, undisturbed
quietud quietness, tranquility
química chemistry
quinta villa manor house
quinto,-a fifth
quirúrgico,-a surgical
quitar to take away; **quitarse** to
  take off, remove
quizás perhaps

R

rabia anger, fury
ráfaga gust, burst
raíz *f* root, **a raíz de** right after;
  con todo y raíces roots and all
rama branch
ramaje *m* mass of branches
ramo bouquet; (palm) branch;
  Domingo de Ramos Palm Sunday
rampa ramp
rango rank
rapar to shave
rapé snuff
rápido,-a fast, rapid
raquítico,-a feeble
raro,-a rare, strange
rascacielos *m* skyscraper
rasgo characteristic
raspado,-a scratched up
rastro track, vestige
rastrojo stubble
rato short time, while; **al poco**
  rato in a short while; **cada**
  rato every so often; **de rato en**
  rato from time to time
ratón mouse
rayo flash of lightning, ray
raza race
razón reason; **tener razón** to be
  right
reacción reaction
reaccionar to react
real real, royal, main
realidad reality
realización accomplishment
realizar to accomplish
realzar to elevate, heighten
reanudar to resume
rebanada slice
rebaño flock
rebelar to rebel
rebelde *m* rebel
rebelión rebellion

rebosante overflowing, dripping
rebozo shawl
receloso,-a distrustful
recibir to receive
recién *adv* recently
reciente *adj* recent
recinto district
recio,-a strong
recipiente *m* recipient
reclamar to complain
reclinar to recline
recobrar to recover
recodo turn, angle
recoger to gather, pick up, collect
reconciliar to reconcile
reconocer to recognize
reconocible recognizable
reconocimiento recognition
reconquistar to reconquer
recordar to remember; to remind; to awaken
recorrer to peruse
recorrido route
recostado,-a leaning, reclining
recrudecer to increase; to fall hard
rectificar to rectify, adjust
rectoría rectory, rector's office
recuerdo memory
recuperar to recover
recurso recourse
rechazar to reject
redactar to edit
redactor *m* editor
redención redemption
redimir to redeem
redondo,-a round; **en redondo** round
reducir to reduce
reemplazar to replace
referencia reference
referente *adj* referring
referirse (a) to refer (to)
refinado,-a refined
reflejar to reflect
reflejo reflection

reflexionar to think, reflect
reforma reform;
  Reforma Reformation
reformador *adj* reform(ing)
refrán *m* proverb, saying
refugiarse to take refuge
refugio refuge
refunfuñar to growl, grumble
regalar to give a present
regalo gift
regar to water
regazo lap
regionalista *m or f* regionalist
regir to control
registrar to register
registro search
regla rule; **por regla** square, straight
regresar to return
regulación rule (traffic)
regularidad regularity
rehusar to refuse
reinar to reign, rule
reino kingdom
reír to laugh; **reírse** to laugh
reiterar to reiterate
reja grating, railing
rejuvenecer to grow young
relación relation, narrative
relacionar to relate
relámpago lightning
relatar to relate
relativamente relatively
relato narrative, account, story
releer to read again
relieve *m* relief
religioso,-a religious
reloj *m* watch
rellenar to fill
rematado,-a ending
remedio remedy
remendado,-a patched, mended
remirar to look at again
remolino whirlwind; cowlick
remover to remove

renacentista *adj* Renaissance
renacer *m* rebirth
renacimiento renaissance
rencilla grudge
rendija crack
rendir to take (a course); to render
renunciar to renounce, refuse
reñir to quarrel
repartidor *m* distributor, sorter
repartir to distribute
repasar to stroke
repeler to repel
repente: de repente suddenly
repentino,-a sudden
repercusión repercussion
repertorio repertoire
repetición repetition
repetir to repeat
replicar to answer, reply
reponer to reply
reportaje *m* report, reporting
reportar to report
reportero reporter
representación representation
representar to represent
represión repression
represivo,-a repressive
reproche *m* reproach
reproducción reproduction
reproducir to reproduce
repugnante repugnant
reputación reputation
resguardarse (de) to protect oneself (from)
residencia dormitory
residir to reside
resignarse to resign oneself
resistencia resistence
resistirse to resist
resolución resolution
resolver to resolve
resonar to echo
respaldar *m* back
respectivamente respectively
respetar to respect

respeto respect
respetuoso,-a respectful
respirar to breathe
resplandor *m* light, radiance
responder to answer
responsable responsible
respuesta response
resquebrajado,-a cracked
restaurán *m* restaurant
restaurar to restore
restitución restitution
resto rest, piece; **restos** remains
resuelto,-a resolved, determined
resultado result
resultar to result, turn out; **resultar en** to lead to
resumen *m* summary; **en resumen** in brief, in short
resumir to sum up, summarize
resurrección resurrection
retirar to retire; to take back, move
retobado,-a surly, wild
retocar to retouch
retorcerse to convulse, writhe, squirm
retorcido,-a twisted
retórico,-a rhetorical
retornar to return
retorno return
retratar to depict, portray
retratista *m or f* portrait painter
retrato portrait
retribución retribution
reunión meeting
reunir to gather, collect; **reunirse** to meet
revelar to reveal
reverencia bow
revés *m* reverse; **al revés** in reverse
revista magazine
revolcarse to wallow
revolución revolution
revolucionario,-a revolutionary
revolver to stir
revuelto,-a stirred up

rey *m*   king; **reyes**   Magi
reyeh (reyes)   Magi
rezar   to pray
rezongar   to grumble, mutter
rezongón,-na   grumbler, mutterer; sassy
ribeteado,-a   lined
rico,-a   rich
ridículo,-a   ridiculous
riel *m*   rail
riesgo   risk
riguroso,-a   strict, tough
rima   rhyme
rimador *m*   rhymer
rimar   to rhyme
rincón *m*   corner
río   river
riqueza   wealth
risa   laughter
risco   cliff
rítmico,-a   rhythmic
ritmo   rhythm
rito   rite
ritualista   ritualistic
robado,-a   stolen
roca   rock
rodar   to roll
rodear   to surround
rodilla   knee; **ponerse de rodillas**   to kneel
rogar   to beg
rojizo,-a   reddish
rojo,-a   red
rollizo,-a   plump, sturdy
Roma   Rome
romano,-a   Roman
romper   to break, burst, tear up; **romper a**   to burst out
ronco,-a   hoarse
ronda   circle
rondar   to patrol; to walk at night
ropa   clothing
ropero   closet
rosa   rose
rosado,-a   pink

rosal *m*   rose bush
rosario   rosary
rostro   face
roto,-a   broken
rotular   to label; to address
rótulo   sign
rozar   to border on
rubio,-a   blonde
rudimentario,-a   rudimentary
rudo,-a   rough, unpolished
rueda   circle, wheel
rugoso,-a   wrinkled
ruidazal *m*   clamor
ruido   noise
ruina   ruin
rumbo   direction

S

sábado   Saturday
sábana   sheet
saber   to know, know how; **a saber**   to wit, namely
sabio   wise man
sabor *m*   taste, flavor
sabroso,-a   savory, tasty
sacar   to take out, pull out; **sacar a cuento**   to drag in, mention
sacerdocio   priesthood
sacerdote *m*   priest
sacerdotisa   priestess
sacrificar   to sacrifice
sacrificio   sacrifice
sacudida   shaking, jerk
sacudir   to beat, dust off; **sacudirse**   to shake oneself
sagrado,-a   sacred
sainete *m*   one-act farce
sala   room, living room
salado,-a   salty
saldo   balance sheet
salida   exit; **a la salida**   on leaving
salina   salt pit
salir   to leave, go out; to turn out

salpicar   to splash
saltar   to jump, leap
salto   leap
salud *f*   health
saludar   to greet
saludo (**de despedida**)   wave (of goodbye)
salvación   salvation
salvaje   savage
salvar   to save; to overcome
salvo,-a   safe; **salvo** *conj* except; *prep* without
san (abbreviation of **santo**)   saint
sandalia   sandal
sangrar   to bleed
sangre *f*   blood
sangriento,-a   bloody
sanguinario,-a   cruel, bloodthirsty
sanguíneo,-a   red, blood-colored
sanguinoso,-a   bloody, cruel
sano,-a   healthy; **cortar por lo sano**   to take quick action
santa   saint
santero   saintmaker
santo   saint; saint's day
saña   wrath
sañudo,-a   wrathful, angry
sarape *m*   serape, shawl
sardina   sardine
sastrería   tailor's shop, men's fashions
sátira   satire
satisfacción   satisfaction
satisfacer   to satisfy
satisfecho,-a   satisfied
Saturno   Saturn
secar   to dry
sección   section
seco,-a   dry
secretaría   office (of the secretary)
secretario   secretary
secreto,-a   secret; *n m* secret
secundario,-a   secondary
sed *f* thirst; **tener sed**   to be thirsty
seda   silk
sedentario,-a   sedentary

sedicioso,-a   seditious
seguida   succession; **en seguida**   at once
seguido,-a   in a row; *adv* often
seguil (**seguir**)   to keep on, continue
seguir   to keep on, continue; to follow; to remain
según   according to
segundo,-a   second; *n m* second
seguridad   security
seguro,-a   sure, certain
selección   selection
seleccionar   to select
selva   jungle
sello   (postage) stamp
semana   week; **fin de semana** weekend
sembrar   to sow
semejante   similar, such
semejanza   similarity
semidiós   demigod
semilla   seed
senado   senate
sencillez *f*   simplicity
sencillo,-a   simple
sendero   path
seno   breast
sensación   sensation
sentado,-a   seated, sitting
sentar   to seat; to establish; **sentarse**   to sit down
sentencia   sentence
sentenciado,-a   sentenced
sentido   sense; **en todos sentidos**   in all directions
sentimiento   sentiment, feeling
sentir   to feel; to regret; **sentirse**   to feel
señalar   to point out
señor   sir, Mr., lord
señora   lady, Mrs., mistress
señorío   domain
separar   to separate
sepulcro   grave
sepultar   to bury

ser   to be; *n m*   being; **ser humano**   human being
sereno,-a   serene
seriamente   seriously
serie *f*   series
serio: en serio   seriously
serpiente *f*   serpent
servicio   service
servidor *m*   servant
servir   to serve; **no sirve**   it is no good; **servir de**   to act as
seso   brain
setentón,-na   seventy or so
setiembre *m*   September
sevillano,-a   Sevillan
sicología (**psicología**)   psychology
siembra   sowing, sowed field
siempre   always; **para siempre**   forever
sierra   mountain range
siesta   afternoon nap
sigla   abbreviation by initials
siglo   century
significación   significance
significado   meaning
significar   to mean
significativo,-a   significant
signo   sign
siguiente *adj*   following
silencio   silence
silencioso,-a   silent
silla   chair
simbólico,-a   symbolic
simbolismo   symbolism
simbolizar   to symbolize
símbolo   symbol
simbología   symbology
simpatía   sympathy
simultáneo,-a   simultaneous
sin   without; **sin embargo**   nevertheless
sinagoga   synagogue
sindical *adj*   syndical, union
sindicato   labor union
singularmente   singularly

sino   but, but rather, except, solely, only; **no sólo... sino también**   not only . . . but also
sinónimo   synonym
síntesis *f*   synthesis
sintetizar   to synthesize
siquiera   at least, though; **ni siquiera**   not even
sirviente *m*   servant
sistema *m*   system
sistemático,-a   systematic
sitio   place
situación   situation
situar   to locate, situate, place
snobismo   snobism
soberanía   sovereignty
soberano,-a   sovereign; *n m*   sovereign
soberbio,-a   superb, grand
sobrar   to be excessive; to have more than enough
sobre   on, upon, over, above, about; *n m*   envelope
sobremesa   after-dinner conversation
sobresalir   to excel
sobresaltar   to frighten, startle
sobresalto   shock, sudden fear
sobrevivencia   survival
sobrevivir   to survive
sobriedad   sobriety
sobrina   niece
sobrino   nephew
sobrio,-a   sober
sociedad   society
sociología   sociology
socorro   succor, aid
sol *m*   sun; **hacer sol**   to be sunny; **puesta del sol**   sunset
solar *m*   house; drying area
soldado   soldier
soleado,-a   sunny
soledad   solitude, loneliness
soler   to be in the habit of, be accustomed to
solicitado,-a   solicited

solidaridad   solidarity
solidarizarse   to make common cause, maintain solidarity
solidez *f*   solidity, strength
solitario,-a   solitary
solo,-a   alone, unaccompanied, single
sólo   only; **no sólo... sino también** not only . . . but also
soltar   to release, drop
solución   solution
solucionar   to solve
sollozo   sob
sombra   shadow
sombrero   hat
sombrilla   parasol
sombrío,-a   gloomy
sometido,-a   subjected
son *m*   sound
sonar   to sound, ring; **¿le suena?**   does it sound familiar?; **sonarse**   to blow one's nose
sonido   sound
sonreír   to smile
sonriente *adj*   smiling
sonrisa   smile
soñar (con)   to dream (about)
soñoliento,-a   sleepy
sopa   soup
soplar   to blow
sorbo   "drag"
sordo,-a   deaf
sorprender   to surprise
sorpresa   surprise
sortilegio   sorcery
sospechar   to suspect
sostener   to maintain, hold up, support
sótano   basement, cellar
suave   gentle, soft
subconsciencia   subconscious
subido,-a   raised, located, or placed high
subir   to raise; to get on; to go up, climb; to rise

subjetivo,-a   subjective
substancia   substance
subterráneo,-a   underground
suburbio   suburb
subvencionado,-a   subsidized
subversivo,-a   subversive
sucedel (suceder)   to happen
suceder   to happen
sucesivo,-a   successive; **en lo sucesivo**   hereafter, in the future
suceso   event
suciedadeh (suciedades) *f pl*   filthy things
sucintamente   succinctly
sucio,-a   dirty
sudar   to sweat
sudario   shroud
sudor *m*   sweat
suegro   father-in-law
sueldo   salary
suelo   ground, soil
sueño   dream, sleep
suerte *f*   luck, fate; **caber en suerte**   to fall to the lot of; **de tal suerte que**   in such a way that
suficiente   sufficient
sufrimiento   suffering
sufrir   to suffer; to bear up under
sugerir   to suggest
suicidarse   to commit suicide
sujetar   to subject
sumisión   submission
sumiso,-a   submissive
sumo,-a   great, high, supreme; **a lo sumo**   at most
suntuoso,-a   sumptuous
superado,-a   obsolete
superar   to rise above, overcome; to exceed
superficie *f*   surface
superintendente *m*   superintendent
superior *adj*   superior, upper, higher
superstición   superstition
supersticioso,-a   superstitious

suponer   to suppose
suprimir   to suppress
sur *m*   south
suramericano,-a   South American
surco   furrow
sureste *m*   southeast
surgir   to arise, come forth, emerge, appear
suroeste   southwest
surrealismo   surrealism
surrealista *m*   surrealist
suspirar   to sigh
suspiro   sigh
sustancia   substance
sustentar   to sustain, defend, support
sustituir   to substitute (for)

T

tablero   table
tableteo   rattling
tablón *m*   slab, plank
taburete *m*   stool
tal   such, such a; **tal vez**   perhaps
talón   heel
tallador *m*   carver, sculptor
talladura   carving
tallar   to carve
taller *m*   workshop
tallo   stem
tamaño   size
tamarindo   tamarind
tambor *m*   drum
tambora   bass drum
tampoco   neither
tan   as, so; **tan luego que**   as soon as
tanque *m*   tank
tanto,-a   so great, as much, so much; *adv*   so much, as much; **por lo tanto**   therefore; **son las tantas**   it is late; **tantito así**   this close; **tanto... como**   both . . . and
tapa   lid, cover

tapado   coat
tarde *f*   afternoon; *adv*   late, too late; **de tarde en tarde**   seldom, occasionally; **más tarde**   later; **por la tarde**   in the afternoon
tardío,-a   late, tardy
tarea   task
taza   cup
teatral   theatrical
teatro   theater
técnica   technique
técnico,-a   technical; *n m*   technician
tecnológico,-a   technological
techo   roof, ceiling
techumbre *f*   ceiling
tejabán *m*   roof; rustic shed
tejido   weaving
tela   piece of cloth
telaraña   cobweb
teléfono   telephone
telescopio   telescope
telón *m*   curtain, backdrop
teltulia (tertulia)   social gathering
tema *m*   theme
temática   thematics, choice of themes
temblar   to tremble
tembloroso,-a   trembling
temer   to fear
temeroso,-a   fearful
temor *m*   fear
templado,-a   moderate, pleasant; smooth; **mal templado**   in a bad mood
templar   to tune
temple *m*   temper
templo   temple
temporada   spell, period of time
temporal *m*   storm
temprano   early
tendencia   tendency
tender   to tend; to stretch out
tenebroso,-a   dark, gloomy
tener   to have; **¿qué tienes?**   what's wrong?; **tener... años de edad**   to be

. . . years old; **tener cuidado** to be careful; **tener dolor de cabeza** to have a headache; **tener en poco** to have a low regard for, despise; **tener ganas de** to feel like; **tener hambre** to be hungry; **tener lugar** to take place; **tener miedo** to be afraid; **tener muchos años** to be very old; **tener presente** to visualize; **tener que** to have to; **tener que ver con** to have to do with; **tener razón** to be right; **tener sed** to be thirsty

tentativa attempt

teología theology

teólogo theologian

teoría theory

tercero,-a third

terminar to end, finish

término term

terrenal *adj* earthly

terreno terrain, field of action; plot, piece of land

territorio territory

tertulia social gathering for conversation

tesis *f* dissertation, thesis

tesoro treasure

testigo witness

testimonio testimony

textura texture

tía aunt

tibio,-a tepid, lukewarm

tiempo time; **al mismo tiempo** at the same time; **de hacía tiempo** of long ago; **en mucho (poco) tiempo** in a long (short) while

tienda store, shop

tieneh (tienes) (you) have

tierno,-a tender

tierra land, earth

tigre *m* tiger

timbre *m* stamp; bell

tinaja large earthen jar

tinta ink

tío uncle

típico,-a typical

tipificar to typify

tipo type

tipografía typography

tiranía tyranny

tirar to shoot; to pull, to throw; **tirar a** to tend toward; **tirarse** to throw oneself

tiritar to shiver

tiro shot; **a tiros** by shooting

tiroteo skirmish, volley of shots

titiritero puppeteer

titular *m* headline

titularse to be entitled

título title

tiza chalk

tiznado,-a sooty

toa (toda) all

tocar to play (an instrument); to touch; **tocarle a uno** to be one's turn

todavía still, yet; **todavía no** not yet

todo,-a all, each, everything; **con todo y raíces** roots and all; **de todo** something of everything; **de todos modos** at any rate; **del todo** completely; **todo el mundo** everyone; **todos los años** every year; **todos los días** every day

tolteca *adj* Toltec

tomar to take; to drink; **¡toma!** go on, now

tomo volume

tonelada ton

tono tone, quality

tontera foolish thing

tontería foolishness, nonsense

tórax thorax

torcer to bend, twist; **torcer el gesto** to make a face

torcido,-a bent
torero bullfighter
tormenta storm
torno: en torno a around
torre *f* tower
torrente *m* torrent
tortuga turtle
tosco,-a coarse, rough
totalidad totality
trabajador *m* worker
trabajar to work
trabajo work; **con muchos
    trabajos** with great effort
tradición tradition
tradicionalista traditionalist
traducción translation
traducir to translate
traductor *m* translator
traer to bring
tragar to swallow
tragedia tragedy
trago swallow
traición treason, treacherous act
traicionar to betray
traicionero,-a treacherous
traidor traitor
trama plot
trampa trap
tranquilidad tranquility
transeúnte *m* passer-by
transformar to transform
transición transition
transitar to travel, walk
transportar to transport
transporte *m* transportation,
    transport
tranvía *m* streetcar
trapo rag
tras after, behind
trascender to transcend
trascordado,-a forgetful, mistaken
trasformar to transform
trasladarse to move; adjourn; to go
    to

trasmitir to transmit
traspasar to go beyond; to cross
tratado treaty
tratar to treat, discuss; **tratar de** to
    deal with; to try to; **tratarse de** to
    be a matter of
trato commerce
través: a través de through
trazo outline
tremendista tremendist: referring to
    description intended to shock
tremendo,-a tremendous
tren *m* train
trepar to climb, mount, to clamber
triángulo triangle
tribu *f* tribe
tribulación tribulation
trilogía trilogy
trinchera trench
triste sad
tristeza sadness, sad thing
triunfar to triumph
triunfo triumph
trizado,-a broken
trocito (dim. **trozo**) small piece, bit
trompeta trumpet
tronco trunk
trono throne
tropa troop
tropero trooper, cattle driver
trozo excerpt, fragment, piece
trueno thunder
truncado,-a truncated
tuboh (**tubos**) pipes
tuh (**tus**) your
tumba tomb
tunante *m* rascal
turbar to disturb, upset

U

ubicación location, placement
uhté (**usted**) you

último,-a last; **por último** finally
ultraísmo Ultraism (art movement)
ultratumba beyond the grave
umbral *m* threshold
UNAM (**Universidad Nacional Autónoma de México**) the Autonomous National University of Mexico
único,-a only, unique
unidad unity, unit
unificar to unify
unir to unite
universidad university
universitario,-a university; *n m or f* university student
unoh (**unos**) some
unos,-as some; **unos a otros** each other; **unos cuantos, unos pocos** a few
urbanidad urbanity, sophistication
urbe *f* metropolis
urgido,-a pressed, motivated
usar to use
uso use
útil useful
utilitario,-a utilitarian
utilizar to utilize

V

vaca cow
vacaciones *f pl* vacation
vaciar to pour out, empty; to hollow
vacío,-a empty; *n m* void
vago,-a vague; *n m* loafer, tramp
vagoh (**vagos**) loafers
vaho vapor, steam
vaina pod
vaivén *m* fluctuation, inconstancy
valenciano,-a Valencian
valer to be worth; **más valía** it would have been better; **no valer la pena** not to be worthwhile

validez *f* validity
válido,-a valid
valiente valiant, brave
valija suitcase
valor *m* value; valor, bravery
valle *m* valley
vanidad vanity
vaquilla heifer
variación variation
variar to vary
variedad variety
vasallo vassal
vecindad vecinity; quality of being a neighbor
vecino,-a neighboring; *n* resident
vega flat lowland
vegetación vegetation
vehículo vehicle
veintena score (twenty)
vejez *f* old age
vela candle
velado,-a veiled
velar to watch over, keep vigil
velgüenza (**vergüenza**) shame
velocidad velocity
vena vein
venado deer
venalidad venality, mercenariness
vencer to conquer
vendedor *m* salesman
vender to sell
Venecia Venice
veneno poison
veneración veneration
venerar to venerate
vengador *m* avenger
vengar to avenge
venir to come
venta sale
ventaja advantage
ventana window
ventilación ventilation
ventura luck; **por ventura** by chance

ver to see; **tener que ver con** to have to do with

veranear to spend the summer

verano summer

veras *f pl* truth; **de veras** in earnest

verdad truth

verdadero,-a real, true

verde green

verdoso,-a greenish

verdugo executioner

verdulero greengrocer

verdura vegetable

verdusco,-a dark greenish

vereda path, sidewalk

veremoh (**veremos**) we'll see

verso verse, line (of poetry)

verter to reveal; to spill

vestido dress

vestir to dress

veterinaria veterinary science

vez *f* time; **a la vez** at the same time; **a su vez** in its turn; **a veces** at times; **de vez en cuando** from time to time; **dos veces** twice; **en vez de** instead of; **otra vez** again; **tal vez** perhaps; **una vez** once

vía road, route

viajar to travel

viaje *m* trip; **de viaje** on a trip

viajero traveler

víbora viper

vibrar to vibrate

vicioso,-a vicious

víctima victim

victoria victory

vida life; **¡por vida!** by Jove!; **ganarse la vida** to earn one's living

vidriera store window

vidrio glass

viejo,-a old

viento wind; **mirando a los cuatro vientos** *fig* looking off into space

vientre *m* abdomen, belly

viga beam

vigoroso,-a vigorous

vincular to join, connect; **vincularse (a)** to be connected to, be joined to

vínculo tie, bond

vino wine

viña vineyard

violación rape

violencia violence

virgen virgin

virtud virtue

visaje *m* grimace, "face"

visigodo Visigoth

visita visit, visitor

visitante *m* visitor

visitar to visit

vista view, sight, vision

vitalidad vitality

víveres *m pl* provisions, foodstuffs

viveza vividness

vívido,-a vivid, lively

vivienda dwelling, house

vivir to live; **modo de vivir** way of living

vivo,-a alive, bright (colors), lively

vocabulario vocabulary

vocacional vocational (school)

vociferar to shout

volante *m* leaflet

volar to fly

volcán volcano

voltereta tumble

volumen *m* volume

voluntad will, good will; **de voluntad** voluntarily

voluntario,-a voluntary

volver to return; **volver a...** to ... again; **volver la mirada** to turn one's glance; **volverse** to turn around

voz *f* voice; **correr la voz** to be said, to be rumored; **en voz alta** aloud; **en voz baja** in a whisper, in a low voice

vudú *m*   voodoo
vuelta   turn; **dar vuelta**   to turn
vulpeja   bitch fox

Y

yema   tip (of a finger)
yerba   weed
yerno   son-in-law
yerto,-a   stiff, rigid
yip *m*   jeep
Yol   York

Z

zamarrear   to shake
zanahoria   carrot
zapatero   shoemaker
zapato   shoe
zarandear   to move, keep on the go
zarzuela   musical comedy
zas   sound which indicates a quick
   motion, "whish"
zona   zone
zorro   fox
zumbar   to buzz

Photo Credits